Ingeborg Tetzlaff

Die Provence

Ein Reisebegleiter
durch eine der schönsten Kulturlandschaften
Europas

DuMont Buchverlag Köln

Für Arnold Heiderich, den Gefährten

CIP-Kurztitelaufnahme der Deutschen Bibliothek

Tetzlaff, Ingeborg
Die Provence : e. Reisebegleiter durch e. d. schönsten Kulturlandschaften Europas. Ingeborg Tetzlaff. – 6. Aufl. – Köln : DuMont, 1979.
(DuMont-Dokumente : DuMont-Kunst-Reiseführer)
ISBN 3-7701-0745-4

Umschlagvorderseite: Dorf und Lavendelfelder in der Nähe von Valréas (Foto: M. Atzinger)
Umschlagrückseite: Provençalisches Bauerngehöft (Foto: S. Adam)
Vordere Umschlaginnenklappe: Die Felsen von Les Baux (Foto: G. Brinkmann)
Frontispiz S. 2: Bei Vaison-la-Romaine

Druck: Druckerei Gebr. Rasch & Co., Bramsche
Buchbinderische Verarbeitung: Boss-Druck, Kleve

Printed in Germany ISBN 3-7701-0745-4

Kunst-Reiseführer in der Reihe DuMont Dokumente

Zur schnellen Orientierung – die wichtigsten Orte und Landschaften der Provence auf einen Blick:

(Auszug aus dem ausführlichen Ortsregister S. 250–255)

Aigues-Mortes 155
Aix 189, 212, 235
Ansouis 192
Apt 129
Arles 64, 96, 143, 216
Avignon 180, 235
Barbegal 239
Beaucaire 177
Buoux 17
Cadenet 130
Calés 24
Camargue 8
Carpentras 187
Cavaillon 187
Château-Bas 56
Coustelet 18
Entremont 51
Etang de Berre 29
Feengrotte (Arles) 19
Fontaine de Vaucluse . . 224
Fontvieille
(Daudets Mühle) . . 13, 216
Glanum 53, 87
Gordes 209
Grignan 211
Lacoste 209, 219
Les Baux 158
Lourmarin 192
Luberon
Marseille (Massalia) . 27, 57
Mirabeau 239
Montagne Sainte-Victoire 215
Montmajour 137
Mont Ventoux 224
Nîmes 32, 83, 236
Notre-Dame-d'Aubune . 133
Notre-Dame-de-
l'Ortiguière 151
Orange 63, 81
Pont du Gard 62
Pont Flavien 59
Pont Julien 59
Rhône 8, 60, 178, 185
Saint-Blaise (Mastramela) . 29
Saint-Christol 150
Saintes-Maries-de-la-Mer 135
Saint-Gabriel 134
Saint-Gilles 140
Saint-Remy 216
Saint-Restitut 134
Saint-Roman 239
Saint-Sepulcre 134
Salon 188
Sénanque 152
Silvacane 152
Sivergues 22
Tarascon 178
Tour-d'Aigues 192
Uzès 210
Vaison-la-Romaine 91
Vaucluse 224
Vauvenargues 240
Venasque 130
Villeneuve-les-Avignon . 185

In der Umschlagklappe: Übersichtskarte der Provence

In der hinteren Klappe: Karte der Römerstraßen in der Provence

Inhalt

I **Die Provence – Wegkreuz der Völker** 7

II **Bevor die Römer kamen** 14

Die Jäger- und Sammlerkulturen 14
Die Hirten- und Bauernkulturen 16
Die Ligurer 24
Die Griechen 27
Die Straße des Herakles 31
Die Kelto-Ligurer 49

III **Die römische Provence** 56

IV **Die sterbende Antike** 91

V **Das hohe Mittelalter** 135

Die heiligen Marien und die Mönche von Montmajour 135
Die Pilgerstraße nach Santiago de Compostela 138
Saint-Gilles und Saint-Trophime 140
Die Symbolik romanischer Kreuzgänge und Kirchen 146
Die weißen Mönche von Citeaux 152
Die Kreuzzugstadt Aigues-Mortes 155
Der Liebeshof Les Baux 158
Die Messe von Beaucaire 177
Die Rhône und Tarascon 178

VI **Das Jahrhundert der Päpste in Avignon** 180

VII **Juden in der Provence** 187

VIII **Die französische Provence** 189
Die Veränderungen im 15. Jahrhundert 189
Das Parlament von Aix und die Waldenser 190
Schlösser im Luberon 192
Uzès und Racine 210
Grignan und die Marquise von Sévigné 211
Aix: Vauvenargues und Mirabeau 212
Aix und Cézanne 214
Van Gogh in Arles und Saint-Rémy 216

IX **Spannungen** 218

X **Lavendel und Zikaden** 223

Praktische Reisehinweise 225
1 Planung der Reise. Standquartier 225
2 Auskünfte der Anreise 226
3 Hotels und ›Essen unterwegs‹ 228
4 Provençalische Gerichte und Weine 229
5 Wichtige Tips 231
6 Einkäufe 233
7 Feste, Theater, Musik 233
8 Museen 234
9 Sehenswürdigkeiten nach Epochen 237
10 Einige Ausflüge für besonders Interessierte 238

Fotonachweis 245
Register 247

I Die Provence – Wegkreuz der Völker

Die Kultur der Provence ist uralt. Früher als anderswo haben sich Menschen hier angesiedelt, früher sind sie anderen Stämmen begegnet, haben fremde Einflüsse aufgenommen, sie verarbeitet und den eigenen Daseinsformen angepaßt. Ihre Geographie hat das Schicksal der Provence bestimmt. Ein mächtiger Strom, die Rhône, durchfließt dies Land von Nord nach Süd und fächert sich an seiner Mündung ins Mittelmeer zu einem breiten Delta aus; ein großer Fluß, die Durance, durchquert es von Ost nach West, und viele kleinere und kleine Flüßchen, Bäche und Rinnsale ziehen ihnen, von den angrenzenden Gebirgen kommend, entgegen. Sie alle tragen seit Jahrtausenden Schmelzwasser zu Tal und machten bis in die Neuzeit den Strom, zumal wenn der

Landschaft bei Bonnieux (Luberon)

Mistral, eisig vom Zentralmassiv herabwehend, seine Fluten peitschte, zu jenem das Land verwüstenden Wasserungeheuer, das die Volksphantasie in dem alles verschlingenden Drachen Tarasque personifizierte. Nach der Legende hat die heilige Martha, aus Palästina an die Ufer der Rhône gekommen, das Untier mit einem Kruzifix gebändigt und dann vom Volk steinigen lassen.

Es gibt jedoch auch eine sehr viel ältere Sage, ein Märchen der Zigeuner in der Camargue, in dem das Ende der Tarasque anders erzählt wird. Danach ist sie von der Seherin Martha getötet worden, jener Prophetin und Isis-Priesterin, die, wie Plutarch in seinem Leben des Marius berichtet, den römischen Feldherrn bei seinem Kampf gegen die eindringenden Teutonen beriet. Die fremde Seherin soll, um das geplagte Land von dem Drachen zu befreien, nach einundzwanzigtägigem Fasten und Beten, begleitet von einem großen singenden Vogelschwarm ans Ufer gegangen sein und das Ungeheuer mit magischen Zeichen beschworen haben heraufzukommen, um es dann eigenhändig mit einem goldenen mondsichelförmigen Messer zu enthaupten. Das klingt schon sehr viel heidnischer, ja, beinah urzeitlich, und urzeitlich ist ja auch die Gestalt der vielen Drachen, die durch die Märchenwelt der Provence geistern (Abb. 15). Nicht nur die Rhône selbst, sondern ebenso die ungeheure, gefahrenbergende Sumpflandschaft ihres gewaltigen Deltas, die sich auch heute noch über Arles hinaus bis nach Tarascon erstreckt, ehemals aber weit größere Ausmaße besaß, ist in dieser Drachengestalt verkörpert. Noch den Griechen der Antike schien das weglose, nebelbrauende und bodenlose Mündungsgebiet der Rhône so unheimlich, daß sie dort den Eingang zur Unterwelt vermuteten. Die Sümpfe der Camargue, um deren Trockenlegung man seit Jahrhunderten bemüht ist und die nun rascher denn je fortschreitet, trennen im Süden die Provence vom Meer. Sie mußten von allen im Norden umgangen werden, die auf dem Landweg die Iberische Halbinsel erreichen wollten. Wo die Sümpfe im Osten enden, bildet das Mittelmeer die natürliche südliche Grenze – eine offene Grenze, offen für alles, was vom Meer kommt und zu ihm hinstrebt.

An den Ufern der Flüsse und der Meere aber haben zuerst schweifende Horden gesiedelt. Jedes lebendige Wasser schenkt Muscheln, Fische und Kleingetier immer von neuem, spendet einen Vorrat an Nahrung, den der Primitive nicht zu erschöpfen vermochte. An die Ufer der Flüsse aber kommt auch das Wild zur Tränke, hier kann der Jäger ihm auflauern und es fast mühelos erlegen. Wenn dann noch ein mildes Klima wie das der Provence, eine üppige Vegetation durch ausreichende Bewässerung und der Schutz nicht zu hoher Felsen hinzukommt, so darf man die Anwesenheit des Urmenschen in solcher Umgebung fast mit Sicherheit annehmen. In der Provence sind denn auch wie in der ähnlich begünstigten Dordogne eiszeitliche Höhlen mit Tierbildern gefunden worden – über ein halbes Dutzend bisher, was nicht ausschließt, daß noch sehr viel mehr unentdeckte vorhanden sein können. Frühes Seßhaftwerden der Nomadengruppen, oder doch ihre regelmäßige Wiederkehr zu bestimmten Orten, ist also in der Provence schon für die Zeit vor 20000 Jahren verbürgt. Die Malereien, Zeichnungen und Felsgravierungen in den weitverzweigten Höhlen an den Ufern der Rhône und der Ardèche bezeugen es.

Besitzen diese Arbeiten des eiszeitlichen Menschen, deren Bezug zu Jagd- und Vermehrungszauber und zum Religiösen schlechthin nicht mehr zu bezweifeln ist, ein Alter zwischen 30000 und 10000 Jahren, so sind die Dolmen, Menhire und Ganggräber der Provence erheblich jünger. Aus den letzten Jahrtausenden vor unserer Zeitrechnung stammend, sind sie Zeugnisse eines voll ausgebildeten Glaubens und eines Kultes, der, vom Osten kommend, über den ganzen Mittelmeerraum und bis hoch hinauf in den äußersten Norden verbreitet war. Der Gestalt seiner uralten Mutter- und Todesgöttin, zum strengen Idol abstrahiert, dessen Gesichtszüge allem Menschlichen entfremdet sind, begegnen wir heute in halbmeterhohen Stelen, wie sie das Musée Calvet in Avignon bewahrt (Abb. 6,7). Im Gegensatz zu dem Kult der eiszeitlichen Stämme, die jagend und fischend an den Flußläufen entlang zogen, ist dieser Kult schon über das Meer in die Provence gekommen, wie die sogenannte Feengrotte, ein steinzeitliches Ganggrab bei Arles, beweist. Sie lag im Mündungsgebiet der Rhône ursprünglich auf einer Insel, die später versandete. Und Inseln waren es, die steinzeitliche Kolonisatoren für ihre ersten Siedlungen bevorzugten, wie aus vielen derartigen Funden hervorgeht.

Von nun an blieb das Meer, die Mündung der Rhône ins Meer und die Wege an den Flüssen entlang für einige Jahrtausende bestimmend für das kulturelle und politische Schicksal der Provence. Sie ist die natürliche Landbrücke zwischen den beiden großen Halbinseln, der hispanischen und der italienischen, ein Durchzugsgebiet also für Kaufleute und Heere und seit der Römerzeit eine Region, die beherrscht werden mußte, wollte man beide Halbinseln besitzen.

Steinzeitlicher
Dolmen im Ardèche

Die Kaufleute kamen zuerst. Griechen aus Kleinasien, Ionier, gingen um 600 v. Chr. dort an Land, wo sich heute der alte Hafen von Marseille befindet, und gründeten hier ihre erste Kolonie auf provençalischem Boden: das *Massalia* des Altertums. Sie hätten keine Griechen sein müssen, wenn sie es nicht verstanden hätten, diese erste Landnahme einer Gruppe von Abenteurern durch eine poetische Sage zu verschönen und mit einem Schein des Rechts zu umkleiden. Es heißt, ihr Anführer Protis habe dem Fürst der ligurischen Urbevölkerung einen Besuch gemacht und das gerade an dem Tag, an dem dieser seinen Kriegern ein Fest gegeben habe, die sich um die Hand seiner Tochter Gyptis bewarben. Ligurischer Sitte gemäß hatte das Mädchen am Ende der Mahlzeit mit einem vollen Becher in den Händen zu kommen und ihn dem Mann ihrer Wahl anzubieten. Protis, der schöne fremde Grieche, ist ein zufälliger Gast unter zahlreichen Geladenen, ist einer von vielen. Und nun tritt das Mädchen ein, zögert, geht auf ihn zu, reicht ihm die Trinkschale. Er ist der Erwählte, die Hochzeit wird gefeiert. Und Gyptis, die Ligurerin, bringt Protis, dem Griechen, den Hügel als Mitgift in die Ehe, auf dem sich heute die Kirche Notre-Dame-de-la-Garde als Wahrzeichen über Marseille erhebt und auf dem wohl schon früh in der Antike ein weißer Göttertempel über dem Meer leuchtete.

Eine liebenswürdige Sage. Immerhin – sie spiegelt die guten Beziehungen zwischen den Ureinwohnern der Provence und den fremden Siedlern. Tatsächlich waren diese Beziehungen offenbar meist friedlicher Natur. Denn die Griechen wollten nicht herrschen und das Land besitzen, sie wollten vor allem Handel treiben. Und ihre rasch aufeinander folgenden Städtegründungen, die Gründungen von *Arles, Nizza, Antibes* und *Agde,* dienten vor allem diesem Zweck. Daß sie daneben auch die unruhigen Geister ihrer griechischen Mutterstädte, die eigenwillige starke Jugend, für die kein Platz in der alten Polis war, aufnehmen sollten, war ein weiteres Motiv für ihr Entstehen, das von klugen Orakelsprüchen einer weisen Priesterschaft gelenkt wurde.

Für das friedliche Nebeneinander der ionischen Siedler und der ligurischen Stämme, die hier seit langem seßhaft waren, spricht nicht zuletzt die Übernahme der griechischen Schrift durch die Ureinwohner. Im antiken *Glanum* (Abb. 28) bei Saint-Rémy, das um ein keltisches Wasserheiligtum entstanden ist, wurden, wie die Ausgrabungen bewiesen, auch Griechen seßhaft. Für sie bedeutete der geschützt liegende kleine Ort am nördlichen Fuß der Alpilles sicherlich einen willkommenen Umschlagplatz für ihren Handel flußauf- und flußabwärts. Dies ›Glanon‹ der griechischen Kaufleute, das sogar eigene Münzen prägte, war ebenso von hellenisierten Kelten bewohnt, die ihre Grabstelen längs der großen Straßen mit Inschriften in griechischen Buchstaben schmückten.

Aber im Jahr 125 v. Chr. war Massalia gezwungen, die Römer zu Hilfe gegen die einheimische Bevölkerung zu rufen. Sie kamen, nahmen die keltisch-ligurische Hauptstadt, das *Oppidum Entremont,* zerstörten es und gründeten in seiner unmittelbaren Nachbarschaft *Aix,* das antike *Aquae Sextiae,* das schon damals durch seine Thermalquellen berühmt wurde. Sie schlugen ebenso zwanzig Jahre später die eindringenden Teutonen zurück, und schon am Ende des 1. Jahrhunderts v. Chr. konnte Augustus das

Land auf römische Art verwalten und mit römischer Zivilisation durchdringen. Für das Weltreich wurde die Provence, wie ihr Name sagte, ›die Provinz‹ schlechthin, ein jahrhundertelang unumstrittener Besitz, den erst die Völkerwanderungszüge im 5. und 6. Jahrhundert gefährdeten. Aber noch unter den Merowingern und während der arabischen Invasionen des 8. und 9. Jahrhunderts bewahrte das Land in Verwaltung und Kultur weitgehend römischen Charakter. Das ist ein rundes Jahrtausend, und so ist es nicht verwunderlich, daß Spuren dieser grandiosen Zivilisation in fast jeder provençalischen Stadt in Stein zu sehen und in Sprache, Rasse und Lebensart der Bevölkerung unverkennbar sind. Wenn der Name Marius noch heute in der Provence populär ist, ja, in Frankreich für den Mann aus Marseille steht, so geht das auf jenen ersten *Marius* zurück, der im 2. Jahrhundert v. Chr. die germanischen Barbaren, die Teutonen, besiegte und zurückwarf und damit das Land für das römische Imperium gewann.

Die Verflechtung mit römischem Geist und römischer Zivilisation ist hier so eng gewesen, daß auch das aufkommende Christentum römische Züge annahm. Was wir in Arles an frühchristlichen Zeugnissen sehen und von heiligen Bischöfen lesen, besitzt nicht weniger Eindringlichkeit als die frühchristlichen Darstellungen in der Stadt des heiligen Petrus selbst. Mit dem Verfall des römischen Weltreichs und der Isolierung der Provence durch die ganz Westeuropa bedrängenden Araber entstand dann jene eigentümlich-schwerfällige, symbolträchtige Kunst der Merowinger- und Karolingerzeit, die mehr als ein Jahrtausend unbeachtet blieb, uns Heutige jedoch wieder merkwürdig anzieht. Auf Streifzügen durch die Provence entdecken wir sie längs der uralten Wanderwege und Straßen, versteckt in Kapellen, Kirchen und Klöstern, wo ehemals heidnische Heiligtümer standen. Es gibt sie, besonders im Bergland, an den Hängen des Mont Ventoux oder im Luberon häufiger als anderswo, weil Armut und konservative Gesinnung auch das Älteste verehrend bewahrten und unverändert bestehenließen.

Im hohen Mittelalter hat dann die Provence noch einmal besondere kulturelle Bedeutung gewonnen. Und wieder war es durch ihre geographische Lage bedingt, daß sie zum Vermittler zwischen Süd und Nord und West und Ost wurde. Vom arabischen Spanien erreichten naturwissenschaftliche Kenntnisse und das Geistesgut der griechischen Antike über die Provence die Klöster des christlichen Abendlandes und die Liebeslyrik andalusischer Fürstenhöfe die Burgen und Schlösser des Adels. Minnesang, höfischer Frauendienst und verfeinerter Lebensstil kamen aus dem islamischen Spanien in die Grafschaft, die weitgehend unabhängig blieb, entwickelten hier neue Formen und verbreiteten sich dann über das westliche und südliche Europa. Der provençalische Troubadour wurde zum Inbegriff des ritterlichen Sängers der verehrenden treuen Liebe zu einer unerreichbar hochgestellten Dame.

Mehr noch als das Ideal eines christlichen Rittertums haben jedoch die großen Orden und ihre Klostergründungen die Kultur des hohen Mittelalters geprägt. Es ist uns heute fast unvorstellbar, in welchem Ausmaß die Menschen jener Jahrhunderte von religiösen

Ideen ergriffen und beherrscht werden konnten und zu welchen Opfern für ihr Seelenheil sie fähig waren. Zu den Tausenden, die sich zu Mönchtum und Entsagung auf Lebenszeit entschlossen, kamen die Zahllosen, die auf mühevollen Pilgerfahrten Buße taten und Vergebung für ihre Sünden suchten. Neben einer Unmenge kleinerer und größerer Wallfahrtsorte wurden das ganze Mittelalter hindurch vor allem drei geweihte Stätten aufgesucht: Jerusalem, Rom und das Grab des heiligen Jakob im äußersten Nordwesten Spaniens, in Galicien. Einer der großen Pilgerwege dorthin führte, von Nordosten kommend, durch die Provence. Da die Sümpfe der Camargue im Rhônedelta umgangen werden mußten, wurden die Klöster von *Saint-Trophime* (Abb. 120) in Arles und *Saint-Gilles-du-Gard* (Abb. 106) zu Stationen für die Pilger nach *Santiago de Compostela.* Ihr romanischer plastischer Schmuck gehört zum Schönsten, was Frankreich aus dem großen 12. Jahrhundert erhalten blieb.

Die Zisterzienserklöster *Sénanque* (Abb. 137), *Silvacane* und *Le Thoronet* und die kleine Stadt *Aigues-Mortes* (Abb. 140) am Meer sind andere Denkmäler jener tief gläubigen Epoche. Aigues-Mortes hat Ludwig der Heilige erbaut, um von dort zum 7. Kreuzzug aufzubrechen, und seine unversehrt erhaltene Mauer mit ihren Türmen und Wehrgängen vermittelt eindrucksvoll das Bild einer Stadt im 13. Jahrhundert. Obwohl ringsum von Sümpfen umgeben und so schon von der Natur selbst geschützt, erweckt Aigues-Mortes nicht anders als des »guten Königs René« Burg am Rhôneufer in Tarascon (Abb. 146) den Eindruck steter Verteidigungsbereitschaft in kriegerischer Zeit.

Das 14. Jahrhundert ist dann das Jahrhundert des Exils der Päpste in der Provence. *Avignon* (Abb. 148) wurde dadurch vorübergehend zu einem Zentrum im europäischen Kräftespiel. Sieben Päpste haben hier regiert, und wenn man diese von vielen Wirren und Schwierigkeiten bedrohte Zeit von Rom aus als die »zweite babylonische Gefangenschaft der Kirche« ansah, so schien es doch Petrarca, der als Augenzeuge dem päpstlichen Hof angehörte, eher ein selbstgeschaffenes Babylon an Korruption und Sittenlosigkeit. Er hat sich vernichtend darüber geäußert.

Die Kultur jenes 14. Jahrhunderts, in dem die Päpste in Avignon und seiner Umgebung herrschten, ist denn auch nicht mehr rein provençalisch bestimmt. Der Einfluß Italiens, vom Klerus über die Seealpen getragen, ist nun an der Rhône unverkennbar. Die großen künstlerischen Aufgaben werden jetzt Italienern übertragen. Dieser Einfluß erlischt wohl mit der Rückkehr der Päpste nach Rom am Anfang des 15. Jahrhunderts, doch mit der zunehmenden Zentralisierung Frankreichs um den Königshof in Paris verlagerte sich auch das kulturelle Leben dorthin. Der Adel, die Besitzenden, die geistige Elite strebt nach Paris; in der Provence bleibt zurück, was nicht Talent, Macht, Geld oder Initiative genug besitzt, um in der Weltstadt Fuß zu fassen. Gewiß, man behält sein Stammschloß im Süden und kehrt für die Sommermonate dorthin aufs Land zurück, verschönert es auch gelegentlich zeit- und standesgemäß, aber man stiftet nicht mehr Klöster und Kirchen, läßt nur ausnahmsweise noch einen schönen Bau errichten, und wenn man es tut, so könnte er ebensogut anderswo in Frankreich stehen.

Die Provence wird in diesen Jahrhunderten mehr zur Provinz, als sie es jemals zur Römerzeit war, und dies ist durchaus im Sinne der Herrschenden in Paris, die in jahrhundertelangen brutalen Religionskriegen den provençalischen Geist zermürbt und aufgerieben haben. Selbst die Sprache des Landes, die Sprache der Troubadoure, soll diesen Zentralisierungsbestrebungen erliegen. Auch die Revolution ändert nichts an dieser Haltung, wenn auch ihr Kampflied aus Marseille stammt. Und Napoleon wird mit Haß und Hohn überschüttet, als man ihn rhôneabwärts als Gefangenen nach Elba brachte. An den Ufern hielt man Steine für sein Schiff bereit.

In der Mitte des 19. Jahrhunderts haben dann Mistral und seine Freunde versucht, die provençalische Sprache neu zu beleben und literaturfähig zu machen. Es ist ihnen nur in beschränktem Maß gelungen. Des Nobelpreisträgers Frederic Mistrals liebenswürdige ›Mirèio‹ ist erst unter dem französischen Namen ›Mireille‹ berühmt geworden. – Und Alphonse Daudet, 1840 in Nîmes geboren, auch er ein Provençale, der seine Heimat zu seinem Lebensthema machte, ging früh nach Paris und lebte und starb dort. Seine ›Briefe aus meiner Mühle‹ sind in Paris geschrieben worden, sind Ferienerinnerungen an einen Aufenthalt bei Freunden auf einem Schloß bei Fontvieille. Die Mühle, die heute mit Erinnerungen an ihn gezeigt wird, hat er wohl kaum je betreten (Abb. 195). – Ein anderer Provençale des 19. Jahrhunderts, Paul Cézanne aus Aix, ist allerdings aus Paris in seine Vaterstadt zurückgekehrt und hat dort noch 36 Jahre gelebt und gemalt (Abb. 186). Für seine Mitbürger scheint er jedoch nur der etwas schrullige Erbe eines reichen Vaters gewesen zu sein, der es sich leisten konnte, auch ohne besonderes Talent seiner Liebhaberei nachzugehen. Das große Musée Granet in Aix besitzt kein einziges wesentliches Werk von ihm.

Es ist, als ob die Zeit stehengeblieben sei in diesem alten Kulturland, durch das die ›Straße des Herakles‹ und die Pilgerstraße nach Santiago de Compostela führte. Wir verdanken jedoch dieser jahrhundertelangen Vernachlässigung der Provence in einem auf Paris bezogenen Frankreich die Unversehrtheit und reine Schönheit ihrer Kunstwerke aus frühen Epochen. Was das antike und das frühchristliche Rom hinterließ, was das frühe Mittelalter schuf, blieb unverändert von späteren Hinzufügungen erhalten und wurde als kostbarer Besitz gehütet. In der Provence findet man wundervoll polierte antike Marmoraltäre in entlegenen Dorfkirchen, und römische Säulen umgeben frühchristliche Taufbecken. In Klosterräumen schauen unvermittelt steinerne Keltenköpfe vom Gesims, und das geheimnisvolle urzeitliche Hufeisenzeichen ist in den Baustein einer Kirchenmauer gehauen. Daß aus einem prähistorischen Menhir neben einem Dolmengrab ein christlicher Heiliger wird, indem man nur ein paar Buchstaben seines Namens austauscht, und aus einem heidnischen Quellnymphenheiligtum eine Marienkapelle, das ist hier ganz selbstverständlich. Die Vergangenheit stirbt nicht in der Provence, sie wandelt nur ihr Gesicht.

II Bevor die Römer kamen

Die Jäger- und Sammlerkulturen

Während der Frühzeiten der Menschheit hat ausschließlich die Natur ihre Lebensweise, ihre Aufenthaltsorte, ihre Erfindungen, ja sogar die Zahl der Überlebenden bestimmt – die Natur und das Klima, nicht anders, als es noch heute bei primitiven Kulturen der Fall ist. In der Provence waren es vor allem die vielen kleineren und größeren Flußläufe in den niedrigen, waldreichen Gebirgen, die zum Bleiben einluden. Hier gab es vorspringende Felsdächer und tiefe Höhlen, die Schutz gegen schlechte Witterung boten, und ausreichend Wild, das zur Tränke ans Wasser kam. Wenn wir es auch im Paläolithikum, zur Zeit des Neandertalers, in der ein zum Faustkeil grob behauener Stein das erste Werkzeug bildete, nur mit schweifenden Horden zu tun haben, die von der Großwildjagd und dem Sammeln wildwachsender Pflanzen lebten und keinen festen Wohnsitz haben konnten, so finden sich doch die Spuren ihres Daseins links der Rhône vorwiegend in den Tälern der Ouvèze, der Durance und des Nesque, auf dem Plateau des Mont Ventoux und im Luberon, in Gegenden also, die nicht nur das begehrte Material für Faustkeile besaßen, sondern die auch wildreich waren. Die Moustérien genannte Epoche der Zwischeneiszeit, die wir uns vor 100 000 bis 50 000 Jahren zu denken haben, ist gerade in diesen Gebirgen und Tälern sehr gut mit Funden vertreten, wie die kleinen örtlichen Museen von Sault, in Apt oder Cavaillon recht eindrucksvoll zeigen.

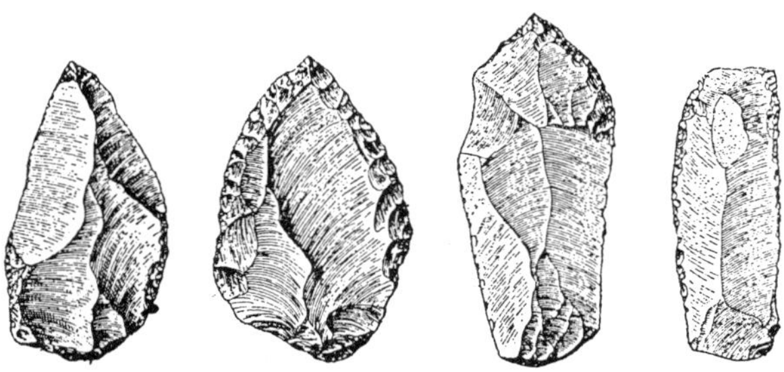

Werkzeugformen des Moustérien (1/3 der natürlichen Größe)

Gravierter Pferdekopf in der prähistorischen Höhle La Baume Latrone (Gard). Paläolithikum

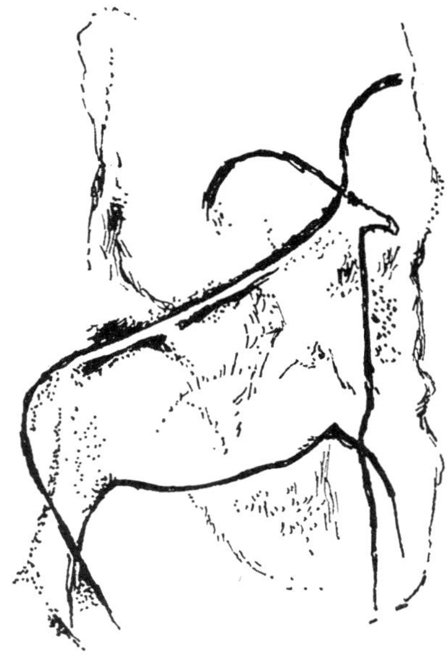

Gravierter Steinbock in der prähistorischen Höhle von Ebbou (Ardèche). Paläolithikum

Lebhafter als diese ersten Spuren menschlichen Erfindungsgeistes würden uns allerdings die Tierbilder interessieren, die von den Jägerstämmen der vierten Eiszeit, im sogenannten Solutréen, in den Tiefen der Höhlen bei trübem Fackelschein in die Felswände geritzt oder auf sie gezeichnet wurden. Es gibt sie in der Provence, wenn sich auch sieben von acht rechts der Rhône in den Départements Ardèche und Gard befinden. Aber nicht einmal die bei Vallon in den unbeschreiblich großartigen Felsformationen des Ardèchetals gelegene Höhle Ebbou ist bisher für den Laien zugänglich. Er kennt die Fingermalerei mit rötlichem Lehm in *La Baume*, ihre Mammuts, ihre ›Schlange‹ und den meisterhaften Wildpferdkopf dort nur aus Abbildungen und kann sich, ohne die Örtlichkeit gesehen zu haben, von dem in die Wand geritzten Steinbock in Ebbou nur eine unvollkommene Vorstellung machen. Daß Jagd- und Fruchtbarkeitszauber, im Schoß der Mutter Erde ausgeübt, die Leben und Nahrung für alle schenkt, indem sie immer neues Leben weckt, diese Tierbilder entstehen ließ, wird heute nicht mehr bezweifelt. Darüber hinaus scheinen in den schwer zugänglichen Teilen dieser geheimnisvollen Höhlen auch Initiationsriten und andere Kultübungen vollzogen, vielleicht auch Gelübde abgelegt worden zu sein, wie die farbigen Handabdrücke an den Felswänden von mehr als zwanzig Höhlen in Frankreich, Spanien und Italien vermuten lassen.

Wenn, wenigstens nach dem bisher Bekannten zu urteilen, die Periode der eiszeitlichen Großwildjäger in der Provence nicht sonderlich gut durch Funde belegbar ist, so gilt das nicht mehr für die darauf folgende Übergangszeit, das Mesolithikum, das wir uns etwa 8000 Jahre v. Chr. vorzustellen haben. Das milder gewordene Klima hatte die Lebensbedingungen geändert. Die großen Tiere, vor allem Ren und Mammut, waren verschwunden, die Menschen auf Kleinwildjagd und Fischfang angewiesen. Noch immer war das Rhônedelta mit seinen sich weit nach Norden hinaufziehenden Sümpfen unbewohnbar, die Ufer des großen Stromes durch Überschwemmungen nicht regelmäßig zu passieren, der Jäger und Sammler auf die bewaldeten Höhenzüge angewiesen. Hier fand sich der Silex in Mengen, aus dem das nun immer kleiner, aber auch immer präziser werdende Werkzeug geschlagen werden konnte, mit dem Tiere erlegt, ihre Felle und Knochen verarbeitet wurden.

Das Ende des Mesolithikums ist dann durch die Konfrontation der letzten Jäger mit den ersten Ackerbauern und Hirten bestimmt. Die Neuankömmlinge waren die natürlichen Feinde der Jäger- und Sammlerkultur. Bauern wünschen seßhaft zu sein und die von ihnen urbar gemachte Erde als ihren unantastbaren Besitz betrachten zu können; Hirten, zwar Nomaden, die den Jahreszeiten entsprechend ihre Weidegründe wechseln, wollen diese ihre Herden nicht bedroht sehen. Die Jägerstämme, die bisher kein Land und doch zugleich alles Land besaßen, wichen vor diesen Vertretern einer neuen Ordnung zurück. Aber die uralte biblische Tragödie von Kain und Abel wiederholt sich nun auch hier. Die Ohnmacht des Gott nicht mehr wohlgefälligen Jägers schlägt in Haß und Zorn gegen den friedlichen Ackerbauer um. Mit dem Besitz kommt der Krieg in die Welt, die bisher keinen Mord kannte. Ein französischer Forscher, Escalon de Fonton, hat darauf hingewiesen, daß man aus den Zeiten der Jäger- und Sammlerkulturen keine Skelette von Menschen gefunden hat, die eines gewaltsamen Todes durch Menschenhand gestorben sind. Der Jäger besaß noch keine Feinde.

Die Hirten- und Bauernkulturen

Die großen Kulturveränderungen entwickeln sich langsam, und das Alte besteht noch lange neben dem Neuen. Die ›neolithische Revolution‹, d. h. der Übergang von der Jäger- und Sammlerkultur zu einer Bauern- und Hirtenkultur, beginnt ungefähr um das 6. Jahrtausend v. Chr. und vollzieht sich in der Provence allmählich im Lauf der nächsten vier Jahrtausende. Der Mensch entdeckt seine Fähigkeit, Töpfe zu formen und zu brennen, um darin kochen und Vorräte speichern zu können, er erfindet das Flechten von Körben und die Technik des Webens. Hat die Altsteinzeit nur das grob zugehauene Silexwerkzeug gekannt, so lernt man es nun mit Hammer und Meißel aus härteren Steinen, aus Serpentin oder Diorit, herzurichten und sorgfältig zu schleifen.

Offenbar hat es im Vaucluse und auf dem Luberon große Werkstätten dafür gegeben, die sogar ihre Schaber, Pfeilspitzen und Klingen weithin exportierten. Jean-Paul Clébert berichtet darüber in seinem Buch ›Provence Antique‹, daß zwischen Murs und Gordes im Norden des Weges, der beide Orte verbindet, die steinigen Felder weithin mit mehr oder weniger bearbeiteten Feuersteinen noch heute wie bestreut seien. Man findet dort gröbere und feinere Pfeilspitzen, zerbrochene Klingen und Schaber, Stücke, sichtlich als Ausschuß betrachtet und deshalb weggeworfen, aber auch unversehrte, gut bearbeitete Exemplare. Daß hier für den Handel produziert wurde, ist bei so vielen Funden selbstverständlich. Aber das gleiche gilt für andere Orte im Luberon. Im Museum von Apt kann man die ganze Entwicklung dieses steinzeitlichen Handwerks lückenlos verfolgen.

Auf dem Plateau des Ventoux und im Luberon hat man ferner Beisetzungen der Menschen jener Zeit in Höhlen gefunden und weiß daher, daß sie einer langschädeligen Rasse angehörten mit länglichen Augenhöhlen und einer langen schmalen Nase.

Besonders die wasserreichen, nicht sonderlich tiefen, aber von schützenden Felswänden umgebenen Seitentäler des Luberon mußten die Menschen der Frühzeit anziehen, und zahlreiche, in ihnen gemachte Funde bestätigen diese Vermutung. Das Vallon de l'Aiguebrun, das ›Tal des braunen Wassers‹, im Luberon, in dem auch der vollkommen gegliederte romanische Turm des alten Priorats von Saint-Symphorien (Abb. 73) steht, ist vor Jahrtausenden bewohnt gewesen und ähnelt insofern den Lebensbedingungen im Tal der Vézère in der Dordogne, das auch schon die schweifenden Jäger der Urzeit anzog. Doch ist es um vieles herber und großartiger. Seine Felsen türmen sich zu ungeheuren, steil abfallenden Blöcken, und wenn man zwischen Bonnieux und Apt die D 113, die das Dorf Buoux berührt, wählt und seitwärts den Fußweg zum alten Fort de Buoux einschlägt, so wird man bald vor einer Felswand stehen, deren Übermaß einem den Atem verschlägt (Abb. 2,3). Hier springt ein steinernes Dach mehr als 35 m über die darunter ausgewaschene Wand vor, einen Raum von 800 qm überwölbend und einstmals eine Nekropole der Bronzezeit schützend, von der noch einige in den Stein gehauene Gräber zu sehen sind. Doch ist dies nur eine von mehreren Grabstätten in diesem auch landschaftlich höchst eindrucksvollen Tal. Die Beisetzungen in seinen verschiedenen Höhlen reichen, wie die Funde ergaben, bis ins Mesolithikum zurück. Bei Thor in der Ebene wurde außerdem ein Grab unter einem Hügel entdeckt, eine Bestattung, wie sie erst in der Jungsteinzeit aufkam, sich dann aber rasch über ganz Europa verbreitete. Hier lag der Tote schon auf einer Steinplatte aufgebahrt, während zwei andere Platten, hinter seinem Kopf und zu seinen Füßen, Grabbeigaben trugen. Eine sechseckige Kammer war für ihn aus kleinen Steinen errichtet worden, deren Wölbung ein großer Stein oben abschloß. Darüber war der künstliche Hügel, der tumulus, aufgeschüttet. Die Vorstellung vom ›Lebenden Leichnam‹, dem man eine würdige Wohnung bereiten und den man mit dem Lebensnotwendigen im Symbol versehen muß, ist nun schon deutlich erkennbar.

Besonders interessant ist in diesem Zusammenhang die Beisetzung von *Coustelet* in einem Brunnenschacht, der nur diesem Zweck diente. Er befindet sich an der Nationalstraße 100, zwischen Cavaillon und Apt, in einer Gegend, die an jungsteinzeitlichen Funden reich ist. Auf dem Grund dieses 6,5 m tiefen Schachtes fand man zwei Skelette in Hockerstellung, d. h. in der Haltung des Kindes im Mutterleib, die man zweifellos als günstig für eine künftige Wiedergeburt ansah. Außerdem Opfer- und Grabbeigaben: Scherben von Gefäßen, eine Silexklinge, Hunde- und Rinderknochen.

Dies Brunnengrab oder andere ähnliche scheinen die Volksphantasie eigentümlich beschäftigt zu haben; denn die Erinnerung an sie oder vielleicht eher noch an die Entdeckung eines von ihnen ist in verwandelter Form lebendig geblieben. In dem provençalischen Märchen von *Jean de l'Ours* verrät ein geisterhaftes »nacktes weißes Männlein«, ganz offenbar ein ›Unterirdischer‹, in einem verwunschenen, menschenleeren Schloß dem Bärensohn, daß er nur eine Kaminplatte abzuheben brauche, um in einen tiefen Schacht zu gelangen, auf dessen Grund eine schöne Prinzessin auf Erlösung warte. Jean de l'Ours läßt zuerst seine beiden starken Gefährten an einem Seil hinab, doch jeder von ihnen fürchtet sich in dem engen, dunklen, bodenlos scheinenden Schacht so sehr, daß er verlangt, hinaufgezogen zu werden, und auf die Braut verzichtet. Nach ihnen wagt der Bärensohn das Abenteuer. Drunten findet er zuerst die Gerippe der vor ihm dabei Umgekommenen »und ihre zerbrochenen Waffen«. Ein steinerner Windhund, auf einer Felsplatte ruhend, scheint diese Toten zu bewachen, erhebt sich jedoch, um Jean die Hand zu lecken, und legt sich dann wieder an seinen Platz. In der Tiefe des nun weiträumigen und von einem bleichen Schein erleuchteten Berges hat dann der Held drei furchtbare Drachen zu erschlagen, von denen einer immer gefährlicher und schrecklicher ist als der vorher getötete, bis es ihm gelingt, die Prinzessin zu befreien. Als er später, von seinen Gefährten verraten, die zwar die Prinzessin hinaufziehen, ihn selbst aber drunten umkommen lassen wollen, sich nicht mehr zu helfen weiß, ist es der steinerne Windhund, der plötzlich zu sprechen beginnt und ihm sagt, wie er aus dem Brunnenschacht aufsteigen kann.

Es lohnt sich, in diesem Märchen, dessen Anfang und Ende hier ohne Bedeutung ist, den Bezügen zu sehr alten provençalischen Überlieferungen nachzugehen. Die Erinnerung an die Riesenechsen der ältesten Urzeit hat sich hartnäckig im Bild der Drachen behauptet; die an die Jungsteinzeit im tiefen Schacht des verwunschenen Schlosses, auf dessen Grund die Gerippe mit ihren zerbrochenen Waffen liegen. Der seltsame steinerne Hund jedoch, der die Toten bewacht, ist niemand anders als der antike Kerberos, der Hüter der Unterwelt, dessen mythische Gestalt die Griechen in die Provence brachten und der von Herakles, nachdem er »durch den Mund der Unterwelt« ins Schattenreich hinabstieg, gebändigt wurde. Nach altem Glauben, den auch die Römer übernahmen, läßt er keinen, der einmal das Totenreich betrat, ins Licht zurückkehren. Jean de l'Ours, der bis zu der gewaltigen Eisenstange, die seine Waffe ist, viele Züge des unbesiegbaren Herakles besitzt, bliebe für immer in der Tiefe des Berges gefangen, ließe ihn nicht der steinerne Hund freiwillig passieren und hülfe er ihm nicht sogar dabei, wieder ins Leben hinaufzugelangen.

Das Brunnengrab von Coustelet scheint ins Ende der Jungsteinzeit zu gehören, die für die Provence ungefähr zwischen 2500 und 2000 v. Chr. anzusetzen ist. Neben dem jetzt bis zur Vollkommenheit polierten Stein, aus dem – neben Knochen, Fischgräten usw. – Werkzeug und Waffen hergestellt wurden, gab es nun auch schon die ersten Metallgegenstände, von ägyptischen und kleinasiatischen Händlern ins Land gebracht. Das gewohnte Material vermochten sie natürlich noch nicht zu verdrängen. Bis Kupfer und Bronze sich allgemein durchsetzen konnten, vergingen viele Jahrhunderte, schon deshalb, weil jedes Metall und seine Verarbeitung für Hirten und Bauern unerschwinglich gewesen sein muß. Aus Bronze, die vor allem durch Kreter im Mittelmeerraum verbreitet wurde, konnte wohl eine Kultaxt, eine kostbare Prunkwaffe als Abzeichen herrscherlicher Würde oder ein Gegenstand für rituelle Verwendung sein, aber keinesfalls etwas für den alltäglichen Gebrauch.

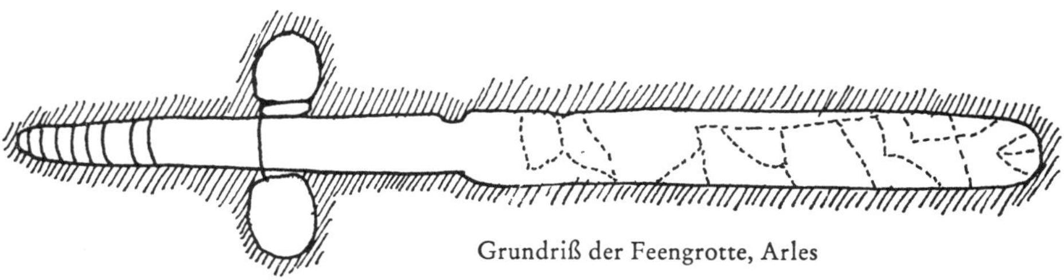

Grundriß der Feengrotte, Arles

Aus dieser Epoche, in der die Jungsteinzeit sich ihrem Ende zuneigte, stammt die Gruppe der fünf monumentalen, von Menschenhand im Fels errichteten Grabgewölbe nicht weit von der Straße zwischen Arles und Fontvieille hinter Montmajour an bzw. unter der kleinen Montagne des Cordes. Die größte und bedeutendste von den vier rechts der Straße von Arles gelegenen ist die sogenannte *Feengrotte,* die leider auf privatem Gelände liegt, mitten in einem sehr großen eingezäunten Besitz, der sie jedem Fremden unzugänglich macht und das offenbar auch tun soll. Sie scheint deshalb vorläufig vor allem Fachleuten vorbehalten zu sein, wird auch auf Karten und in Führern nicht erwähnt. Mit ihrem plattengedeckten, an Kreta und Mykene erinnernden mächtigen unterirdischen Gang, dessen Grundriß sie auch den Namen ›Schwert des Roland‹ verdankt, muß sie höchst eindrucksvoll sein. Ihre Gesamtlänge beträgt 42 m. Allein der schlauchartige Vorraum zieht sich über 9,60 m hin. Sibylle von Cles-Reden schreibt über dies Hypogeum in ihrem Buch ›Die Spur der Zyklopen‹: »Die lang bekannte ›Feengrotte‹, zu der sechs Stufen hinabführen, besteht aus einer 25 m langen Galerie, deren vorderer Teil etwas schmaler ist, während sie rückwärts drei Meter weit wird. Nahe dem Eingang öffnen sich rechts und links zwei Seitenkammern. Dieses Grab hat naturgemäß keine Funde mehr erbracht, ein anderes aber wurde 1886 geöffnet und erwies sich als unberührt. Es enthielt 100 Skelette, denen schöne Glockenbecher, zahlreiche Callais-Perlen, etwas Goldschmuck und Pfeilspitzen aus Flint mitgegeben worden waren.

Die Gräber von Arles wurden häufig mit ähnlichen Felsgrüften auf den Balearen verglichen und auch von diesen abgeleitet. Sie sind aber sicherlich älter ... Die Verwandtschaft der ›Grotten von Arles‹ mit den balearischen Gräbern mag eher auf eine Kolonisierung der Inseln von der Rhônemündung aus als auf den umgekehrten Ablauf weisen, denn die Beigaben aus den südfranzösischen Gräbern stammen noch aus der Steinkupferzeit. Woher aber die Siedler an der Rhônemündung kamen, ist schwer zu sagen. Die Form ihrer Mausoleen läßt eher an östliche als an iberische Vorbilder denken.«

Der französische Wissenschaftler Fernand Benoît sagt über die ›Feengrotte‹ und die in ihrer unmittelbaren Nachbarschaft liegenden unterirdischen Grabanlagen: »Dieser Vorraum fehlt den vier anderen Hypogeen; aber der vorkragende Schnitt der Wände, die sich oben einander nähern, um die Decke zu tragen, die vollkommene Regelmäßigkeit des Grundrisses, die Wölbung der Tore, die Geschicklichkeit, einen unterirdischen Gang zu bohren, mit einem Wort, das Können, das sich in diesen Bauten zeigt, beweist Meisterschaft in der Wissenschaft der Felsbaukunst.«

Wir haben uns diese fünf steinzeitlichen Grabstätten zur Zeit ihrer Erbauung in einer Sumpf- und Wasserlandschaft zu denken, aus der einzig die felsigen Höhen, auf denen sie lagen, herausragten. Noch heute kann man im Frühling die rechteckigen Wasserspiegel der Reisfelder im Süden aufblinken sehen, wenn man die leichte Anhöhe zu dem Dolmengrab von *Coutignargues* (Abb. 5) hinaufgestiegen ist, dem einzigen der vier links der Straße am Mont de Cordes gelegenen, das zugänglich ist. Das dritte liegt in einem für die Aufzucht schwarzer Stiere eingezäunten Gelände verborgen, das vierte ist selbst den Bewohnern des nahen Bauernhofes unbekannt. Wahrscheinlich wurde es von dem undurchdringlichen Macchiagebüsch überwuchert, das stellenweise das sonst spärlich bewachsene Felsplateau bedeckt, in dessen Gestein man noch uralte Karrenspuren finden kann, die auf Montmajour zuführen, dessen hochgetürmte edle Silhouette am westlichen Horizont sichtbar ist.

Man findet das Dolmengrab von Coutignargues, wenn man, von Fontvieille kommend, links in einen zu zwei Bauernhöfen führenden Weg einbiegt, hinter dem ersten Hof auf der rechten Seite. Da es von einem hohen Drahtzaun umgeben ist und auf einer Anhöhe liegt, kann man es gut vom Weg aus sehen. Aber gerade dieses Grab unterscheidet sich wesentlich von den vier anderen und ist so oft von Schatzsuchern durchstöbert worden, daß man seine ursprüngliche Monumentalität nur ahnen kann. Neben ihm liegt in Stücke geschlagen ein ursprünglich drei Meter hoher Menhir von eindeutig phallischem Charakter. Er muß sehr lange noch in christlicher Zeit aufrecht gestanden haben, sonst wäre wohl kaum aus ›Coutignargues‹ schließlich ein Heiliger, nämlich Saint Coutignardes, geworden.

Daß die Hypogeen auf dem Mont de Cordes bei Montmajour schon sehr früh allgemein bekannt waren, ja, daß vielleicht die Erinnerung an sie überhaupt nie verloren ging, scheinen die Volksmärchen zu beweisen, die sich um die geheimnisvolle, mit Zauberkräften begabte Gestalt der ›Goldenen Ziege‹ gebildet haben, die ungeheure Schätze in einem Berg besitzt und hütet. Um die Schicksale der Menschen, die, von Besitzgier ergriffen, sich daran zu bereichern versuchten, ist ein ganzer Sagenkranz gesponnen, in dem die – selbst verzauberte und auf »die ewige Ruhe« wartende – ›Goldene Ziege‹ abwechselnd grausame, gütige oder auch nur gerechte Züge annimmt, immer jedoch Macht ausübt – also genau das, was man von alters her von den toten Ahnen annahm. Außerhalb ihres Berges zeigt sie sich Lebenden manchmal auf einem schildförmigen Felsen, dessen gleichmäßiges Rund eine viertel Meile beträgt, also der typische tumulus der Jungsteinzeit ist. Der in ihre unterirdische Halle eintretende Jüngling sieht an der Wand ein goldgefaßtes Elfenbeinhorn, einen goldenen Helm, ein goldenes Schwert und einen goldenen Schild, und er hört die Stimmen der unsichtbaren, hier gefangen Gehaltenen, einen wahren Geisterchor. Daß er in eines jener unterirdischen weiträumigen Fürstengräber eingedrungen ist, in dem Menschen der Jungsteinzeit und des heraufkommenden Metallzeitalters ihre großen Toten mit kostbaren, oft weither importierten Prunkwaffen und wertvollem Gerät beisetzten, wird hier ganz einsichtig und ebenso, daß die ›Feengrotte‹, die man später auch das ›Schwert des Roland‹ nannte, mit den Sagen von der Goldenen Ziege in Zusammenhang steht. »Mein Vater hat sie früher in Montmajour bei Arles gesehen«, sagt denn auch der junge Held Guihen einmal, »sie hielt sich dort gern in den Ruinen auf ...«

Zum Totenkult jenes 2. Jahrtausends v. Chr., in dem die Kultur des polierten Steinwerkzeugs und der aus riesigen Felsplatten gefügten Dolmen ihren Höhepunkt erreichte, in dem es aber auch schon bearbeitetes Kupfer und bald auch Bronzegerät gab, gehören die geheimnisvollen Stelen mit dem entpersönlichten, mundlosen, stilisierten Gesicht, die man in unserem Jahrhundert an verschiedenen, sehr früh bewohnten Orten der Provence gefunden hat. Das *Musée Calvet* in Avignon besitzt dreizehn solcher,

Kalksteinstele des steinzeitlichen Totenkults. Fundort Orgon

höchstens einen halben Meter hohen Stelen (Abb. 6,7), im Schloß von Lourmarin befindet sich ebenfalls eine, doch auch in anderen Museen kann man ihnen begegnen. Über ihre Beziehung zum Totenkult besteht kein Zweifel mehr, man hat sie zwischen Knochenresten und in Beisetzungsgrotten gefunden, und sie scheinen ›Wächter‹ zu sein, keinesfalls Erinnerungsmale. Es ist die ›Große Göttin‹, die Mutter der Lebenden und der Toten, unter deren Schutz man die Verstorbenen, zur Wiedergeburt Bestimmten stellen wollte – entsprechend unserer Sitte, sie unter den Schutz des Kreuzes zu stellen. Das Bild der Göttin erfuhr wohl einige Variationen, gelegentlich wird die Brust angedeutet, sie trägt eine Halskette oder einen großen Stern, immer aber spricht Ernst und Hoheit aus den strengen Zügen. Sehr eigentümlich und von großartiger Symbolik ist der Umstand, daß Augen und Nase stets klar ausgeprägt sind, niemals aber der Mund angedeutet wurde. Die Toten sind stumm. Und auch ihre Hüterin ist stumm.

Symbole begleiten die Ahnen in ihre unterirdischen Wohnungen. Beim Hypogeum von Castellet sind sie in einen nahen Felsen graviert worden, aber sie finden sich auch an anderen Orten in der Provence aus den letzten Jahrtausenden vor Christi Geburt: Sonnenräder und -kreise und Sinnbilder der Zeugung. Zu ihnen gehört das geheimnisvolle, hufeisenförmige Zeichen, das der Volksmund später in den Pferdehufabdruck heiliger Reiter verwandelt hat. Ursprünglich war es, wie heute vermutet wird, ein Geschlechtssymbol und deutete die weibliche Fruchtbarkeit an wie – mit wenigen Ausnahmen – die Menhire die männliche. Eine solche prähistorische Hufeisenform findet der Besucher der Alyscamps in Arles, wenn er die Kirche Saint-Honorat auf dem üblichen Rundgang verläßt, an der Mauer links vom Weg in einen der Bausteine gemeißelt. Sie hat hier wohl kaum eine symbolische und gewiß nicht die ursprüngliche geschlechtliche Bedeutung, könnte aber ein Hinweis darauf sein, daß man an diesem Ort schon lange vor Römerzeit und Christentum begrub und heilige Zeichen in den Stein ritzte.

In jenem 2. Jahrtausend vor unserer Zeitrechnung, in dem das Metall allmählich den Stein aus seiner Bedeutung für den nun immer seßhafter werdenden Menschen verdrängte, ist auch eine Wohnform entstanden, die sich bis heute in der Provence zumindest als Hirtenhütte und Geräteschuppen erhalten hat: die ›borie‹ (Abb. 1). Auf dem Plateau de Vaucluse und an den Hängen des Luberon kann man immer wieder diese seltsamen fensterlosen Häuser sehen, die mörtellos aus flachen Steinen zu einer falschen Kuppel aufgeschichtet sind. Ihr Grundriß ist meist quadratisch, manchmal jedoch auch rechteckig oder rund. Die großen Felsplatten bilden die einzige Türöffnung, der Rauch des Herdfeuers kann durch die Fugen zwischen den Steinen abziehen, der Schutz gegen Regen ist vollkommen. Dunkel, urtümlich und zeitlos stehen sie vereinzelt oder in Gruppen in der Wildnis oder im Weideland. Bei Gordes gibt es ein ganzes ›schwarzes Dorf‹ solcher bories (Abb. 4), und auf dem Plateau bei Sivergues südlich von Apt stehen ebensolche Steinhütten, ›les Claparèdes‹ genannt. In einigen, schon weitgehend verfallenen hat man Funde gemacht, die ihre Jahrtausende alte Vergangenheit bewiesen, andere wiederum sind erst vor wenigen Jahrhunderten oder gar Jahrzehnten errichtet worden. Schutzhütten und Zufluchtsorte in Notzeiten sind sie wohl immer gewesen, nicht anders als die ihnen ähnlichen, wenngleich aus gewaltigen Quadern erbauten Nuraghen Sardiniens und die Talayots der Balearen, die ihnen vielleicht zum Vorbild gedient haben, jedenfalls aber ungefähr gleichzeitig entstanden sind. In der Provence bestimmte das vorhandene Steinmaterial die weniger wehrhafte, doch auch weniger dauerhafte Bauweise, dafür ließ sich eine borie schneller und leichter aufschichten. Die falsche Kuppel, die das abfallende Dach ersetzt, aus immer weiter vorkragenden Platten gefügt, die dann oben ein größerer Deckstein in der Spitze verschließt, ist ihnen allen gemeinsam.

Wenn man nach ihrer Bauweise urteilen darf, so dienten die provençalischen bories nicht der Verteidigung wie z. B. die sardischen Nuraghen. Ein friedlicheres Volk scheint hier gelebt zu haben, das kriegerischen Auseinandersetzungen eher auswich, als daß es sie suchte. Bei seinem Eintritt in die abendländische Geschichte um das Jahr 1000 v. Chr. entwickelte es jedenfalls eine Strategie des Rückzugs, die seine künftigen Siedlungsformen bestimmte.

Das schwarze Dorf bei Gordes, in dem auch in unserer Zeit noch zahlreiche bories erbaut wurden, vermittelt eindringlich das Bild einer solchen steinzeitlichen Siedlung. In der von Thymian-, Rosmarin und Lavendelduft erfüllten Einsamkeit der Claparèdes im Luberon dagegen scheint noch der Atem der urzeitlichen Hirtenvölker zu wehen, obwohl nur noch Steinringe und Grundmauern zwischen Kermeseichen, Ginster und Macchiagestrüpp die einzelnen Wohngruppen erkennen lassen. Daß sich die Noch-nicht-seßhaft-Gewordenen hierher mit ihren Herden aus den schon bebauten Ebenen zurückgezogen haben, würde in dieser kargen Einöde zwischen den verfallenen bories auch dann unmittelbar einsichtig, wenn nicht so bedeutende Funde wie phallische Amulette, Fibeln und steinzeitliches Werkzeug in ihnen gemacht worden wären. Die tiefe, nur von Elsternschrei oder fernem Kuckucksruf unterbrochene Stille dieser Hochebene ist auch heute noch zeitlos wie das Leben der Hirten. – –

a Bronzezeitliche Fibeln
b Teilstück eines Armbandes aus Bronze
c Phallisches Amulett (alle gefunden in einer borie bei Orgon)

a

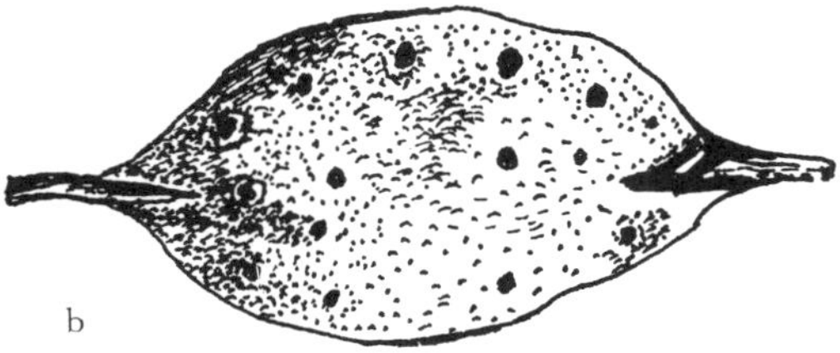

b

c

Die Ligurer

Die Schriftsteller der Antike bezeichneten die Stämme westlich der Seealpen, die in ihren Augen Barbaren waren, ganz allgemein als ›Ligurer‹, offenbar ohne sie vorerst im einzelnen zu unterscheiden. Wahrscheinlich war damit weniger ein Volk oder eine Rasse gemeint als die Kulturstufe und die soziale Ordnung, in der sie lebten – d. h., sie befanden sich noch mehr oder weniger im Neolithikum, die Völker des östlichen Mittelmeers dagegen schon ganz im Zeitalter der Metalle. Kein Wunder, daß die Menschen des unwegsamen Sumpf-, Berg- und Heidelandes, das die Provence damals war, den überlegenen Fremden auszuweichen trachteten.

Ihre merkwürdigen Zufluchtsorte seitlich der großen uralten Wanderwege bezeugen diesen Hang, sich möglichen Auseinandersetzungen zu entziehen. Zu jener Zeit, in den ersten Jahrhunderten des letzten Jahrtausends v. Chr., hatten sie begonnen, die Erde zu bearbeiten und zu bepflanzen, Vieh zu züchten, aus Ton Gefäße zu formen und zu brennen, und die ersten Metallgegenstände erlaubten ihnen, die Gebirge zu verlassen, die ihnen das Steinmaterial für ihr Werkzeug bis dahin geliefert hatten. Sie besiedelten jetzt die ganze Provence. Doch mit der Bronze werden auch die ersten Händler ins Land gekommen sein. Bronze besteht zu 85 % aus Kupfer und zu 15 % aus Zinn. Kupfer gab es an vielen Orten, Zinn jedoch im westlichen Europa, vor allem in England, der Bretagne und in Spanien. Die ersten Nachrichten über die Ligurer dürften also von durchreisenden Zinnhändlern, die wohl kaum unbewaffnet und ohne Geleitschutz kamen, in die östlichen Mittelmeerländer gebracht worden sein. Die einheimischen Stämme, die vermutlich – und nicht ohne Grund – für ihre Herden und sonstigen bescheidenen Vorräte fürchteten, entzogen sich der Begegnung mit ihnen samt ihrem beweglichen Besitz kurzfristig in gut hierfür vorbereitete Zufluchtsorte, die auch leicht zu verteidigen waren. Sie blieben dort, bis die Gefahr vorüber war. Diese ›castellas‹ lagen schwer zugänglich und versteckt nicht allzu weit von den eigentlichen Siedlungen entfernt, so daß auch bei längerem Aufenthalt die Versorgung mit Lebensmitteln nicht schwierig war. Sie besaßen geschickt getarnte Beobachtungsposten außerhalb des Wohnbezirks, von denen man herannahende wie abziehende Feinde weithin gut ausmachen konnte. Ein solcher Zufluchtsort der Ligurer, an dem man noch heute recht genau das System studieren kann, nach dem er ausgewählt und angelegt wurde, sind die sogenannten *›Grottes de Calès‹* (Abb. 12) bei Lamanon an der D 17d, nur einige Kilometer von Eyguières entfernt. Man steigt hinter der Kirche des Ortes links einen bequemen Weg etwa 400 m durch den Wald zu ihnen hinauf und sieht zuerst einen mächtigen Kalkmergelblock, in dem große und kleinere Höhlen durch die Witterung ausgewaschen und später künstlich erweitert und hergerichtet wurden. Eingetiefte Stufen führen außen zu Beobachtungsposten auf ihn hinauf, und sinnvoll eingeschnittene Rinnen leiten Schmelzwasser und Regen in dafür angelegte Becken, die als Reservoire dienen konnten. Wo der bedachende ausgehöhlte Berg sich nach außen öffnet, sieht man rechts und links in den Wänden in gleicher Höhe Vertiefungen ausgebohrt und versteht schnell, daß hier Baumstämme

Lageplan der Grotten von Calès (Aufstieg ca. 400 m)

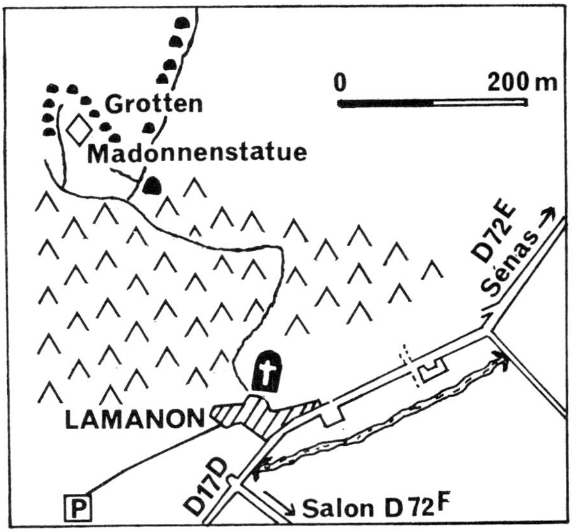

quer über der Breite des Eingangs angebracht waren, an denen Felle, Häute oder auch Stoffe aufgehängt wurden, die einen Vorhang vor der Behausung bildeten.

So erstaunlich schon die Ausgestaltung dieses großen Kalkmergelblocks zu einem Fort der Frühzeit ist, die prähistorische Höhlensiedlung, die man wenige Schritte weiter hinter der schützenden Sperrmauer in einem kleinen Hochtal erblickt, ist noch viel erstaunlicher. Um die ganze rechte, nach Südwesten, also der Sonne zu, gelegene Flanke des Berges zieht sich eine variantenreiche Kette wohlausgebauter großer und kleiner Wohnungen, für die kein Baustein gebraucht, nur der natürlich gewachsene verwendet wurde. Da gibt es Durchbrüche zu anderen ›Stuben‹, Nischen für Gebrauchsgegenstände, Abflußrinnen, Wasserbecken, Treppen und Dachterrassen mit Sonnenplätzen. Die letzte, unmittelbar vor dem steilen Abhang zu der weithin überschaubaren nördlichen Ebene gelegene Höhle besitzt ein paar Eigentümlichkeiten. Hier ist der Zugang künstlich zu einer schmalen Türöffnung verengt, indem an seinen beiden Seiten einige mächtige, mehr als meterlange Felsquadern in der Weise ineinandergefügt wurden, wie man es von jungsteinzeitlichen Bauten in ganz Europa kennt. Zwei ausgewaschene Stufen führen zu diesem Durchlaß, den nur einer allein passieren kann. Daneben wurde außen in Tischhöhe ein rechteckiges flaches Becken von etwa 40 cm Länge ausgehöhlt, eine Art Altar, könnte man denken, wie er früh schon für Brandopfer üblich, sonst aber kaum zu verwenden war. Der zeltförmig gewölbte Innenraum ist ziemlich klein, etwa 3 × 3 m. Auffallend ist hier ein sauber gerundetes schüsselartiges Becken an der linken Wand. Von der rechten konnte man über eine hohe natürliche Schwelle in den großen, ins Freie weit offenen Nebenraum gelangen. Man weiß von der symbolischen Bedeutung, die jede Schwelle und ihr Überschreiten in prähistorischer Zeit besaß. Zahllose Dolmengräber und die steinzeitlichen Tempel auf Malta zeigen sie zweifelsfrei. Der Gedanke, daß diese letzte, am Talabhang gelegene Höhle ursprünglich kein profaner, sondern ein Kultraum war, liegt also recht nahe. Beweisbar ist er natürlich für den Laien nicht. Doch deuten archäologische Funde darauf hin, daß die Grotten von Calès nicht erst in ligurischer Zeit, sondern auch während des Neolithikums, zumindest gelegentlich und teilweise, bewohnt waren. Als Zufluchtsort haben sie bis ins Mittelalter Bedeutung gehabt.

Das kleine, fast ebene Hochtal war zweifellos geeignet, auch Herden für einige Zeit zum Aufenthaltsort zu dienen. Am schwierigsten dürfte dabei die Wasserversorgung gewesen sein, doch gibt es in seiner Mitte einige größere Zisternen, deren natürliche Becken künstlich vergrößert sind. Auch ein rechteckiger, etwa 12 m langer Versammlungsraum mit Steinbänken an den Längsseiten ist dort in den gewachsenen Stein gehauen, unter dem eine weite natürliche Höhle dem gleichen Zweck bei schlechtem Wetter gedient haben mag. Dieser ›Ratssaal‹ unter freiem Himmel mit den benachbarten Zisternen bildete offenbar nicht nur den geographischen, sondern auch den sozialen Mittelpunkt der Gemeinschaft, der die Bergflanken des ungefähr hufeisenförmigen Tales als Wohnungen dienten. Die rechte, der Sonne zugekehrte Seite war dabei natürlich die bevorzugte und besser ausgeformte.

Ihre begünstigte Lage und die damit verbundene Auswaschung des Gesteins zu großen Höhlen wiederholt sich außerhalb des Hochtals noch an der Westseite des umschließenden Berges, den eine Madonnen-Statue krönt. Um diesen Teil der ligurischen Siedlung zu erreichen, biegt man, von Lamanon hinaufsteigend, bei der ersten und einzigen Weggabelung links ab und umgeht so das Tal. Je höher man kommt, desto eigenartiger werden die Felsformationen und ihre Ausgestaltung zu Treppen, Wachtpostenplätzen, Bekken und Terrassen. Zuletzt steigt man zwischen künstlich ausgehauenen, beengend hohen Wänden zu einem Plateau hinauf. Es bietet eine überwältigende Fernsicht und zeigt allenthalben Spuren der Ausgestaltung durch Menschenhand. Da gibt es verdeckte Schächte und Gruben, umrandete, flache Becken, die ebenso als Ruhelager wie als Opferstätten gedient haben können, es gibt einen sesselartigen Hochsitz und immer wieder Stufen und Treppchen, die, den Bergkegel umkreisend, zu Beobachtungsposten, Höhlen oder Bänken führen. Manches scheint auf eine kultische, anderes auf eine verteidigungstechnische Bedeutung dieses Hochplateaus hinzuweisen, aber das eine würde das andere natürlich nicht ausschließen, da die ›Burg‹ bei allen jungen Völkern zugleich auch das Heiligste enthielt. Hier läßt der feierlich anmutende Aufstieg durch die Felsenenge eine kultische Bedeutung annehmen; denn im ganzen Mittelmeerraum bestehen Parallelen zu solchen schmalen, Sammlung und Ehrfurcht erzeugenden Zugängen zu Heiligtümern am Ende der zu ihnen hinführenden ›Heiligen Straße‹. Auch die Errichtung der Madonnen-Statue an so abgelegenem Ort scheint ein Hinweis: Wo ehemals ein heiliger heidnischer Ort war, wird seit jeher ein Zeichen des Kreuzes errichtet, um den alten Aberglauben zu verdrängen.

Die ligurischen Grotten bei Lamanon geben viele Rätsel auf. Sie würden wohl eher zu lösen sein, wären nicht die Höhlen und ihr ganzer Bereich rund zweitausend Jahre lang

Zufluchtsort für Flüchtlinge und Verfolgte der verschiedensten Rassen und Völker gewesen, die alles Vorhandene umgestaltet und Neues hinzugefügt haben – stets nur den nachgiebig weichen Stein verwandelnd, an dem die Natur rasch jede Spur menschlichen Wirkens verwischt.

Die Griechen

Um 600 v. Chr. haben Griechen aus der Stadt Phokäa an der kleinasiatischen Küste die Stadt Marseille gegründet, die im Altertum Massalia genannt wurde. Aber das bedeutet nicht, daß sie die ersten Fremden auf provençalischem Boden waren. Sie waren nur die ersten, die hier eine neue Heimat suchten und fanden. Vor ihnen waren die Phönizier gekommen, um Handel zu treiben, nach ihnen die Etrusker, und schließlich waren Männer aus Rhodos an der ligurischen Küste gelandet. Spuren von dem, was sie brachten, sind nicht nur dort, sondern auch im Binnenland gefunden worden. In den steinzeitlichen Gräbern bei Castelet zwischen Arles und Fontvieille hatte man den Toten zyprische Dolche und ägyptische Perlen mitgegeben; in den Überresten der alten Mauer von Les Baux (Abb. 142, 143) entdeckte man einen korinthischen Helm. Die Ligurer hatten gegen solche fremden Kostbarkeiten kaum anderes als das begehrte Salz zu tauschen, das im östlichen Mittelmeer so sehr fehlte und bei ihnen im Überfluß vorhanden war.

Die Händler, die das eine brachten und das andere mitnahmen, gründeten keine festen Niederlassungen für ihre Geschäfte, sie überwinterten schlimmstenfalls gelegentlich in primitiven Hütten an der Küste, wenn vorzeitige Stürme sie dazu zwangen. Aber sie kannten die Täler der Rhône und der Durance durchaus, diese uralte Wegkreuzung vom Norden zum Süden und vom Westen zum Osten. An Rhône und Loire entlang führte der Weg zur Bretagne und zum britannischen Zinn, durch das Tal der Durance über das Languedoc und Aquitanien desgleichen. Die Funde von Gefäßscherben orientalischer, korinthischer, etruskischer oder rhodischer Herkunft markieren diese vorgeschichtlichen Karawanenstraßen deutlich.

Die Jünglinge aus Phokäa, die sich auf das Geheiß ihrer Göttin Artemis, der dunklen asiatischen Artemis mit den zwölfmal zwölf Brüsten, aufmachten, um eine neue griechische Stadt auf provençalischem Boden zu gründen, betraten also nicht ein ganz und gar unbekanntes Land. Aber sie kamen mit der Absicht zu bleiben; denn hinter dem Befehl ihrer Artemis-Priesterin Aristarche stand der bittere Zwang zur Auswanderung: ihre Vaterstadt war arm, war von den Persern bedrängt, lebte kärglich von Fischfang und Piraterie. Die Ehe mit den Töchtern der Ligurer, die so reizvoll in der Gründungssage von der Liebe der schönen Gyptis zu dem Griechen Protis dargestellt ist, war zweifellos nicht nur für ihren Anführer Protis im voraus geplant gewesen. Die neue Stadt brauchte eine Bevölkerung und diese sollte mit den benachbarten Barbaren in Frieden leben. Im übrigen war Massalia eine rein griechische Stadt und blieb es durch die Jahrhunderte. Dem Meere zugewandt stand der große Tempel des griechischen Apollon am Rande des Strandes auf der Butte des Moulins, dem Mühlenhügel; dagegen, dem Landesinnern zugewandt, der Tempel der Artemis. Sie blieb die eigentliche Stadtgöttin, und ihr wurden so viele Opfer und Weihegaben dargebracht, daß aus dem Überfluß, den die Priesterschaft schließlich wegzuwerfen gezwungen war, sich 40 Artemis-Stelen erhalten haben, von denen einige im *Musée Borély* in Marseille stehen (Abb. 13, 14). Sie zeigen die griechische Göttin in seltsam verfremdeter Gestalt: unter einer Art Baldachin thronend, die Arme erhoben, die Schenkel und das Geschlecht vom hochgezogenen Gewand entblößt – Sinnbild der Fruchtbarkeit. Einige der Votivstatuen dieser dunklen asiatischen Artemis stellen sie mit dem monströs gestalteten Löwen der Kybele im Schoß dar, sehr unähnlich der hellenischen Göttin des europäischen Festlandes. Deshalb spricht J.-P. Clébert in seiner ›Provence Antique‹ wohl nicht mit Unrecht die Vermutung aus, daß aus dieser schwarzen jungfräulichen Göttin, der ›Bonne-Mère‹ der Marseiller jene heilige Martha des Christentums geworden ist, die bei Tarascon das Ungeheuer aus der Rhône gefügig zu machen und an ihrem blauseidenen Gürtelband zum Tode zu führen vermochte.

Diese Vermutung kommt nicht von ungefähr, sie hat ein durchaus historisches Fundament. Denn der Einfluß des griechischen Massalia erstreckte sich nicht nur längs der Küste westlich der Stadt, sondern bis hinauf zur Mündung der Durance in die Rhône und in die ligurischen Siedlungen von Arles, Glanum bei Saint-Rémy, Cavaillon und Avignon. Das schmale Festland zwischen den großen und kleineren Etangs, wo heute die bedeutenden Ruinen des sehr viel älteren *Mastramela* südlich von Istres bei Saint-Blaise an der D 52 a ausgegraben sind, bildete die Brücke für diesen Handelsweg nach Norden. Und nur um einen solchen ging es den Bürgern von Massalia, nicht um kriegerische Eroberungen. Sie gründeten Niederlassungen in und bei ligurischen Siedlungen, um ihre Geschäfte dort abzuwickeln und um über Lagerplätze für Waren, die von weither kamen, zu verfügen. Daß sie dabei den Einheimischen ihre sehr viel höhere Kultur vermittelten, geschah zwangsläufig nebenher. Um ihre eigene zu bewahren und notfalls zu verteidigen, sicherten sie die Plätze durch starke Mauergürtel. Das antike *Arelate* (s. Plan S. 72), das heutige *Arles,* ist einer dieser befestigten Orte gewesen. Es wurde gegen 550 v. Chr. von Massalia unter dem Namen Théliné gegründet, und seine günstige Lage am Rhône-Delta machte es später zur Rivalin seiner Gründerin. Arelate beherrschte die Handelsstraßen der Cevennen und des Languedoc, vor allem aber die des Rhônegebietes. Arles, Tarascon, Avignon und Roquemaure waren Stationen dieses Weges. Da aber der Fluß damals noch seine ursprüngliche, durch keine Deiche eingedämmte, ›drachenhafte‹ Wildheit besaß und furchtbare Überschwemmungen anrichtete, führte seit Urzeiten im Norden noch ein anderer, ein Höhenweg an den Hängen der Gebirge entlang an seinem linken Ufer nach Norden, dessen Stützpunkte Carpentras, Baumes-de-Venise, Vaison und das ziemlich nördlich gelegene Le Pègue waren.

Sehr eigentümlich sind die Entdeckungen, die man in den letzten Jahrzehnten bei Ausgrabungen in diesem weit von der Küste entfernten Ort gemacht hat. Es scheint

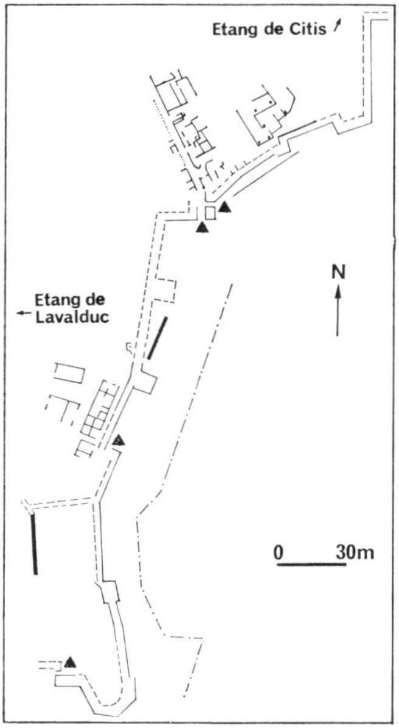

Oppidum von Mastramela bei Saint-Blaise
Dreieck = Tore und Durchgänge, gestrichelte Linien = rekonstruierte Mauern, durchgezogene Linien = ausgegrabene Mauern
Das sorgfältig behauene Mauerwerk der griechischen Siedler von Saint-Blaise unterscheidet sich durch seine Vollkommenheit von allem früheren und späteren der antiken Stadt (rechts)

hier nämlich eine um mindestens hundert Jahre ältere griechische Siedlung, als es Massalia war, bestanden zu haben. Nach den zahlreichen dort gefundenen, sehr feinen und überaus schönen Gefäßscherben zu urteilen, dürfte sie eine hohe Kultur und einen anspruchsvollen Lebensstil besessen haben. Die ungewöhnlichen Funde, die ganz neue Ausblicke auf die hellenisierte Provence eröffnen könnten, sollen im *Musée du Prieuré* in *Rousset* ausgestellt werden. Vielleicht stehen wir also vor der Entdeckung eines hellenischen Vaison auf provençalischem Boden.

Das ist Zukunftsmusik. Die Ausgrabungen bei dem Kirchlein Saint-Blaise aus dem 12. Jahrhundert auf der Westseite des Etang de Berre jedoch lassen uns schon heute das Bild einer befestigten griechischen Handelsniederlassung auf provençalischer Erde erstehen, und das sehr viel klarer, als es die des alten Glanon vermögen. Schon die Lage dieses antiken Mastramela oder Mastrabella ist unvergleichlich: auf einem Höhenrücken zwischen dem meerhaft großen Etang de Berre und dem kleinen Etang de Lavalduc und über dem noch kleineren Etang de Citis erhob sich hier einige Jahrtausende hindurch eine Zitadelle, die das Land ringsum beherrscht haben muß. Vielleicht war dies schon in vorgeschichtlicher Zeit ein heiliger Ort, worauf die mächtigen, oben

Die menhirartigen, oben abgerundeten Steinplatten im Ruinengelände von Saint-Blaise beweisen, daß schon vor der Stadtgründung durch phokäische Griechen des 6. Jahrhunderts hier ein neolithisches Heiligtum bestand.

abgerundeten, bis 1,5 m hohen Steinplatten schließen lassen, die man dort wie steinzeitliche Grabstelen oder Menhire aufgereiht sieht, gewiß aber entstand gegen Ende des 8. Jh. v. Chr. schon eine Siedlung; denn man hat hier nicht nur etruskische und griechische Importstücke, sondern auch archaisch-ionische Keramik und eine überraschend große Menge Scherben des etruskischen Buccheronero-Stils gefunden, die das beweisen. Im 6. und 5. Jh. entwickelte sich dann aus der Siedlung eine befestigte Stadt, die wohl ganz Südgallien mit Waren der Mittelmeerländer versorgte. Mit dem Niedergang Etruriens nahm der Ort im 4. Jh. eindeutig griechischen Charakter an. Aus dieser Zeit oder wahrscheinlicher erst aus der 2. H. des 3. Jh. v. Chr. dürften die Stadtmauern und Befestigungsanlagen stammen, die nirgendwo in Gallien, Spanien oder Italien an Vollkommenheit ihresgleichen haben. Sie müssen von hellenischen Architekten errichtet worden sein; denn nur in Griechenland selbst, in Jonien und Sizilien wurden im 4. Jh. solche Bauten geschaffen.

Die Außenseite der 2 m bis 3,50 m breiten Doppelmauer »besteht aus einem wundervollen Blendwerk, einer einzigartigen Steinmetzarbeit aus regelmäßigen rechteckigen Quadern, die in Haarfugen aneinander angepaßt sind. Dabei alternieren nach einem festen System Tragsteine (Quader in Längsrichtung der Mauer) mit Bindersteinen (Quader in Querlage, die also in das Mauerinnere weisen und so festen Halt geben). Jeder der Blöcke wurde mit Sorgfalt behauen und die Oberfläche in Fischgrätmuster (V-Muster) bearbeitet, bevor er mit einem großen Buchstaben des griechischen Alphabets markiert wurde; A, K, B sind dabei am meisten vorkommende Buchstaben. Häufig wurde der Buchstabe durch rote Farbe besonders hervorgehoben, was an verschiedenen Stellen noch zu sehen ist. Solche Buchstaben sind bald Marken der Steinmetze oder Steinbrucharbeiter und manchmal auch Berechnungssystem für das Einsetzen der Blöcke in die Mauer« (Bernard Bouloumié).

Wir haben uns also die uralte Siedlung im 4. Jh. v. Chr. als eine massalietische befestigte Stadt und später dann zur Römerzeit als ein oppidum zu denken, das den Namen *Ugium* trug. Bis ins Mittelalter war es bewohnt. Heute umgibt die Mauern der griechischen Stadt, deren erstaunlich vollkommen behauenes Mauergefüge die edle Schönheit eines Kunstwerks besitzt, die Stille der Wildnis, die es mit immergrünen, stark würzig duftenden Pflanzen zu überwuchern sucht. Man kann dem Verlauf der alten Stadtmauer außen folgen und durch die Öffnung des ehemals von einem quadratischen Turm geschützten Stadttors eintreten auf eine der alten Hauptstraßen oder auch durch eines der beiden kleineren Seitenpförtchen. Vorzügliche Beschriftung der einzelnen Bauteile erleichtert die Orientierung hier sehr viel besser als etwa in Entremont oder Glanon, hinzu kommt der unbeschreibliche Zauber der Lage über den Seen und der Ausblick auf den Etang de Berre durch das Geäst einer Piniengruppe, die sich auf dieser einsamen Höhe kraftvoll entfalten konnte. Ein kleines Museum am Wege hinauf zu den Ruinen zeigt interessante Funde, die in der antiken Stadt gemacht wurden. Griechenland in der Provence – wenn irgendwo, so ist es hier noch spürbar.

Die Straße des Herakles

»Die Phokäer milderten die Barbarei der Gallier und lehrten sie ein angenehmeres Leben. Sie lehrten sie, die Erde zu bebauen und die Städte mit Mauern zu umgeben, unter der Herrschaft von Gesetzen zu leben statt unter der von Waffen, den Weinstock zu beschneiden und den Ölbaum zu pflanzen.« Trogus Pompejus, ein römischer Geschichtsschreiber, jedoch aus Gallien gebürtig, Sohn des Sekretärs Cäsars, schrieb diese Sätze um das Jahr 9 nach Christi Geburt. Die Überlieferung hatte also getreulich bewahrt, wer die Kulturbringer für die Provence gewesen waren. Da es sich um Griechen handelte, also um ein Volk, dessen unermüdlich tätige Phantasie jedes wesentliche Ereignis in mythische Bilder kleidete, wurde das südliche Gallien in den Sagenkreis um Herakles, der als Sieger über Ungeheuer und Riesen in bis dahin von ihnen unterjochten Ländern als Kulturheros zu gelten hat, einbezogen, und der Halbgott genoß in der Provence überall besondere Verehrung.

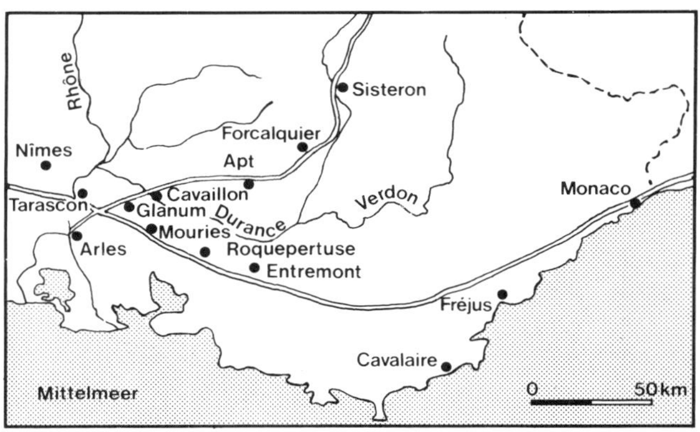

Die beiden Straßen des Herakles in der Provence

Von den berühmten zwölf Taten des Herakles im Dienste des Eurystheus führten ihn die drei letzten in noch unbekannte Länder. Als zehnte Arbeit wurde ihm aufgegeben, die Ochsen des Geryon von der Insel Erytheia »im Westen jenseits des Ozeans« zu holen. Der Held überquert auf der Sonnenbarke das Meer und entführt die Rinder. Nachdem er an der Meerenge von Gibraltar die ›Säulen des Herkules‹ errichtet hat, kehrt er auf dem Landweg durch Spanien, Gallien und Italien nach Griechenland zurück. Er überquert die Pyrenäen, durchwatet die Sümpfe des Rhône-Deltas und nähert sich der kargen Einöde der Crau. Hier stellen sich ihm die Riesen Albion und Lygis entgegen, um ihm die Herde zu rauben. Sie sind Brüder, sind Söhne des Poseidon und der Gäa, d. h. Söhne des Meeres und der Erde, und jeder von ihnen hat tausend Arme. Es ist offensichtlich, daß sie die Gefahren des Deltas mit seinen unzähligen Wasserläufen verkörpern. Darüber hinaus aber ist Lygis der Name des Stammesheros der an den Küsten ansässigen Ligurer und Albion der des Volkes, das die Berge von Albion auf dem Plateau von Vaucluse bewohnt. In ihnen steht also die ligurische Urbevölkerung dem griechischen Kulturheros als Feind gegenüber. Das Land und seine Bewohner sind zu den Riesen Lygis und Albion geworden. Herakles hat alle seine gefürchteten Pfeile erfolglos verschossen und droht seinen Gegnern zu erliegen. Aber sein Vater Zeus steht ihm, dem wehrlos Gewordenen, bei. Er sendet eine dunkle Wolke, aus der ein Regen von runden, tropfenförmigen Steinen niedergeht. Der Halbgott nutzt sie als Waffe und siegt.

Die Erde, auf der dieser Gigantenkampf stattfand, blieb steinig und unfruchtbar. Es ist die karge, felsenbesäte Ebene der Crau, südöstlich von Arles.

Der legendäre Sieg des griechischen Heros über die gewaltätigen, mit Riesenkräften begabten Wegelagerer bedeutet Befriedung und Kultivierung des Landes. Herakles gilt als Gründer von *Nîmes,* das den Namen eines seiner Söhne oder Gefährten trägt, den er zum Herrscher über die Stadt einsetzte: *Nemausos.* Tatsächlich entstand Nîmes um eines der ältesten Herakles-Heiligtümer der Provence (s. Plan S. 69). Wir begegnen hier einem Phänomen, das sich überall in der Welt wiederholt, auf provençalischem Boden aber immer wieder besonders deutlich sichtbar wird: der gezielten Verdrängung eines älteren Kultes durch einen neuen. So bestand in Nîmes ein sehr viel älteres Sanktuarium der einheimischen Bevölkerung, das der griechische Heros vergessen machen sollte. Nicht zufällig zeigte die hellenisierte Stadt auf der Rückseite einer ihrer frühesten Bronzemünzen ein Wildschwein, das zum Kult der Kelto-Ligurer gehörte, auf der Vorderseite jedoch einen lorbeerbekränzten Gott des Apollon-Typs (Musée d'Archéologie, Nîmes).

Die Spuren des Herakles-Kultes finden sich überall in der Provence, nicht nur in den Museen von Nîmes und in anderen Sammlungen. Zwischen den Ruinen von Glanum stehen gleich mehrere Herkules-Altäre, und noch am mittelalterlichen Portal von Saint-Trophime in Arles sieht man den Heros den nemeischen Löwen töten, dessen Haut ihn unverwundbar machte. In der Camargue gab es eine inzwischen längst versunkene Stadt, die *Heraklea Keltiké,* also das keltische Heraklea, hieß. Plinius er-

Eine Borie in der Haute-Provence

2

3

4

2, 3 Der Felsen von Buoux mit den bronzezeitlichen Gräber

4 Eine Borie im ›Schwarzen Dorf‹ bei Gordes

5 Grab von Coutignargues (Jungsteinzeit)

6, 7 Mundlose Stelen, Totenkult des 2. Jtsd. v. Chr. Musé Calvet, Avignon

8 Grotten von Calès, Opferstein(?) bei einer Quelle

9, 10 Grotten von Calès, Höhlenwohnungen

5

7

10

9

11, 12 Grotten von Calès, ›Versammlungsplatz‹ und prähistorisches ›Fort‹

3, 14 Artemis-Stelen des griechischen Massilia. Musée Borély, Marseille

5 Menschenfressendes Ungeheuer, sogenannte ›Tarasque von Noves‹, 3. Jh. v. Chr. Musée Lapidaire, Avignon

16 Sitzender Gott oder Heros aus dem Sanktuarium von Roquepertuse. Musée Borély, Marseille

17

19 Löwe, einen Krieger niederwerfend, Fundort Oppidum Bringasses bei Les Baux. Musée Lapidaire, Avignon

17 Türsturzfragment des Portikus von Nages bei Nîmes, 2. Jh. v. Chr. Musée Archéologique. Nîmes

18 Türsturz eines Portikus' aus Roquepertuse. Musée Borély, Marseille

18

20

21 Totenvogel über dem Schädeltor von Roquepertuse. Musé Borély, Marseille

20 Schädeltor aus Roquepertuse. Musée Borély, Marseille

22 Doppelköpfige Herme aus dem keltischen Heiligtum vo Roquepertuse. Musée Borély, Marseille

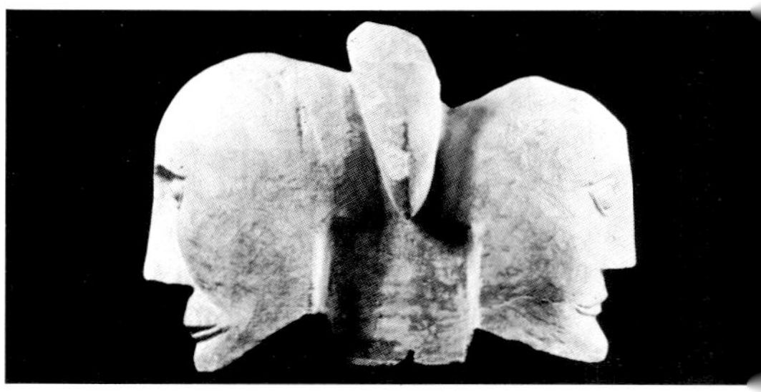

3 Gallischer Krieger von Vachères, 1. Jh. v. Chr. Musée Calvet, Avignon

24 Gallischer Bauer, gall.-römisch. Musée Lapidaire, Avignon

5 Gallischer Krieger. Musée Archéologique, Nîmes

26 Büste eines gallischen Kriegers mit Pectorale, in das drei Pferde eingraviert sind. Musée Archéologique, Nîmes

27 Sucellus, der ›Gott mit dem Holzhammer‹, gallo-römische Altarstatue. Vaison-la-Romaine, Ausgrabungsgelände

8 Hauptstraße im antiken Glanum. Im Hintergrund die Alpilles

30

29 Glanum, hellenistischer Markt (2. Jh. v. Chr.) zwischen dem Haus der Antes und einem Tempel der Bona Dea, vorn der Altar der ›Guten Göttin‹

30, 31 Glanum, Bruchstücke römischer Kapitelle und Pilaster

32 Peristyl und Zisterne im Haus der Antes im hellenistischen Glanum. 2. Jh. v. Chr. Restauriert im 1. Jh. v. Chr.

33 Les Antiques, Stadttor von Glanum und Kenotaph (links), 1. Jh. v. Chr., Saint-Rémy-de-Provence

4 Les Antiques, Detail vom Sockel des Kenotaphs

36 Treidelkahn auf der Durance, gallo-römische Arbeit. Musée Calvet, Avignon

38

7 Kapitell mit gehörntem Ungeheuer. Stellt man das Foto auf den Kopf, so verwandelt sich die Darstellung in eine bärtige Maske. Musée Lapidaire, Avignon

8 Gallisch-römische Opferszene. Musée Calvet, Avignon

9 Frühchristlicher Sarkophag. Musée d'Art chrétien, Arles

◁

5 Gefangene Krieger, am Detail vom Triumphbogen in Carpentras, 2. Hälfte des 1. Jh. v. Chr.

40 Triumphbogen in Orange, nach Cäsars Sieg 49 v. Chr. errichtet

41 Das antike Theater in Orange. Zeit des Augustus (mit seiner 3,55 m hohen Statue). Länge der Theaterwand 103 m, Höhe 38 m

42

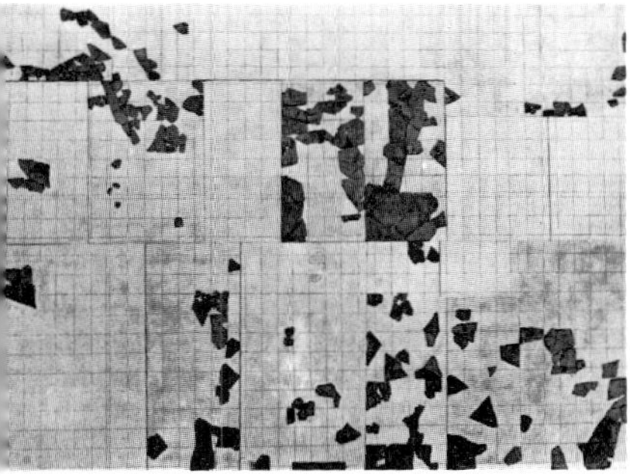

4

5/46

43 Detail vom Triumphbogen in Orange

42 Römisches Relief. Musée Lapidaire, Orange

44 Römischer Katasterplan in Marmor. Musée Lapidaire, Orange

45, 46 Details aus dem Mosaik ›Hochzeit der Admete‹. Musée des Beaux-Arts. Nîmes

47 Venus-Statue in der Maison Carrée, Nîmes

48, 49 Die Arena in Nîmes, Mitte des letzten Jahrhunderts v. Chr., Blick in das Innere und Außenansicht

50 Maison Carrée, Nîmes

51 Diana-Tempel im Jardin de la Fontaine, Nîmes

52 Der Muschelaltar bei Fontvieille

53 Der Triumphbogen in Cavaillon, 1. Jh. n. Chr.

54 Le Pont du Gard, der dreistöckige Aquädukt (letztes Jh. v. Chr.) war Teil der rund 50 km langen Leitung, die das römische Nîmes mit Wasser versorgte

wähnt sie, aber bis heute hat man ihre Ruinen nicht wiedergefunden. Französische Forscher meinen, daß die Gestalt des Herakles als ›Entdecker der Quellen‹, ferner seine chthonische Natur, die ihn durch die Gabe der Prophetie dem Apollon verbindet, und seine Unbesiegbarkeit, die ihn dem römischen Mars annähert, die Züge einer sehr viel älteren schützenden Gottheit der Ureinwohner in sich aufgenommen hat und dazu führte, daß sein Kult mit dieser verschmolz und sie schließlich ersetzte. In Glanon bestand, wie wir wissen, ein sehr altes keltisches Wasserheiligtum, was stets auch auf einen Orakelort schließen läßt. So könnte auch das Nymphäum in Nîmes einmal ähnliche Funktionen gehabt haben.

Die sagenhafte Straße des Herakles, die von den Römern die Straße des Herkules genannt wurde und die den Weg absteckt, den die griechische Kultur im Land der provençalischen Barbaren nahm, berührt also *Nîmes* und *Arles, Tarascon* und *Glanon,* führt an den keltischen Heiligtümern bei *Mouriès* und an denen von *Roquepertuse* und *Entremont* bei Aix vorüber und erreicht schließlich das Meer bei *Fréjus,* dem ›Forum Julii‹, wo man einen Votivaltar des Gottes an bevorzugtem Platz neben der Stadtgöttin gefunden hat. Bei *Heraklea Monoikos,* dem heutigen Monaco, überschreitet dann der Heros die Grenze zwischen dem cisalpinen und transalpinen Ligurien.

Es gibt jedoch noch eine andere ›Straße des Herakles‹, und es könnte sogar sein, daß sie die ältere ist. Sie führt über den 1860 m hohen, aber verhältnismäßig leicht begehbaren Paß des Mont Genèvre in den Kottischen Alpen und wurde im Altertum und wahrscheinlich schon sehr viel früher benutzt, um von Italien nach Spanien zu gelangen. Sie passierte die Täler der Durance und der Rhône. Von der iberischen Halbinsel kommend, hätte dann Herakles *Arles* und *Glanon, Cavaillon* und *Apt, Forcalquier* und *Sisteron* auf seiner Wanderung berührt, ehe er in die Alpen hinaufstieg. Auch dies ist ein uralter Wanderweg, wie wir wissen, auf dem eine Kulturschicht die andere überlagert. Die hellenische ist nur eine von ihnen. Der Grieche Polybios (205–123 v. Chr.) nannte diesen Weg den ältesten aller transalpinen Straßen. Cäsar ist zehn bis fünfzehn mal auf ihm über die Alpen gezogen.

Die Kelto-Ligurer

Im 4. Jahrhundert v. Chr. drangen Kelten, von Norden kommend, in die Provence vor. Sie scheinen auf keinen nennenswerten Widerstand gestoßen zu sein und sich, anpassungsfähig, wie sie sich auch in anderen Ländern zeigten, rasch mit den ligurischen Stämmen zusammengeschlossen zu haben. Griechische und römische Schriftsteller, die über die provençalische Bevölkerung berichteten, bezeichneten sie künftig in ihrer Gesamtheit als kelto-ligurisch, obwohl sie in zahlreiche Stämme aufgegliedert waren. Dabei scheint, wenn man nach der erhaltenen figürlichen Plastik urteilen darf, das ligurische Element zwar überwogen zu haben, jedoch durch die härteren, maskulineren Kelten geführt worden zu sein. »Den Bewohnern des Mittelmeerraumes fielen die

Kelten durch ihre Größe, helle Haut, Stärke, die blauen Augen und blondes Haar auf«, schreibt T. G. E. Powell in seinem Buch ›Die Kelten‹. Als Charakteristikum wurde außerdem angesehen, daß die Edlen ihre Schnurrbärte so lang wachsen ließen, daß sie den Mund bedeckten, das übrige Gesicht war ausrasiert. Dies zu wissen, ist für den Provence-Reisenden insofern interessant, als er an dieser Eigentümlichkeit rein keltische Köpfe in Kirchen, Kreuzgängen und an Kapellenwänden entdecken wird.

Was die Kelten mitbrachten, ihre reiche magisch-religiöse Vorstellungswelt und ihre höher entwickelte Technik, verschmolz rasch mit dem ligurischen Erbe. Der kriegerische Geist, mit dem sie zu organisieren wußten, hat in wenigen Jahrhunderten den griechisch-phokäischen Händlern, die bisher in ihren Niederlassungen und auf den großen Durchgangsstraßen unbehelligt geblieben waren, so zu schaffen gemacht, daß Massalia schließlich 125 die Römer zu Hilfe gegen sie ins Land rief.

Von den verschiedenen neugebildeten Stämmen, Comanen, Allobrogen, Voconen, Segobrigen und wie sie alle heißen, sind vor allem die Cavaren und die Salyer, von den Römern Salluvii genannt, erwähnenswert. Die Cavaren beherrschten vornehmlich das geografische Dreieck Orange (Arausia), Avignon (Avennio), Cavaillon (Cavellio) bis zu den Alpilles. Die Salyer, die man sich nicht als ein Volk, sondern als einen Bund verschiedener Stämme vorzustellen hat, hielten die Alpilles und das Gebiet südlich der Durance bis zum noch bewohnbaren Rhône-Delta besetzt, d. h. die Camargue, die Crau und die Gegend um Aix. Hier liegen ihre großen Sanktuarien, das Heiligtum von *Roquepertuse* und das von *Entremont* (s. Fig. S. 59). In allen kelto-ligurischen Siedlungen sind zahlreich griechische Münzen, Scherben von importierten Gefäßen, Waffen aus dem Mittelmeerraum u. dergl. gefunden worden, die auf einen ständigen und friedlichen Handel mit den massalietischen Phokäern schließen lassen.

Andererseits deuten die kelto-ligurischen Wohnformen zumindest auf eine ebenso ständige Verteidigungsbereitschaft. Sie mögen zum Teil Jahrtausende alt und, da nun einmal erprobt, beibehalten und weiterentwickelt worden sein, dennoch ist ihr Schutz- und Zufluchtscharakter nicht zu übersehen. Französische Gelehrte haben sie in drei Gruppen eingeteilt: Das ›castrum‹, stets auf einer Höhe gelegen, hat vor allem eine militärische Aufgabe. Seine Besatzung überwacht eine Verbindungsstraße, schützt das Vorrücken eigener Truppen und verhindert das Eindringen fremder. Seine meist quadratische Anlage wird durch ein Wegkreuz geviertelt. Das ›oppidum‹ dagegen ist der eigentliche Wohnsitz der Bevölkerung und gewinnt wie alle Siedlungen früher Zeiten dadurch einen halb religiösen, halb politischen Charakter, der sich, wenn die Umstände es erfordern, auch in einen militärischen verwandeln kann. Eine schützende Mauer um den bewohnten Bezirk ist deshalb selbstverständlich; eine zweite, umfassendere wird errichtet, wenn sich das Stadtgebiet erweitert. Man kann diesen Vorgang sehr gut am Plan von Entremont bei Aix verfolgen, das zugleich Festung in strategisch wichtiger und bevorzugter Lage, vor allem aber eine Wohnsiedlung, ein Handelsplatz und ein Wallfahrtsort gewesen ist. Außer dem kelto-ligurischen ›castrum‹ und dem ›oppidum‹ kennt dann die Wissenschaft noch den Begriff der ›castellares‹, der reinen Zufluchtsorte in Zeiten der Bedrohung, die nur vorübergehend Menschen und Vieh ein schützendes Versteck boten, jedoch nie so entfernt vom eigentlichen Wohnort liegen, daß die Verbindung und Versorgung nicht leicht hergestellt werden konnte. Die ›castellas‹ der alten Ligurer, für welche die Grotten von Calès ein so überzeugendes Beispiel sind, leben in ihnen fort. Offenbar hat jeder Stamm nicht nur eine, sondern mehrere solcher ›Fluchtburgen‹ besessen; denn die bisher bekannten übersteigen an Zahl weit die keltisch-ligurischen Stämme, die sie als Ausweichlager für sich herrichteten. Die Römer haben später im Kampf gegen die Kelten, die schon Cäsar als »kriegstoll, ebenso kühn wie gewandt in der Schlacht« bezeichnete, castrum für castrum mühsam erstürmen müssen und die ›castellares‹ auf Strafexpeditionen bis auf die Mauern aus 2–3 m langen Felsquadern zerstört, um den Widerstand der einheimischen Bevölkerung zu brechen. Gestrüpp überwucherte dann bald die verbrannten Hütten und die Trümmer der Befestigungsanlagen.

So ist es auch schwer, sich heute von all diesem an Ort und Stelle ein Bild zu machen, obwohl die Zahl der inzwischen ermittelten und z. T. auch ausgegrabenen keltischen oppida, castra und castellares sehr groß ist. Am besten klären die Ausgrabungen von Entremont bei Aix die Vorstellung von einer keltisch-ligurischen Stadt, die zugleich ein religiöses und ein strategisches Zentrum war. Die Römer haben es denn auch bis auf die Grundmauern zerstört, keine Wiederbesiedlung zugelassen und sicherheitshalber in unmittelbarer Nähe ihr Aquae Sextiae, das heutige Aix, gegründet.

Die völlige Vernichtung des Heiligtums dürfte bei dieser Ausrottungsaktion keine geringe Rolle gespielt haben. Der kelto-ligurische Stämmebund der Salyer, den die Römer hier niederzuwerfen hatten, besaß mehrere Sanktuarien, die alle auf Höhen errichtet waren. Man kennt das von *Orgon* und das von *Noves,* aus dem die sogenannte ›Tarasque‹ in Avignon stammt, ferner die von *Mouriès, Les Baux, Eyguières* und *Glanum* und nicht zuletzt das an der Felswand von *Roquepertuse* gelegene in der Nähe von *Velaux* westlich von Aix. Hier kann schon wegen des beschränkten Raumes keine

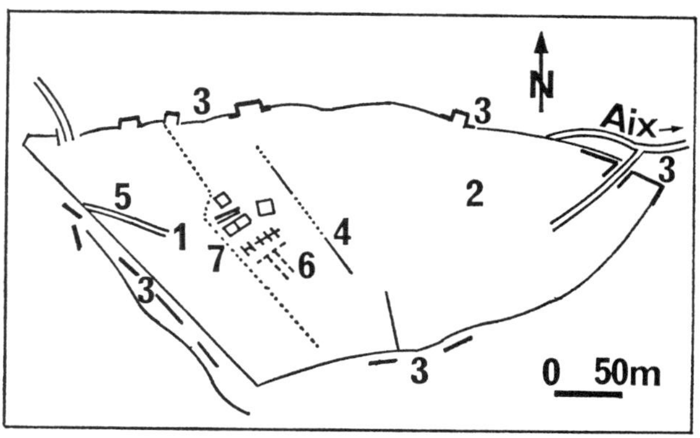

Das keltische Oppidum von Entremont nördlich von Aix

1 Oberstadt
2 Unterstadt
3 Erhaltene Mauern und Türme
4 Mauer zwischen Ober- und Unterstadt
5 Straße zum Heiligtum
6 Freigelegte Straßen und Häuser
7 Heiligtum und Saal der abgeschlagenen Köpfe

Wohnsiedlung bestanden haben. Es erbrachte jedoch besonders bedeutende Funde, die heute im *Musée Borély* in Marseille einen ganzen Saal füllen.

In *Entremont* lag das Sanktuarium im Mittelpunkt der Siedlung an der heiligen Straße und zwar, wie auch andere öffentliche Gebäude, in der von außen schwer zugänglichen Oberstadt. Sie war von der Unterstadt durch eine Mauer getrennt, so daß äußerstenfalls noch eine letzte Verteidigung der Kultstätte möglich blieb, die sicherlich als der heilige Mittelpunkt des Gemeinwesens empfunden wurde. Da in Entremont drei verschieden alte Bauschichten freigelegt werden konnten, ergaben sich hier wesentliche Aufschlüsse über die Entwicklung des bei den Kelto-Ligurern üblichen Schädelkultes, der Griechen und Römer veranlaßte, die Salyer als »wild und grausam« zu bezeichnen, während diese nur auf einer Kulturstufe standen, die sie selbst schon hinter sich gelassen hatten.

Man kann in den Ausgrabungen ungehindert stundenlang mit dem Plan in der Hand umhergehen, um sich die baulichen Einzelheiten zu vergegenwärtigen, und dabei in völliger Einsamkeit die unvergleichliche, wahrhaft königliche Lage dieses oppidum genießen, von dem aus das Land weithin zu überschauen war. Wer vorher im Museum von Aix die Funde aus Entremont sah, die dort jetzt eindrucksvoll aufgestellt sind, wird es leichter haben, in diese, dem Laien kaum noch erschlossene fremdartige Frühkultur einzudringen, für die offenbar das Bild wenig, die symbolische Vorstellung und das gesprochene, durch Generationen überlieferte Wort dagegen alles bedeutet hat.

Daß die Kelten den von ihnen getöteten Feinden die Köpfe abschlugen, sie mit den Haaren ans Halfter ihrer Pferde banden, später einbalsamierten, als Trophäen gehäuft aufbewahrten und sie selbst gegen hohes Lösegeld nicht auslieferten, das ist von Schriftstellern der Antike beschrieben worden. Ebenso, daß sie diese Totenköpfe in eigens dafür vorgesehenen Nischen angenagelt zur Schau stellten. Kelto-ligurische Funde haben beides bestätigt. Doch ordnet man heute solche Bräuche anders ein als

Steinfigur von Roquepertuse (Bouches du Rhône).
Höhe ca. 1,50 m

einzig unter dem Prädikat ›Barbarei‹. Magische und zauberabwehrende Vorstellungen müssen gerade in diesem phantasiereichen Volk sehr stark gewesen sein, wie die Entwicklung des Schädelkultes von der primitiven Zur-Schau-Stellung des abgeschlagenen Totenkopfes in steinernen Türstürzen und -pfosten über seine schematisierte, auf eine T-Form reduzierte Darstellung bis zu jenen seltsamen Plastiken zeigt, bei denen ein im Buddhasitz thronender Heros gelassen die linke Hand auf einen steinernen Männerkopf mit ganz oder halbgeschlossenen Augen legt, während seine rechte ein metallenes Blitzbündel hält.

Das Sanktuarium von Entremont hat schon vor der ligurischen Befestigung des Platzes und vor der Ankunft der Kelten auf dem Gipfel des Plateaus bestanden. Man fand Stelen aus dieser ersten Kultstätte in der Stadtmauer von Entremont II wiederverwandt und einen langen viereckigen Pilaster mit zwölf eingeritzten Totenköpfen sowie eine Schlangendarstellung in der Bodenpflasterung des jüngsten Sanktuariums, dort, wo es an den heiligen Weg grenzte. Auch ein Türsturz der ältesten Zeit kam hier zutage, ein Stück von so bitter-finsterem Ernst wie der Pfeiler mit den zwölf eingeritzten schematisierten Totenköpfen. Dieser Türsturz hat rechts und links je eine Nische für einen Kopf und in der Mitte eine ebenso strenge Schädelmaske eingeritzt, wie sie der Pilaster zeigt. Der abgeschlagene Männerkopf ist bei all diesen frühen Darstellungen auf die einfachste, düsterste Form abstrahiert: die geschlossenen Augen sind nur zwei gerade Striche, die hart nach unten gezogen die Nase bilden, so daß eine T-Form entsteht. Der Mund fehlt – Symbol des Todes, der Sprache und Atem nimmt, wie es schon die jungsteinzeitlichen Stelen der Großen Göttin in den urzeitlichen Grabstätten sichtbar machten.

Daß diese Todessymbole und die in den Nischen angenagelten oder mit Holzstiften festgeklemmten Schädel in Entremont und anderen kelto-ligurischen Heiligtümern gerade den Eingang flankieren und überwölben, besaß gewiß symbolische Bedeutung. Es könnte eine doppelte gewesen sein: nämlich, daß sie einerseits, wie das Gorgonenhaupt bei Griechen und Römern, bösen Zauber abzuwehren, also das Sanktuarium zu bewachen hatten, und andererseits zur jenseitigen Welt hinüberleiteten, die das Innere des Tempels beherrschte. Über dem zweigeteilten, mit Tiermalereien verzierten Portikus des Heiligtums von Roquepertuse aus dem 3. Jahrhundert v. Chr., in dessen drei Pfeiler mehrere Schädelnischen eingemeißelt sind, hat ein riesiger Totenvogel gethront, dessen Torso jetzt auf dem rekonstruierten Tor im Borély-Museum in Marseille zu sehen ist (Abb. 20, 21). Im kelto-ligurischen *Glanon* fand man einen solchen Unglück abwehrenden Architrav mit vier Höhlungen auf den Quadern der Stadtmauer, wo er, Zeuge eines älteren, rauheren, aber noch nicht vergessenen Kultes sicherlich die gleichen Funktionen ausüben sollte. Er liegt heute in dem kleinen, aber interessanten *Museum von Saint-Rémy*, das ganz den Ausgrabungen von Glanum gewidmet ist. Der mit urzeitlichem Schrecken erfüllende Brauch war offenbar ganz allgemein: auch im *Museum von Cavaillon* stehen zwei Pfeiler mit Kopfnischen, die aus dem nahen Cadenet stammen.

Die Schwelle zwischen Leben und Tod scheint die Kelto-Ligurer intensiv beschäftigt zu haben. Darauf deutet nicht nur der merkwürdige doppelköpfige sogenannte ›Hermes‹ von Roquepertuse (Abb. 22) hin, der ein Gesicht dem Diesseits, das andere dem Jenseits hingekehrt zu haben scheint, sondern auch die wiederholte Darstellung des ›Totenritts‹. Im ältesten aller Sanktuarien, dem von *Mouriès,* fand man in die Pfeiler des Portikus senkrecht oder waagerecht laufende Pferde eingemeißelt, und einer der Pfeiler des Portikus von Entremont im Museum von Aix zeigt das Relief eines Reiters, der am Halfter seines Pferdes das Haupt eines Erschlagenen mit sich führt. Im *Musée archéologique* von *Nîmes* gibt es außerdem einen Türsturz, auf dem zwischen zwei reiterlos dahinjagenden Pferden je ein Totenkopf dargestellt ist (Abb. 17). Hier wird der Symbolcharakter beider Bilder ganz eindeutig. Das Pferd war schon bei Griechen und Etruskern – und gerade diese Kultur hat die keltische eigentümlich stark beeinflußt – ein Sinnbild des Todes oder jedenfalls sein Begleiter und gehört damit sowohl dem diesseitigen wie dem jenseitigen Bereich an. Für die Schlange, für die dasselbe gilt und die sich gleichfalls auf kelto-ligurischen Reliefs findet, ist dies viel einsichtiger: sie lebt unter und über der Erde.

Der Kopf, früh als Sitz des Geistes und der Seele erkannt, abgeschlagen, zuerst mundlos zur reinen Merkmalform abstrahiert, später mit ganz oder halbgeschlossenen Augen erst im Relief, schließlich vollplastisch dargestellt, bedeutet also weit mehr als eine Trophäe. Er ist das Todessymbol der Kelto-Ligurer schlechthin, vermag Schlimmes abzuwenden – Krieger tragen sein Abbild deshalb auf ihrem Panzer – und vermag sogar darüber hinaus noch seine Lebens- und Geisteskraft demjenigen zu übermitteln, der ihn berührt und besitzt. Fernand Benoît, der Leiter der Ausgrabungen von Entremont, der sich jahrzehntelang diesen Fragen widmete, hat darauf hingewiesen, daß der vergöttlichte Heros, der in kelto-ligurischer Spätzeit im Buddhasitz im Sanktuarium thronte, stets die linke Hand auf dem Totenkopf ruhen hat und gewöhnlich eine Haarsträhne oder Flechte davon zwischen seinen Fingern hält. In diesem Handauflegen und im Festhalten der ›goldenen‹ Haarsträhne glaubt Benoît das uralte Lebenskraft-Übernehmen zu erkennen, das uns u. a. schon in der biblischen Geschichte von Samson und Dalila begegnet ist. Die Vermutung überzeugt, und der ursprünglich so brutale Brauch erhält damit eine Sinngebung, die ins Metaphysische hinüberreicht.

Was an kelto-ligurischen Glaubensinhalten auf den ersten Blick so grausam anmutet, nimmt überhaupt bei näherer Beschäftigung damit die Züge einer von Furcht vor dem Übernatürlichen und vor dem Tod geprägten Frühkultur an. Menschenopfer wie sie die Kelten ihren unsichtbaren Göttern darbrachten, haben auch Germanen, Griechen, Römer und andere Mittelmeervölker in ihrer Frühzeit vollzogen. Der den antiken Schriftstellern so unheimliche ›undurchdringliche‹ heilige Wald der Kelto-Ligurer, dessen Stämme rot von Blut gewesen sein sollen, in dem angeblich kein Vogel sang und den selbst die Priester kaum zu betreten wagten, dazu die menschenverschlingenden schlangen- oder greifenfüßigen dämonischen Raubtiere der kelto-ligurischen Vorstellungswelt – das alles weist auf ein phantasiebegabtes, mehr in Bildern denkendes als plastisch gestaltendes Volk hin. In dieser dem Düsteren und Dämonischen zugewandten Bilderwelt nahmen die Schlange und das Pferd, der Löwe, der Rabe und der riesige Raubvogel todbringende Züge an. Der furchtbare Rhône-Drachen, den die heilige Martha bändigte, die eigentlich ›Martha, die Salyerin‹, war, die Marius auf seinem Feldzug begleitete, gehört zu diesen dämonischen Tieren und vor allem das menschenfressende Ungeheuer, dessen steinernes Abbild im *Musée Lapidaire* von *Avignon* steht, jede Pranke auf einen Totenkopf gestützt (Abb. 15). Es ist, obwohl fälschlich als ›Tarasque‹ bezeichnet, ein alles verschlingender Löwe, in Noves gefunden, dort, wo die Furt von Bonpas die Durchquerung der Durance ermöglichte. Ein Wächter des Übergangs also, was genau mit seiner funeralen Bedeutung übereinstimmt.

Es mag schwer sein, diese dunkle, auf den Tod bezogene Symbolik der Kelto-Ligurer zu entschlüsseln, doch weisen schon die wenigen hier genannten Beispiele darauf hin, daß diese Sinnbilder durchaus mit geistigem Gehalt erfüllt waren. Die Technik der Darstellung der religiösen Vorstellungen wurde von griechischen Nachbarn übernommen, aber der Inhalt des schließlich vollplastisch Gebildeten blieb davon ganz unberührt. So war es möglich, daß während der wenigen Jahrhunderte, die Entremont bestand (etwa vom 4. Jahrhundert bis 123 v. Chr.), der Weg von der jungsteinzeitlichen abstrahierenden Steinritzung über das Relief zur vollplastischen Statue des thronenden Gott-Heros (Abb. 16) durchlaufen wurde. Die eigentlich bildnerische Begabung der Kelto-Ligurer, das Element, in dem sie sich frei und einfallsreich bewegten, ist jedoch wie bei allen Kelten die kleine Form gewesen. Wohl importierten sie die schönen Gefäße des Mittelmeerraums und seine Prunkwaffen und häuften die im Handel erworbenen griechischen Münzen in den Verstecken ihrer Häuser in Entremont, aber an der ›torque‹, dem kostbaren Halsring des keltischen Mannes, den auch der vergöttlichte Heros des Sanktuariums trägt und der als Goldschmuck aus den Gräbern der Edlen erhalten ist, entfaltet sich der ganze Phantasiereichtum dieser eigentümlichen Frühkultur. Ihre abstrakten Formen und die Tierdämonen, deren Vielgestalt in dieser Kleinkunst in Gold, Bronze und Eisen, seltener in Silber, scheinbar mühelos entwickelt wurde, sollte wie das Thema des abgeschlagenen Kopfes noch ein Jahrtausend lang in der Provence lebendig bleiben.

III Die römische Provence

Die Provence ist ein Rom im Kleinen. Und doch ist sie mehr als das; denn sie bewahrte sorgfältiger als die Hauptstadt des Weltreichs das einmal Bestehende. In Rom wurde jahrtausendelang Neues auf Altes getürmt, aus dem Zentrum des Kaiserreichs wurde das des Christentums und schließlich das des modernen Italiens. Die Provence dagegen ist immer wieder durch lange Zeiträume von der Geschichte beinah vergessen worden. Was das antike Rom seit dem letzten Jahrhundert v. Chr. auszeichnete, hier kann man es ohne viel Mühe studieren: seine zivilisatorischen Leistungen und die Durchdringung einer ganzen Provinz mit seinem Geist und seinen Lebensformen.

Die Provence besitzt in *Nîmes* einen vollständig erhaltenen Tempel (Abb. 50) und eine ebensolche Arena (Abb. 48, 49) und in *Arles* eine fast ebenso unversehrte, sie besitzt in *Orange* einen Triumphbogen (Abb. 40) und eine Theaterwand (Abb. 41) mit dem Standbild des Kaisers, wie es sonst keine mehr gibt, besitzt im *Pont du Gard* (Abb. 54) einen Aquädukt, der alle in Europa vorhandenen an Kühnheit und Schönheit der Anlage übertrifft, in *Saint-Rémy* ein Stadttor und einen Kenotaph (Abb. 33, 34), dem einzig der Pinienapfel auf seiner Kuppel fehlt, in *Vaison* (Abb. 62, 63) die Ausgrabungen eines ganzen Stadtteils – ganz ungerechnet die zahllosen römischen Mauern, Säulen, Brücken, Mosaiken, Thermen, Nymphäen, Tempelruinen, Sarkophage und Skulpturen, die rund 400 Jahre der Zugehörigkeit zum römischen Imperium hier zurückgelassen haben.

Seltsamerweise bezeugen gerade solche weniger berühmten Bruchstücke, wo sie uns in der Einsamkeit der provençalischen Landschaft oder der Stille einer christlichen Kirche begegnen, die eigentümliche Kraft und Schönheit dieser alten Kultur, die sich über Jahrtausende hinweg behauptet. Ein Altartisch, ein Sarkophag, eine alleinstehende Säule besitzt da mehr Aussagekraft als der vom Autoverkehr umbrauste, gut erhaltene Tempel in Nîmes oder der Triumphbogen von Orange.

Man kann dies u. a. in der Tempelruine bei *Chateâu-Bas* erleben, zu der die D 22 in Cazan von der N 7 etwa auf der Mitte zwischen Aix und Orgon abzweigt. Der kleine benachbarte Ort *Vernègues,* der seinen Namen von verno, averno, dem provençalischen Wort für Erle, ableitet, weist schon auf Bodenfeuchtigkeit hin, und tatsächlich stand der große römische Tempel hinter dem heutigen Château-Bas wohl ursprünglich in Beziehung zu einer geheiligten Quelle, deren sehr tiefes Bassin samt seiner unterirdischen Kanalisation und seinen Marmorthermen heute von üppigster Vegetation überwuchert ist. Fernand Benoît schließt nach der Qualität der Säulenkapitelle und der Gesamtanlage – an die ehemalige Cella-Wand ist später die romanische Kapelle *Saint-Césaire* angebaut worden – auf die Entstehung des Tempels zur Zeit des Augustus, was auch ein heute nicht mehr vorhandenes Widmungsfragment für den Kaiser und Rom annehmen läßt. Außerdem blieb ein Altar erhalten, der dem Jupiter in seiner Eigenschaft als Donnergott, dem Jupiter tonans und Taranis der Kelten, und vielleicht auch den Nymphen geweiht war, – ein großer, leider verstümmelter Altar, dessen vier Seiten Jupiter mit dem Adler, Merkur, Apollon und Minerva zeigen. Er ist der einzige seiner Art im Midi, zugleich aber auch der älteste überhaupt, seinem Stil nach zweifelsfrei aus dem 1. Jahrhundert nach Christus stammend, ein Altar der ›vier Gottheiten‹, wie er im Norden Galliens im 2. und 3. Jahrhundert meist den Säulen als Sockel diente, auf denen der Schutz der vier Götter mit einer Säule für Jupiter oder den keltischen Reiter, der den ›Schlangenfüßigen‹ zu Boden wirft, verbunden ist.

Die Reste dieses Tempels stehen heute mit denen der romanischen Kapelle verbunden in einer wahrhaft panischen grünen Einsamkeit hinter dem Park des kleinen Château-Bas. Weglos durch hohes Gras und wildwuchernde Kräuter streifend, betritt man einen Hain aus jahrhundertealten Eichen und Kastanienbäumen, die im Mai über und über mit zahllosen weißen Blütenkegeln besteckt ihre riesigen Äste bis auf die Erde neigen, – ein Götterhain, überwältigend in seiner weltvergessenen, nur von Insekten durchsummten Stille. Über ihm ragt auf kleiner Anhöhe die Tempelruine, ragt eine sieben Meter hohe römische Säule mit edlem korinthischen Kapitel frei in den Himmel. Und hinter ihr, durch Licht und Luft von ihr getrennt und dennoch, sie steigernd, mit ihr verbunden ein nicht weniger vollkommener kapitellgekrönter Pilaster. Eine solche ganz und gar unerwartete Begegnung mit dem römischen Genius versöhnt dann mit manchem museumsglatten Epigonentum der alten Kultur.

Die Durchdringung des Landes mit der lateinischen Kultur ist allmählich vor sich gegangen, so allmählich, daß Massalia, die reiche Griechenstadt, die an der Küste und im Innern längst Handelsniederlassungen besaß, viel zu spät die heraufziehende Gefahr erkannte. Am Ende des 3. Jahrhunderts v. Chr. war Marseille mit Rom noch gegen Karthago verbündet, und Hannibal wählte bei seinem Zug über die Alpen vorsichtshalber den nördlichsten Weg durch die Provence über den Mont Genèvre – nicht ohne die einheimischen kelto-ligurischen Stämme geschickt gegen einander auszuspielen und in kriegerische Unruhe gegen Massalia zu versetzen. In provençalischen Märchen ist die Erinnerung an diesen Hannibal-Zug noch wie ein ferner Traum erhalten.

Spätestens im 2. Jahrhundert v. Chr. wurde Rom klar, daß es den Landweg nach Spanien, das es nach dem Sieg über Karthago besaß, sichern mußte. 189 v. Chr. wurde ein römischer Konsul, der auf dem Wege dorthin war, von einheimischen Stämmen überfallen und erreichte sterbend mit knapper Not noch das verbündete Massalia. Strafexpeditionen, Bekämpfung des einheimischen Bandenunwesens, Verfolgung bis in die keltoligurischen oppida hinauf waren die Folgen solcher Angriffe auf Durchreisende. 125 fiel Entremont und wurde völlig zerstört, 122 schon wurde Aix als Aquae Sextiae gegründet, kurz darauf Narbonne als ein weiterer römischer Brückenkopf auf dem Weg zur Iberischen Halbinsel. Domitius Ahenobarbus schuf und sicherte mit römischer Gründlichkeit die Straße, die dann seinen Namen trug, die Via Domitia, die von Narbonne ausging und durch das Tal der Durance über Cavaillon, Apt und Sisteron nördlich über die Alpen führte. Ursprünglich ein prähistorischer Wanderweg, besteht sie im wesentlichen noch heute. Die Nationalstraßen 94, 85 und 100 haben sie ersetzt.

Die Einfälle der Kimbern und Teutonen zwangen Marius, seine afrikanischen Legionen in die Camargue und in die Crau zu verlegen. Bis es zu Kämpfen mit den Eindringlingen kam, beschäftigte er seine Soldaten sinnvoll mit dem Bau eines Kanals, der Arles mit dem Meere verband und der später Cäsar noch sehr nützlich sein sollte, – ganz abgesehen davon, daß er Arles zu einer Seehandelsstadt machte, die bald mit Marseille konkurierte. 102 schlug Marius die Teutonen, die im Vormarsch auf Rom waren, vernichtend bei Aix. Die Kimbern waren indessen nach Norden abgezogen, um die Donau zu erreichen. Vom Ausmaß dieser Schlacht, die ein ganzes Volk aufrieb, kann man sich schwer eine Vorstellung machen. Viele Tausende von Unbestatteten düngten die Felder, die danach ›campi putridi‹ hießen und sehr fruchtbar waren. Der Ortsname Pourrières hat diesen auf Fäulnis zurückgehenden Ursprung.

Immerhin folgte nun eine relative Befriedung des gesamten Landes. Doch wurde es, wie andere auch, als Kolonie behandelt und offenbar von den Regierenden so ausgesaugt, daß sich im Jahr 90 v. Chr. die Salyer, im Jahr 80 die Voconen und 65 die Allobrogen erhoben und niedergeworfen werden mußten. Von 61 v. Chr. an blieb der römische Herrschaftsanspruch unbestritten. Er blieb es vier Jahrhunderte hindurch.

Während Cäsar von 58 bis 51 v. Chr. in Gallien Krieg führte, hatte er gute Beziehungen zu Massalia, das immer mehr isoliert wurde, unterhalten. Aber als die griechische Stadt den Fehler beging, sich auf die Seite seines Feindes Pompejus zu schlagen, griff er sie an. Da sie vom Land her nicht zu nehmen war, seine eigene Flotte jedoch nur siebzehn Schiffe umfaßte, ließ er – eine Rekordleistung sondergleichen – innerhalb von 30 Tagen in Arles zwölf weitere Schiffe bauen, mit denen er durch den von Marius geschaffenen Kanal das Meer erreichen konnte. Im Jahr 49 v. Chr. kapitulierte Massalia. Cäsar ließ die Mauern schleifen, beschlagnahmte alle Waffen und Schätze und beendete damit für immer die Unabhängigkeit der Stadt. Aus dem griechischen *Massalia* wurde das römische *Massilia.* Das von Cäsar begonnene Werk der Organisation der Provence im römischen Sinne wurde von Augustus in fünfjähriger Arbeit zwischen 27 und 22 v. Chr. vollendet. *Arles,* das griechische *Theline,* jetzt *Arelate,* wurde Hauptstadt der Provinz. *Avignon, Apt, Carpentras, Cavaillon* und *Vaison* erhielten lateinisches Recht und römische Namen, denen klug die der dort ansässigen Stämme hinzugefügt wurden, so daß diese sich ihnen heimatlich verbunden fühlen konnten.

Drei große Straßen durchzogen nun die Provence, die auch jetzt noch den Hauptrouten entsprechen (vgl. hintere Umschlaginnenklappe): die *Via Domitia*, die von Nîmes (Nemausus) ausgehend zwischen Beaucaire (Ugernum) und Tarascon (Tarusco) die Rhône überquerte und über Glanum und Cavaillon (Cabellio) nach Apt (Apta Julia) und weiter über die Alpen führte; sodann die *Via Aurelia*: sie kam von Italien an der Küste entlang und führte von Fréjus (Forum Julii) über Aix (Aquae Sextiae) und Salon (Castrum Sallyum, später Villa Salone) und Saint-Gabriel (Ernaginum), ebenfalls bei Tarascon und Beaucaire über die Rhône setzend, nach Nîmes; schließlich die *Via Agrippa*: Sie verband Arles durch das Rhônetal mit dem Norden, dem heutigen Saint-Paul-Trois-Châteaux (Augusta Tricastinorum). An ihr lag der wichtige Knotenpunkt Ernaginum, das heutige Saint-Gabriel, lagen Avignon (Avenio) und Orange (Arausio). Nebenstraßen führten zu abseits gelegenen Städten wie Carpentras (Carpentoracte) oder Vaison (Vasio).

Im Brückenbau waren die Römer von jeher groß gewesen. Jetzt kam diese bei ihnen schon seit den Zeiten der Etrusker hochentwickelte Technik der Provence zugute. Den schönen *Pont Julien*, der südlich der N 100 zwischen Apt und Notre-Dame-de-Lumières über den Coulon führt und seinen Namen einer von Cäsar gegründeten Kolonie verdankt, kann man noch heute mit dem Auto überqueren. Der *Pont Flavien* (Abb. 61), von einem Patrizier dieses Namens im 1. Jahrhundert n. Chr. erbaut, überbrückt den Touloubre im Süden von Saint-Chamas am Etang de Berre. Er überspannt das Flüßchen

Pont Julien, westlich von Apt

mit einem einzigen, mehr als 20 m langen Bogen, an dessen beiden Enden sich je ein 7 m hoher Portikus erhebt, ein kleines Wunderwerk römischer Baukunst. Vier Löwen bewachen den Übergang, von denen allerdings nur noch einer aus römischer Zeit stammt. Die anderen wurden im 18. Jahrhundert ersetzt. Vielleicht sollte man in ihnen mehr als nur einen ornamentalen Schmuck sehen. Bewachte nicht ein Löwenungeheuer, die Tarasque von Noves, einmal die Furt von Bonpas über die Durance? Und hauste nicht der furchtbare Wasserdrache, der ›tirascurus‹, den die heilige Martha zähmte, an einem Ort namens Nerluc im heiligen schwarzen Wald bei Tarascon, das ursprünglich auf einer Insel lag und bei dem schon in vorkeltischer Zeit eine Furt über den gefährlichen Strom führte? Uralter keltisch-ligurischer Glaube scheint die Bedrohung durch Naturgewalt bei solch einem Übergang in einem menschenfressenden Ungeheuer symbolisiert zu haben. Die Römer, so rational wie sie sonst dachten, waren keineswegs gefeit gegen solche Vorstellungen unterworfener Völker, deren mythische Phantasie lebhafter arbeitete als die ihre. Sie übernahmen ohne zu zögern Aberglauben und fremde Kulte, während sie in technischen und organisatorischen Fragen höchst überlegen, zweckmäßig und erfinderisch dachten. So verstanden sie es, eine brauchbare Brücke über die bis dahin ungebändigte Rhône zu bauen. *Beaucaire-Ugernum* und *Tarascon-Tarusco* waren damit so verbunden, daß nun sowohl der Verkehr auf der Via Domitia wie der auf der Aurelia darüber hinweggeleitet werden konnte. Bei Arles bestand außer einer Fähre zu dem gegenüberliegenden Stadtteil eine Schiffsbrücke über den Fluß, die der jeweiligen Höhe des Wasserstandes angepaßt werden konnte. Ein Zufall hat uns ihr Bild überliefert: sie ist mitsamt der Rhône und ihrem Delta auf einem Mosaik in Ostia dargestellt worden.

Ein so gut ausgebautes Verkehrsnetz mußte die Befriedung und Durchdringung des gesamten Gebietes rasch fördern. An Aufstände der keltoligurischen Stämme war bald nicht mehr zu denken. Die Vorteile der römischen Verwaltung und ihrer kommunalen Einrichtungen waren nicht zu übersehen. In den mit Veteranen aus den römischen Legionen besiedelten Städten entstanden monumentale Bauten, es gab Wagenrennen im Zirkus, Gladiatoren- und Tierkämpfe in der Arena, Schauspiele im Theater, und die öffentlichen Bäder mit ihren weiträumigen komfortablen Anlagen, mit den geheizten und ungeheizten Becken, den Massage- und Gymnastikräumen boten allein schon Unterhaltung genug. Gewiß, der Bauer und Hirte draußen auf dem Lande bekam von all dem städtischen Wohlleben wenig zu spüren. Aber auch er genoß die Sicherheit einer festen Ordnung von Staats wegen. Wenn man in Orange in dem kleinen städtischen Museum gegenüber dem antiken Theater den erstaunlichen Katasterplan sieht (Abb. 44), der, in Marmor gehauen an einer Mauer angebracht und jedermann zugänglich, die Ländereien registrierte, die zu dem römischen Orange gehörten, so versteht man, was diese feste Ordnung bedeutete. Wohl hatten die Eroberer den Einheimischen, wie hieraus erkennbar wird, nur die schlechteren Böden zu Bebauung überlassen, aber den unzähligen Grenzstreitigkeiten, die sonst das Leben früher Kulturen begleiteten, war doch durch diesen sorgfältig erarbeiteten Plan von vorn herein ein Ende gesetzt.

In der römischen *Narbonensis,* wie der offizielle Name der Provence nun lautete, war ein goldenes Zeitalter angebrochen, das rund 250 Jahre währte. Für die Völker pflegen die ›geschichtslosen‹ Zeiten die besten zu sein. Dies war eine solche Zeit. Kriege fanden anderswo statt, die Provence genoß Frieden, bis in der Mitte des 3. Jahrhunderts n. Chr. die Alemannen in zwei gewaltigen Invasionswellen hereinfluteten, plünderten und zerstörten und die Bevölkerung zwangen, in den alten oppida und Höhlen noch einmal Zuflucht zu suchen.

Die Städte, die ursprünglich aus einem Lager der Legion, einem castrum, entstanden waren, bewahrten die dafür vorgeschriebene Form auch künftig und tun es, wie schon eine oberflächliche Betrachtung ihrer Pläne zeigt, meist bis auf den heutigen Tag. Im Zentrum, wo ehemals das Feldherrnzelt und ein Altar errichtet wurde, standen später Forum und Tempel. Im quadratisch angelegten römischen Lager, das bekanntlich jeden Abend, wo auch immer, aufgeschlagen werden mußte, hieß das dem Feind

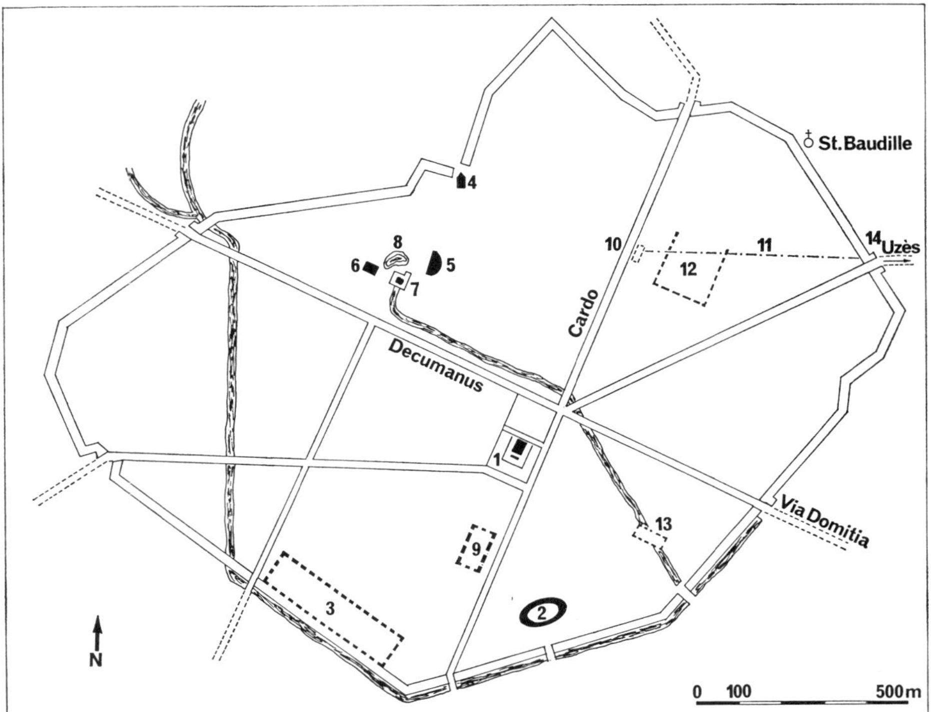

Nîmes (Nemausus), die römische Stadtanlage 1 Maison Carrée 2 Arena 3 Circus 4 Tour Magne 5 Theater 6 Diana-Tempel 7 Nymphäum 8 Quelle 9 Thermen 10 Wasserturm 11 Aquädukt (von Uzès) 12 Fort, 17. Jh. 13 Kathedrale 14 Porte d'Uzès

zugekehrte Haupttor porta praetoria, das ihm gegenüberliegende, dem eigenen besetzten Hinterland zugewandte die porta decumana. Der Begriff des decumanus für die von Tor zu Tor führende Hauptstraße, die von dem cardo, der anderen, ebenfalls zwei Tore verbindenden im rechten Winkel geschnitten wurde, hat sich denn auch für die neuen Städte eingebürgert. Am cardo, auf deutsch Angelpunkt, lagen nach wie vor die öffentlichen Gebäude im Mittelpunkt der Siedlung, so in Nîmes das *Forum* und die *Maison Carrée*. In Aix ist erstaunlicherweise das einzige vom antiken Aquae Sextiae Erhaltene ein Stück Mauer an der rechten Ecke der Kathedrale *Saint-Sauveur*. Dies war genau der Schnittpunkt von decumanus und cardo in dem kleinen ersten römischen Kastell, an dem sich damals ein Monument erhoben haben muß. Daß auf dem Boden der Kathedrale einst ein Tempel stand, bedarf danach wohl kaum noch eines Beweises. Die herrlichen antiken Säulen im Rund des frühchristlichen Baptisteriums dürften daraus stammen.

Man kann das Prinzip dieser römischen Stadtanlage ebenso in Orange und Arles verfolgen. In Orange ist dabei besonders interessant, daß der berühmte Triumphbogen vor dem nördlichen, dem noch feindlichen Gallien zugekehrten Stadttor errichtet wurde, das hier der porta praetoria entsprach. Leider sind gerade in diesen heute noch lebendigen Städten die ursprünglichen Anlagen so überbaut, daß die genaue Lage von Forum, Tempeln usw. nur noch ausnahmsweise zu ermitteln ist. Und zufällig sind die beiden Städte, in denen umfassende Ausgrabungen zu sehen sind, keine römischen Gründungen und deshalb anders angelegt: *Glanum* (s. Fig. S. 79), keltisches Wasserheiligtum und griechische Handelsniederlassung in einem engen Tal, und *Vaison* (s. Fig. S. 84), schon eine nicht unbedeutende Siedlung der keltischen Voconen, ehe es römischer ›Verbündeter‹, nicht Kolonie, wurde. In beiden Städten galt das aus dem römischen Feldlager abgeleitete Planungsprinzip nicht.

Rom brachte der Provence eine hohe Zivilisation. Wenn Aquae Sextiae schon selbst mehrere warme Quellen besaß – eine davon ergießt sich heute in eine bemooste Brunnenschale auf dem Cours Mirabeau (Abb. 182) –, so wurden außerdem noch vier Aquädukte gebaut, um der Stadt frisches, kühles Wasser zuzuführen. Der *Pont du Gard* (Abb. 54), dieses dreistöckige, mörtellos errichtete Meisterwerk, in dem sich beste Ingenieurkunst mit großer Formschönheit glückhaft verbindet, wurde schon 19 v. Chr. durch Agrippa erbaut und versorgte jahrhundertelang Nîmes mit Quellwasser aus der Gegend von Uzès, d. h. über eine Entfernung von 50 km hinweg. Fachleute schätzten, daß er etwa 20000 cbm pro Tag in die Stadt brachte, was bedeuten würde, daß für jeden der ca. 50000 Einwohner der als besonders heiß bekannten Stadt ungefähr 400 Liter zur Verfügung standen. Die Hauptstadt Arles besaß sogar zwei öffentliche Thermen, die einen im Süden, die anderen im Norden. Aus diesen machte dann die Überlieferung später das sogenannte ›Palais de Constantin‹. Die nahen Alpilles lieferten Arelate ihr reines Wasser durch zwei Aquädukte, deren verfallenden Bögen man noch hier und da in der Landschaft begegnet. Die von Barbegal in der Nähe von Fontvieille sind die bekanntesten. Bei ihnen befindet sich, etwa 10 km

Pont du Gard, der dreistöckige Aquädukt, 19 v. Chr. von Agrippa erbaut (nach Koepf)

südlich vom Ort eines der interessantesten römischen technischen Bauwerke der Provence, ein Wassermühlenwerk, das – einzigartig im ganzen Imperium – 16 in zwei Reihen über den Abhang verteilte Mahlsteine betrieb.

Schon Cäsar behandelte *Arelate* bevorzugt. Er hat, nicht zuletzt wohl, um seine müßigen Legionäre zu beschäftigen, dort ein Theater, einen Zirkus und sogar ein Amphitheater bauen lassen, bevor Rom das seine besaß. Ein prächtiger Triumphbogen, den er gleichfalls errichten ließ, ist ebenso verschwunden wie der Zirkus. Die Arena hat, falls sie überhaupt auf dem Boden der alten steht, ihre heutige Gestalt jedoch ebenso wie die ihr sehr ähnliche in Nîmes erst Anfang des 2. Jahrhunderts n. Chr. unter Kaiser Hadrian erhalten.

Die genaue Datierung dieser großartigen Bauten ist schwer. Der *Triumphbogen* (Abb. 40) in *Orange*, der eigentlich ein Stadttor war, ist das erste römische Monument auf provençalischem Boden. Er sollte nach dem Sieg Cäsars 49 v. Chr. vermutlich nicht nur diesen rühmen, sondern auch den Unterworfenen die Macht und Überlegenheit Roms ständig vor Augen halten. Die auf ihm behandelten Themen sind eindeutig: Kämpfe zwischen Galliern und Legionären, erbeutete Waffen und Rüstungen, gefesselte Gefangene. Daß Rom auch auf dem Meere unbesiegbar war, betonen die dargestellten Schiffsembleme aller Art hier mitten im Binnenland. Ins Gallische übersetzt bedeutete das wohl: wir werden sofort und immer mit dem nötigen Nachschub an Soldaten, Ausrüstung und Lebensmitteln versorgt sein. Ein reichlich brutaler Anschauungsunterricht für die Besiegten muß dieser in Stein gehauene Anblick ihrer gefesselten Krieger gewesen sein, die am nackten Oberkörper und an den auf dem Rücken zusammengebundenen Händen auch auf anderen Triumphbögen zu sehen sind. Auf dem besonders schönen, ungefähr gleichzeitigen *Triumphbogen* in *Carpentras* (Abb. 35), der so aufge-

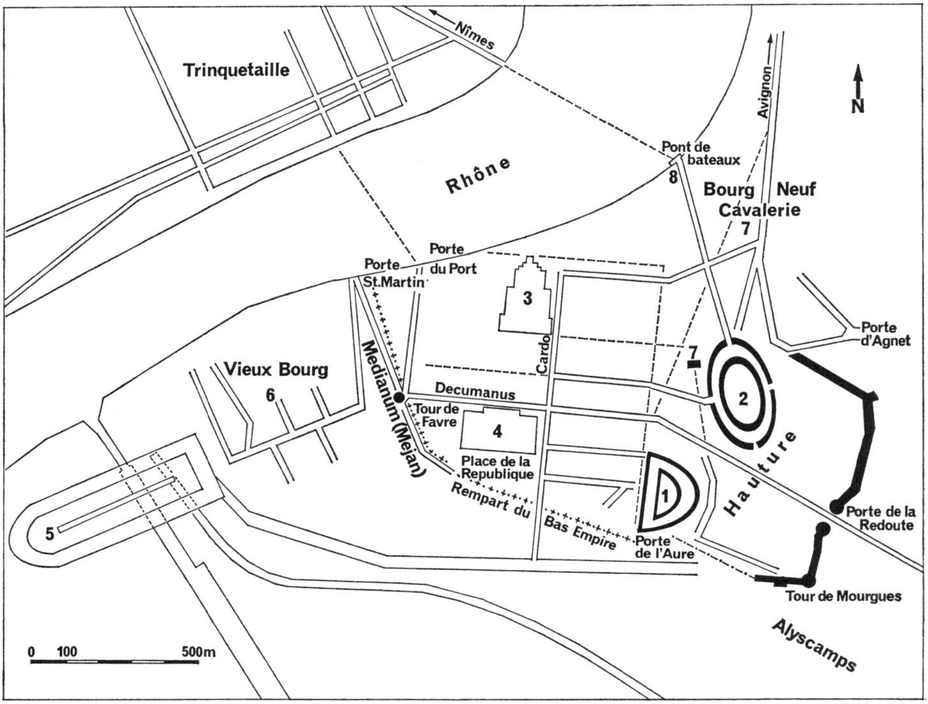

Arles (Arelate), die römische Stadtanlage 1 Theater 2 Arena 3 Thermen 4 Kryptoportikus 5 Circus 6 Alte Burg 7 Neue Burg 8 Pontonbrücke

stellt ist, daß man ihn in Augenhöhe vor sich hat und seine kraftvollen Einzelheiten gut betrachten kann, ist rechts ein Germane mit einem Fell bekleidet dargestellt, links ein Asiate in einer Tunika. Auch an dem einstigen *Stadttor* von *Glanum* (Abb. 33) bei Saint-Rémy fehlt die Gruppe der Gefangenen, hier an einen Baum gekettet, nicht. Vermutlich war das Thema also recht beliebt; denn man muß ja stets bedenken, daß alles, was so über die Jahrtausende hinweg auf uns gekommen ist, eine nur ganz zufällige und keineswegs nach der Qualität ausgesuchte Auswahl darstellt. Gerade, was in den bedeutenden Städten an bevorzugten Plätzen stand, wurde später zerstört und überbaut.

So ist der Zirkus für Pferde- und Wagenrennen, die ein besonders beliebtes Volksvergnügen darstellten, nirgends erhalten und oft schon sein ehemaliger Platz kaum zu ermitteln. In Arles lag er abseits und sogar außerhalb der Mauern, wie sich bei einem Kanalbau herausstellte. Der mehr als 15 m hohe ägyptische Obelisk, der heute auf der Place de la République in Arles steht, war die ›spina‹, die Wendemarke, die es zu umrunden galt. Man darf daraus wohl auf eine üppige Ausstattung des ge-

Lavendelernte in der Provence

56

57

58

59

60

2

63

64

2 In den Ausgrabungen der alten Römerstadt von Vaison-la-Romaine

3 Römisches Theater in Vaison-la-Romaine

4 Orpheus-Mosaik. Musée Lapidaire d'Art Païen, Arles

5 Römisches Theater in Arles, Ende des 1. Jh. v. Chr. Dahinter Turm von Saint-Trophime

Geflügelte Victoria. Musée Lapidaire d'Art Païen, Arles

, 59 Römische Sarkophage. Musée d'Art Païen, Arles

Löwe, römisch. Musée d'Art Païen, Arles

Pont Flavien bei Saint-Chamas

65

66

6

68

65 Statue des Kaisers Hadrian. Original im Musée municipa
Vaison-la-Romaine
66 Kopf einer lorbeerbekränzten Venus. Musée municipa
Vaison-la-Romaine
67 Die Apostel huldigen Christus als Kaiser. Sarkophag
Kreuzgang der Kathedrale von Vaison-la-Romaine
68 Chor der Kathedrale in Vaison-la-Romaine mit Bischo
stuhl
69 Sarkophag mit christlichen Symbolen, Alyscamps, Arles

0

72

71

0 Saint-Quenin bei Vaison-la-Romaine, Kapitell

1 Kapelle Saint-Quenin bei Vaison-la-Romaine

2 Kreuzgang der Kathedrale von Vaison-la-Romaine, Marmorkapitell aus dem 12. Jh.

3 Detail des Turms von Saint-Symphorien bei Buoux (Luberon) ▷

74 Les Alyscamps vor Saint-Honorat in Arles

75 Detail eines frühchristlichen Sarkophags. Musée d'Art chrétien, Arles

76 Christlicher Sarkophag. Musée d'Art chrétien, Arles

76

7 Taufkapelle der Merowingerzeit in Venasque, 7. Jh.

78 Die Krypta (12. Jh.) der Kathedrale Sainte-Anne in Apt. Die Altarplatte ruht auf einem römischen Kapitell.

9 Karolingische Platte in der vorromanischen Krypta der Kathedrale Sainte-Anne in Apt

80 Römischer Sarkophag mit Darstellungen aus dem Ariadne-Mythos, als Taufbecken benutzt. Kirche von Cadenet

81 Die Kapelle Notre-Dame d'Aubune am Fuß der Dentelles de Montmirail

82 Kapelle Saint-Gabriel, Ende 12. Jh.

84 Saint-Gabriel, Westportal: Daniel in der Löwengrub Adam und Eva

85 Saint-Gabriel, Mariae Verkündigung und Heimsuchung i Giebelfeld über dem Portal

83 Saint-Gabriel, Westportal

84

8

6 Saint-Sepulcre (11. Jh.) bei Saint-Restitut

87 Saint-Restitut, Kirchenportal

8, 89 Saint-Restitut, gallisch-römische Tierfriese am Turm

8

89

90 Saint-Paul-Trois-Châteaux (11./12. Jh.), Säule und Skulpturen im Mittelschiff

91 Merowingischer, leicht getönter Altar in Limans (Haute-Provence). Seine zwei Leuchter mit Kerzen versinnbildlichen den Alten und den Neuen Bund oder das Alte und das Neue Testament, der Kranz – ein Vorrecht der Fürsten, dem später die Krone entspricht – die Majestät Gottes; die Ähren, aus denen er gebildet ist, sind ein Symbol der Ernte und des Abendmahls; der den Kranz oben abschließende dreifache Kreis das der Trinität. Im Mittelpunkt steht das Kreuz des Erlösers mit den griechischen Alpha- und Omega-Zeichen darunter. Anfang und Ende sind damit unter den Schutz Christi gestellt, und es ist wohl kaum Zufall, daß hier wie auf dem ungefähr gleichzeitigen Grabstein des Boethius (vgl. Fig. S. 107) in Venasque das Omega, der letzte Buchstabe im Alphabet, vor dem ersten steht. Dem irdischen Tod folgt der Anfang des ewigen Lebens.

92 Taufkapelle der Kathedrale in Aix (5. Jh.) mit römischen Säulen

93 Notre-Dame-de-la-Mer, im 9. Jh. zur Wehrkirche ausgebaut, Saintes-Maries-de-la-Mer

91

92

93

4 a–f Kapitelle in der Kirche von Saintes-Maries-de-la-Mer

5 a, b, c Saint-Pierre, Montmajour, karolingischer Pfeiler, Kapitell und Konsole mit menschenverschlingendem Ungeheuer

96 Montmajour, Felsenfriedhof. Im Hintergrund die Kapelle Sainte-Croix

97 Der älteste Teil des Klosters Montmajour, die Felsenkirc Saint-Pierre, 10., spätestens Mitte 11. Jh.

100 Montmajour, nördlich von Arles. Die Kapelle ›Sainte-Croix‹, Ende 12. Jh., im Hintergrund der Abt-Turm und die Kloster gebäude

98, 99 Umgang und Altar in der Krypta von Notre-Dame, Montmajour

101, 102 Verlassene provençalische Bauerngehöfte

3 Das Massiv des Mont Ventoux von Nordosten gesehen, im Vordergrund das Dorf Brantes

4 Provençalischer Glockenturm, im Hintergrund der fast 2 000 m hohe Mont Ventoux

105 Gorges du Verdon

samten Komplexes schließen. Die Arkaden des Zirkus unter den Stufen für die Zuschauer werden, wie überall im Weltreich, ein beliebter Treffpunkt für allerlei Volk gewesen sein. Hier sah man Händler, Wahrsagerinnen, Tänzer und Prostituierte, konnte Wetten abschließen und Rendez-vous vereinbaren. Rhôneschiffer, Matrosen, Legionäre und Sklaven fanden dort Unterhaltung und Anschluß.

Wie die Rennbahn war das römische Theater dem antiken griechischen nachgebildet, beide sind also im Prinzip nicht als originale Leistung anzusehen, doch wurde die ursprüngliche Idee technisch weiterentwickelt. Lagen die Theater im alten Hellas meist in einem natürlichen Felsengrund, aus dem die Sitzreihen nur noch auszuhauen waren – Delphi und Epidauros sind Beispiele hierfür –, so mußten die Römer im Flachland das Trichterhalbrund oft ganz oder doch teilweise künstlich schaffen, d. h. Stein für Stein aufmauern. Wie sie dann die abschließende Szenenwand zu einer großartigen, prunkvoll mit vielen Statuen ausgestatteten Riesenkulisse hinaufzogen, die mit unzähligen Details den Zuschauer schon vor dem eigentlichen Schauspiel beschäftigte und einstimmte, das war allerdings vorher nicht dagewesen. Auch nicht die Zeltdachbespannung, die als Sonnen- oder Regenschutz über die Bühne gezogen werden konnte. In *Orange*, dem besterhaltenen römischen *Theater* (Abb. 41), das es überhaupt gibt, sind die Krampen für die Seile dazu noch gut an der Außenwand erhalten. Man muß Orange schon allein des Eindrucks wegen aufsuchen, den dieser Bau hinterläßt. Alle Abbildungen davon sind insofern ganz unzureichend, als die Ausmaße dieser Architektur, vor allem die der 37 m hohen Bühnenwand mit der Kaiserstatue in der Mitte, erlebt werden müssen, will man sich wirklich eine Vorstellung davon machen, was ein römisches Theater einmal bedeutete. Die Reste der Theater in Arles oder Vaison, so schön das eine durch seine Säulen, das andere durch seine Lage ist, vermitteln nichts von der Monumentalität derartiger Bauten, einzig Orange tut das.

Es ist ja überhaupt diese Monumentalität, verbunden mit einer in Europa Zeit und Umgebung weit überragenden technischen Leistung, was uns an diesen römischen Bauten und Anlagen so beeindruckt: das konsequent durchgeführte Straßennetz, die über viele Kilometer hinweggeführten Wasserleitungen, der kühngewölbte Pont du Gard, das Theater in Orange und schließlich die großen Arenen in Arles und Nîmes, die eine ganz originale und dabei formschöne Lösung des Problems darstellen, eine nach Tausenden zählende Menschenmenge kurzfristig in einem einzigen Raum um einen Mittelpunkt zu versammeln und sie ebenso schnell und mühelos wieder daraus zu entlassen. Beide Amphitheater sind etwa gleichzeitig entstanden und ihre Ausmaße und Ausgestaltung ähneln einander sehr. Das in *Nîmes* (Abb. 48, 49) ist mit 131 m auf 100 m Durchmesser unwesentlich kleiner als das in *Arles* (136 m zu 107 m), jedoch sehr viel besser erhalten, ja, das besterhaltene im römischen Weltreich überhaupt, wenn auch keineswegs eines der größten. Beide konnten 21 000 Zuschauer fassen.

Man kann sich eine solche Volksbeteiligung an öffentlichen Veranstaltungen bei einer Bevölkerung von etwa 50 000 Menschen heute kaum vorstellen, doch muß man sich vor Augen halten, daß in den Arenen nicht nur szenische Spiele aller Art, blutige

Gladiatoren- und Tierkämpfe, Clownerien, akrobatische Kunststücke und dgl. gezeigt wurden, sondern daß auch religiöse Motive bei ihrem Besuch mitspielten. Jean-Paul Clébert sagt darüber im zweiten Band seines interessanten Werkes ›Provence Antique‹: »Die Spiele in der Arena waren nicht frei von religiöser Bedeutung. Das bezeugt die feierliche Prozession, die ›Pompa‹, die ihnen voranging, der feierliche Umzug der Träger der Götterbilder, der dem Einzug unserer picadores entspricht. Mehr noch, die Spiele fanden an den Tagen der religiösen Feste statt. Wie Grenier sagt, die für die Spiele aufgeführten Bauten sind ein Teil des Sanktuariums.«

Der Bezug zu Stierkämpfen ist in diesem Zitat nicht zufällig. Tatsächlich fanden schon vor der römischen Kolonisation bei den Kelto-Ligurern Stierkämpfe – richtiger wohl Stieropfer – statt, und der besonders bei den Legionären beliebte Mithras-Kult hat sie dann durch die Jahrhunderte hindurch gerade auch in Arles und Nîmes erhalten, wo sie noch heute in beiden Arenen gepflegt werden. Nîmes, eine Gründung des Augustus bei dem alten keltischen Quellheiligtum, war aus verschiedenen Gründen dem Stieropfer besonders zugeneigt. Augustus hatte hier griechisch-ägyptische Gefangene aus Alexandria angesiedelt, woher auch das seltsame Stadtwappen stammt: ein an eine Palme gebundenes Krokodil. Die ›colonen‹ brachten den Isis-Kult mit, bei dem das Blut geopferter Stiere über die Neubekehrten floß, um ihnen die Unsterblichkeit zu sichern. Der Kaiser Antoninus Pius, dessen Vater aus Nîmes stammte und der die Stadt deshalb besonders begünstigte, führte dann auch den Kybele-Kult nicht nur in Rom, sondern auch in Gallien ein, zu dem ebenfalls Stieropfer gehörten. Vom Jahr 160 n. Chr. an durfte keine rituelle Stadtgründung ohne ein solches Opfer zu Ehren dieser neuen Göttin stattfinden. Der Schädel des Tieres wurde danach über dem Altar der Kybele aufgehängt und sicherte damit der Stadt angeblich Fruchtbarkeit und Überfluß, war also von wesentlicher Bedeutung für jeden der Einwohner. Wenn, wie man weiß, im römischen Marseille, Arles und Nîmes Tempel der Kybele bestanden, so muß das Stieropfer gerade in diesen Städten vielen Gläubigen wichtig gewesen sein. Zum Mithras-Kult gehörte es ebenfalls. Und da in der Hauptstadt Arelate und in der ohnedies zu östlichen und einheimischen Kulturen neigenden Colonia Augusta Nemausus nicht nur viele Legionäre, sondern überhaupt viele Menschen aus den verschiedenen Teilen des Weltreichs zusammenkamen oder dauernd lebten, so ist die besondere und bleibende Neigung zu Stierkämpfen in diesen beiden Städten wohl damit zu erklären.

Das große feierliche Opfer für die ganze Stadtgemeinde bedurfte sicherlich auch der entsprechenden Räumlichkeiten. Insofern besitzt Albert Greniers Annahme, daß die für die Spiele aufgeführten Bauten Teile des Sanktuariums gewesen seien, viel Wahrscheinlichkeit. Der einzelne Tempel, in dem noch die Cella für das Standbild der Gottheit abgetrennt war, bot keinen Raum für besondere Prachtentfaltung. Der prunkvoll ausgestattete Umzug in der Arena dagegen machte das religiöse Schaustück vielen Tausenden zugänglich. Die hereingetragenen Götterbilder waren gleichsam Zuschauer, denen zu Ehren die Spiele ja auch ursprünglich überhaupt stattfanden.

In Nîmes ist ein römischer Tempel fast unversehrt erhalten, die sogenannte *Maison Carrée* (Abb. 50). Er ist klein (26 m lang, 15 m breit, 17 m hoch), steht auf dem Gebiet des ehemaligen Forums und wurde durch Agrippa erbaut, um das Gedächtnis der beiden Söhne zu ehren, die er von Julia, der Tochter des Augustus, hatte. Natürlich ist es eine Übertreibung, wenn behauptet wird, er könne ebensogut unter dem Himmel Griechenlands stehen, so bedeutend ist er keineswegs; aber er vermittelt doch sehr viel besser ein wesentliches Element der Kultur des römischen Galliens als alle Tempelruinen sonst, von denen gewöhnlich ja nur noch die Basis und günstigstenfalls einige Säulen erhalten sind. Heute ist in der Maison Carrée eine kleine Antikensammlung untergebracht, die man selbstverständlich betrachten wird. Sie enthält einige gute Stücke, so einen männlichen Bronzekopf, eine Venus (Abb. 47) und einen Jünglingskopf aus Kalkstein, auch den Grabstein eines porträtgetreu dargestellten römischen Ehepaars. Außerordentlich sind diese Arbeiten nicht. Wenn man jedoch den Besuch in der Maison Carrée durch einen im *Musée archéologique* ergänzt, so gewinnt man, nicht zuletzt durch die dort aufgestellten kleineren Gegenstände, eine Vorstellung von dem, was zum Leben einer gallisch-römischen Stadt gehörte. Manches ist hier höchst reizvoll, gelegentlich gerade durch seinen provinziell rührenden Charakter, vielleicht aber auch dadurch, daß oft einheimische Künstler es anfertigten, denen die perfektionierte Glätte der Hauptstadt fehlte, die dafür aber mehr Phantasie und Eigenart besaßen.

Da man dies Museum schon wegen der wenigen seltenen Funde aus keltischer Zeit aufsuchen wird, so sollte man sein Obergeschoß mit den römischen nicht auslassen. Die dort verbrachte Stunde wird einem interessante Einzelheiten vermitteln. Eine Münze aus dem antiken Nîmes zeigt beispielsweise auf der einen Seite das Stadtwappen, das an eine Palme angekettete, höchst bizarr dargestellte Krokodil, auf der

Münze der römischen Kolonie Nîmes. Das Stadtwappen zeigt ein an eine Palme gekettetes Krokodil, auf der Vorderseite die Büsten des Augustus und des Agrippa

anderen die Profile von Augustus und Agrippa, denen Nîmes so viel Förderung verdankte. Auch wer die meistverehrten Gottheiten in dieser gallisch-römischen Provinz waren, erfährt man hier durch Anschauung und sieht, wie stark sich keltisch-ligurische Vorstellungen gerade im Religiösen erhalten und durchgesetzt haben. Von diesen halb römischen, halb keltischen Göttern gibt es Kleinplastiken, die, sozusagen für den Hausgebrauch hergestellt, entsprechend rustikal unbeholfen sind und trotzdem mitunter einen stärkeren Reiz ausstrahlen als so manche ein Gefühl epigonaler Leere vermittelnde große Skulptur in der Maison Carrée.

Den gleichen Zauber wird man übrigens gelegentlich in den anderen Museen des Landes spüren. Sie sind alle nicht groß und dadurch nicht ermüdend, sondern nur anregend. In *Saint-Rémy*, dessen Sammlung im Hôtel de Sade schon durch die keltischen Funde aus Glanum bedeutend ist, stehen z. B. die sehr schönen Köpfe der Oktavia und der Julia, Schwester und Tochter des Augustus, die man im Brunnen vor den beiden römischen Tempeln in Glanum gefunden hat, in *Vaison-la-Romaine* die Statuen der Kaiserin Sabine und die der Kaiser Hadrian (Abb. 65) und Tiberius und auch die silberne Büste des Patriziers, dem wahrscheinlich das nach dieser Büste benannte Haus im antiken Vasio (s. Fig. S. 85) gehörte. An diesen Köpfen zeigt sich die besondere Begabung römischer Bildhauer: die für das Porträt, d. h. für die genaue Nachahmung des Vorhandenen. Hier sind sie eigenständig und bilden auch Individuelles. Man würde diese Menschen auf der Straße wiedererkennen können. Es ist eine Kunst der Spätzeit, in der das naturalistische Detail wichtiger ist als die innere Schau und die durch sie bedingte Form.

Das entspricht ganz der auf ratio gerichteten Geisteshaltung der Römer, die nicht nur in der plastischen Darstellung ihrer Gottheiten dem vom griechischen Genius entwickelten Formenkanon folgten, sondern auch das mit diesen Göttern verbundene Gedankengut übernommen hatten. Ihre Offenheit für fremde Kulte hängt sicherlich mit diesem Mangel an schöpferischer Kraft bei allem, was über die reine ratio hinausging, zusammen. Gewiß war diese Aufgeschlossenheit auch durch die ungewöhnlich starke Völkermischung, die nicht nur in Rom selbst, sondern überall im Weltreich stattfand, bedingt; aber man braucht sich nur der mit Feuer und Schwert ausgeübten brutalen Durchsetzungskraft des Christentums zu erinnern, um den Unterschied zu erkennen. Das antike Rom nahm geradezu begierig fremde Kulte auf und paßte sie den seinen an.

So finden wir denn auch in den Museen der Provence die alten keltischen Gottheiten in kaum verwandelter Form wieder, und oft ist es nur der römische Name, den die bisher namen- und gestaltlosen nun hinzugewonnen haben.

Wo sonst gäbe es so viele Wald- und Wassergottheiten wie gerade in diesem von unzähligen Quellen, Bächen, Flüßchen und Flüssen durchzogenen, damals noch sehr waldreichen Land? Nun werden es Nymphen, Faune und Wassergötter wie Nemausus, angeblich Sohn des Herakles und jedenfalls Stammvater von Nîmes. Sein uraltes Quellheiligtum bleibt weiterhin Wallfahrtsort, erst im 18. Jahrhundert erhält es seine

Nîmes, Fragment der Deckendekoration des sogenannten Diana-Tempels

heutige bezaubernde Gestalt. Und im grünschattigen, kühlen Val-des-Nymphes bei La-Garde-Adhémar verehrt man noch immer die keltischen Wassergöttinnen an den uralten steinernen Becken. Nicht zufällig wird daneben im 12. Jahrhundert eine gotische, der Mutter Gottes geweihte Kapelle errichtet: es galt, einen sehr ehrwürdigen heidnischen Kult endlich ins Christliche umzudeuten. Aus Sucellus (Abb. 27), dem geheimnisvollen Gott mit dem Hammer, der so eigentümlich an den etruskischen Totengott Charu erinnert, wird Silvanus, Herr der Wälder und Heiden und der nährenden Vegetation schlechthin. Sein Bild steht in römischer Zeit am Rand jedes Waldes, Hüter des undurchdringlichen Dickichts, das auch heute noch viele provençalische Täler überwuchert. Es stand aber auch dort, wo der Aquädukt von Barbegal begann, der das alte Arelate mit Wasser versorgte. Silvanus besaß auf diesem Hügel bei Eygalières, dem ›Ort der Wasser‹, einen Tempel, der dann im 12. Jahrhundert durch die Kapelle für den heiligen Sixtus ersetzt wurde (Farbt. 19).

An den Hängen des Ventoux, der ebenso wie der Sainte-Victoire bei Aix einmal ein heiliger Berg der Kelto-Ligurer war, wird weiterhin der Gott Ventour, »der mit dem rauhen Atem«, verehrt. Auf der Hochebene von Vaucluse am Hange des Ventoux lasten in der sehr merkwürdigen Taufkapelle der Kirche von *Saint-Christol* ebenso seltsame Säulen auf den damals schon ein Jahrtausend alten Göttern: auf der Wasserfrau und dem die Schlange zerbeißenden Doppellöwen, dem Wächter der Furt und des Übergangs ins Jenseits, der in christlicher Sicht eine ganz andere Deutung erfährt, dem Bärtigen, der an Sucellus und Jupiter-Taranis erinnert, und dem keltischen Windgott, der nun als Engel mit vollen Backen in sein Horn bläst (Abb. 132 a–d).

»Das ganze Volk der Gallier ist in hohem Maße religiösen Bräuchen ergeben«, hatte Cäsar um die Mitte des 1. Jahrhunderts v. Chr. in seinem Buch über den Gallischen Krieg geschrieben. Und anschließend: »Unter den Göttern verehren sie am meisten

Merkur. Er hat die meisten Bildnisse, ihn halten sie für den Erfinder aller Künste, ihn für den Führer auf Wegen und Wanderungen, ihm sprechen sie den größten Einfluß auf Gelderwerb und Handel zu.« Die Kelten besaßen demnach schon vor Cäsars Eroberungszügen einen Gott, der ungefähr die gleichen Eigenschaften hatte wie der römische Merkur. Ob seine Wesenszüge vielleicht auf den griechischen Hermes zurückgingen, dem ja auch der Merkur nachgebildet war, wissen wir nicht, doch wäre dies ja durchaus möglich. Waren doch die Phokäer aus den massalietischen Handelsniederlassungen ein halbes Jahrtausend lang kreuz und quer durch das Land gereist, wobei sie besonders des Schutzes des Gottes der Wege und der Kaufleute bedurften, der ihnen offenbar auch gewährt wurde. Daß dieser Gott gleichzeitig den Kelten zum ›Erfinder aller Künste‹ wurde, lag bei einer der eigenen so überlegenen Kultur nahe. Ihn künftig nach Römerart Merkur zu nennen, dürfte den Galliern nicht schwer geworden sein. Daß er tatsächlich im ganzen keltisch-römischen Raum verehrt wurde, beweisen zahllose ihm gewidmete Altäre und Standbilder größeren und kleinsten Formats, sogar bis nach Köln und Trier hinauf.

Der römische Mars wurde von den kriegerisch gesinnten Kelten vor allem für ihre Lokalgottheiten in Anspruch genommen. Er erhielt den Beinamen eines Stammes oder eines Ortes und wurde so zu ihrem besonderen Beschützer. Auf dem Plateau von Albion z. B. hieß er Mars Albiorix und gewann damit die Gestalt des vorher gestaltlosen Lokalgottes. Aber ebenso bekam er in Nîmes, Carpentras, Tour-d'Aigues oder Barroux römische Beinamen, die ihn an einen Stamm oder eine Siedlung banden, die ihm bevorzugt Verehrung erwies. Er wurde also ungefähr das, was in christlicher Zeit die Ortsheiligen waren. Und seine Kultstätten wurden sogar nicht selten später zu Kapellen.

Der keltische Teutates scheint ursprünglich die Stammesgottheit gewesen zu sein, der später der römische Mars entsprach. Ein antiker Schriftsteller bezeichnet ihn als »ihren nationalen Gott, als Schiedsrichter, Hüter und Verteidiger ihrer Stämme«. Taranis, Gott des Gewitters, Blitzes und Donners, in der Provence mit dem Sonnenrad auf der Schulter oder dem Blitz in der Hand dargestellt, gleicht Jupiter und wurde dementsprechend durch diesen ersetzt. Unklar bleibt die Rolle des dritten der drei großen gallischen Götter, Esus, des ›Holzfällergottes‹. Vielleicht darf man auf seine Natur nach den Opfern schließen, die ihm gebracht wurden. T. G. E. Powell sagt nämlich in seinem Buch ›Die Kelten‹, daß Taranis durch Brandopfer versöhnt wurde, »während man die Opfer für Teutates ertränkte und die für Esus erhängte«, und fährt dann fort: »Möglicherweise symbolisierten diese drei Arten der Opferung die drei Elemente: Erde = Esus (Erhängen), Feuer = Taranis (Verbrennen), Wasser = Teutates (Ertränken).« Vom »undurchdringlichen« heiligen Wald der Kelto-Ligurer war schon die Rede, dies würde dem ›Erdgott‹ Esus entsprechen, ebenso wie seine Eigenschaft als ›Holzfäller‹. Powell weist im Zusammenhang damit auf seinen Bezug zu Odin hin, indem er schreibt: »Der Opfertod durch Erhängen zu Ehren des Gottes Esus ist nicht nur im Hinblick auf heilige Bäume besonders interessant, sondern auch,

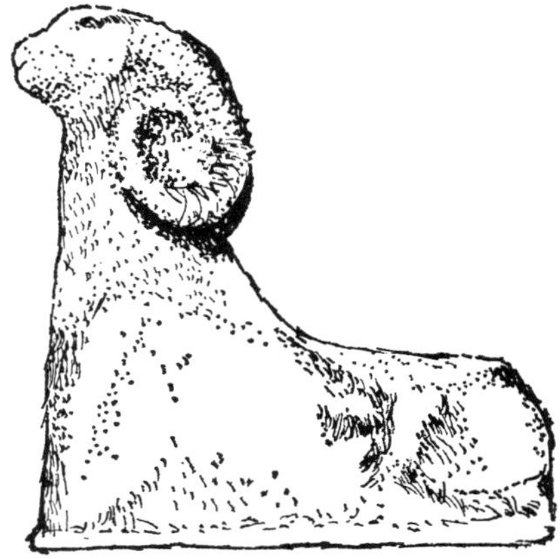

Gallischer Widder aus gebranntem Ton, 20–30 cm groß, vermutlich Opfergabe. Apt, Musée archéologique

weil er den Kulthandlungen für Odin, den großen magischen Gott des Kriegeradels, entspricht, dessen Mittelpunkt in Schweden lag, und der vielleicht selbst von Kelten abstammte.« Der Gedanke liegt nahe, daß mit den von den Römern verbotenen Menschenopfern auch das Bild dieses ihnen so fremden Esus erlosch, nicht anders als die Bilder der Heroen, die im Buddhasitz in den kelto-ligurischen Heiligtümern thronten (Abb. 16). Für beide fehlten die Parallelen in ihren eigenen Überlieferungen.

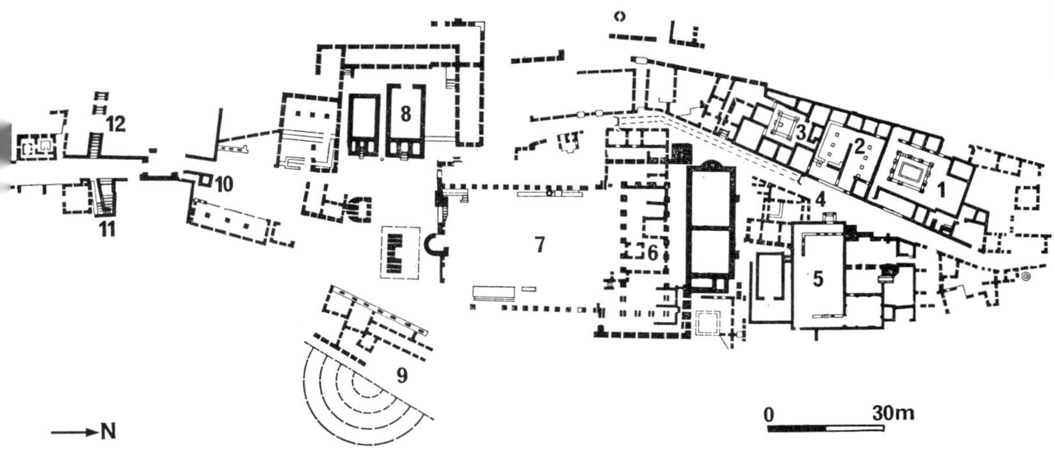

Glanum, Plan der Ruinen 1 Haus der Antes 2 Markt mit Heiligtum der ›Guten Göttin‹ 3 Haus des Atys 4 Hauptstraße mit gedecktem Kanal 5 Thermen 6 Mosaik 7 Forum 8 Zwei Tempel 9 Theater (nicht zugänglich) 10 Befestigtes Tor zur ältesten Siedlung 11 Nymphäum 12 Treppe zum keltischen Sanktuarium

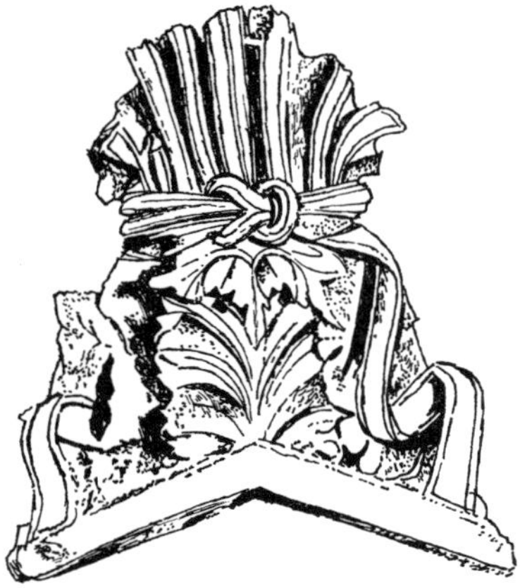

Giebelakroter des großen Tempels in Glanum. Musée Hôtel de Sade, Saint-Rémy-de-Provence

Vielleicht darf man die Bedeutung der verschiedenen Kulte nach den Altären beurteilen, die man in den Museen der Provence sieht. Es gibt sie vom Tempelaltar bis hinab zum kaum 20 cm hohen Reisealtar, und sie sind besonders häufig den Nymphen, dem Merkur, dem Herkules und dem Sucellus-Silvanus geweiht, den Göttern der Wasser, Wälder und Wege, der Natur also – und noch immer sind sie gelegentlich von den heiligen Tieren, der gehörnten Schlange oder der mit dem Widderkopf, dem Stier, dem Wildschwein, dem Pferd oder Raben begleitet.

In *Glanum* (Abb. 28), dem ehemals massalietischen Glanon, stehen zwei Altäre des Herkules an der Heiligen Straße, die zu dem keltischen Wasserheiligtum hinaufführt. Und auch ein Altar der Bona Dea (Abb. 29), der Guten Göttin ist da, die am Markt einen Tempel besaß, so daß jeder Vorüberkommende seine Bitte an sie richten konnte. Er zeigt auf dem Relief an seiner Stirnseite einen dichten Eichenkranz, in dem die stets allen Anliegen willig geöffneten Ohren der Göttin dargestellt sind. Einen Altar für Epona, ›die Reiterin‹, eine vielverehrte gallische Göttin, die Füllhorn, Opferschale und Früchte als Attribute hat, wurde ebenfalls in Glanum gefunden. Und ungefähr einhundert dem Sucellus gewidmete Altäre. Hier wird eindeutig klar, daß er den unterirdischen Gottheiten zugeordnet und mit seinem Hammer Hüter des Grabes ist, zugleich aber auch Spender von Fruchtbarkeit und Unsterblichkeit, deren Symbol der Pinienzapfen ist, den er manchmal in der Hand hält.

Von ganz besonderer Schönheit und eigentümlich rätselhaftem Reiz ist jedoch ein fast unbekannter Altar, der abseits von allen Sehenswürdigkeiten in der Einsamkeit von Acker und Weinberg von einer riesigen Muschelform überwölbt in eine Kalksteinwand gemeißelt ist (Abb. 52). Man findet ihn, wenn man, von Mouriès und Maussane auf der D 17 kommend, Le Paradou hinter sich gelassen hat und noch vor dem linker Hand sich hochauftürmenden Lager heller Kalksteinblöcke aus dem dortigen Bruch links einen unscheinbaren Feldweg einschlägt. Von der Fahrstraße folgt man zu Fuß etwa 10 Minuten lang den Wegkrümmungen und entdeckt dann rechts in der Wand, vielleicht schon wieder vom wuchernden Piniengestrüpp halb verdeckt, die hoch über dem Altarsockel aufsteigende Muschel. Die römische Inschrift ist unleserlich geworden, doch vermag man bei genauer Betrachtung links daneben den Umriß eines Stiers zu erkennen, dessen Kopf dem Beschauer zugewandt ist. Wem der Altar geweiht war, bleibt ungewiß. Der Gedanke, daß ihn Männer, die im nahen Steinbruch arbeiteten, fremde Sklaven vielleicht, aus der Wand gehauen haben, liegt nahe. Aber wem wurden auf diesem schmalen Tisch Opfer gebracht, wer saß auf dieser aus dem Stein gehauenen Bank unterhalb der Opferstätte, wartend, bis an ihn die Reihe kam, seine Gabe darzubringen? Die Kammuschel, die sich hoch über dem Altar erhebt, galt als Attribut der Venus. Aber sie ist auch so ausschließlich dem Wasser zugehörig, daß sie ebenso der Nymphe, die dem angrenzenden Ackerland Feuchtigkeit spendete, geweiht sein konnte. Der Stier jedoch, dessen Bild im Verlöschen ist, läßt auf einen viel älteren einheimischen oder aber auf einen der fremden orientalischen Kulte schließen, die mit den Römern ins Land kamen, möglicherweise den des Mithras.

Eine ganz andere, jedoch sehr einleuchtende Deutung läßt die Arbeit eines belgischen Gelehrten zu, die Prof. Dr. Marc E. Mariën von den Musées Royaux d'Art et d'Histoire in Brüssel in Nr. 2 des Jahrgangs 1978 der Zeitschrift ›Antike Welt‹ unter dem Titel ›Der Tumulus von Noirmont und seine Bernsteinmuschel‹ veröffentlicht hat. Er schreibt darin: »Die Muschelform selbst ist als Attribut der *Venus Anadyomene* zu deuten. Die gerippte Muschel ist als Motiv auf Grabmälern und Sarkophagen sehr verbreitet, sei es als Baldachin hinter dem Haupt des Verstorbenen, sei es als eine Art Nische, in der die Büste des Verstorbenen aufgestellt war. Meist begegnet uns dies bei Gräbern von Frauen oder Mädchen. Oft ist der Name der Toten mit dem der Venus gekoppelt, denn nicht nur in Rom selbst wurde Venus als Schutzgöttin für verstorbene Frauen angerufen oder mit Libitina (Unterweltsgöttin) gleichgestellt. Auch in Gallien stand die Venus mit dem Totenkult in engster Beziehung. Sie wurde in Terrakotta-Figuren mit astralen Symbolen dargestellt oder mit Nantosvelta, der Gemahlin des höllischen Succellus, identifiziert.« Kurz darauf fährt Mariën über diese Muschelform fort: »Sie ist zusammen mit der den Mithras anrufenden Eidechse ein Zeichen des religiösen Synkretismus des 2. Jahrhunderts n. Chr., der sich mit der Einführung orientalischer Kulte unter Septimius Severus noch steigerte.« Nun ist zwar die den Mithras anrufende Eidechse auf unserem Muschelaltar nicht oder nicht mehr sichtbar, doch der ihm ebenfalls zugehörige Stier blieb noch erkennbar und erlaubt uns, den eigenartigen römischen ›Altar‹ in der Feldeinsamkeit bei Fontvieille ins 2. Jahrhundert n. Chr. zu datieren und ihn als das Grabmal einer reichen oder adligen Dame aufzufassen.

Es ist ja nun nicht mehr nur das römische Pantheon, das mit Mars und Merkur, Apoll, Minerva und Diana in verfremdeter, dem gallischen Geist angenäherter Form seinen Einzug in die Provence hielt. Neben ihnen behaupteten sich viel ältere einheimische Gottheiten wie die Matronae oder Matres, die ›Mütter‹, die stets zu dreien auftreten, bald stehend, bald sitzend, immer aber im reifen Alter dargestellt sind und als Lokalgottheiten, Frauen und Kinder schützend und Segen und Fruchtbarkeit spendend, verehrt wurden. Sie sind rein keltischen Ursprungs, worauf schon die ›Dreiheit‹ hinweist. Am Osthang des Felsens von Les Baux sind sie fast lebensgroß in einen wie ein Menhir geformten Felsen gemeißelt und heißen hier – ins Christliche umgedeutet – auf provençalisch die ›Trémaîe‹, die ›drei Marien‹. Von den Römern wurden sie die Junones genannt, und ein ihnen gewidmeter Altar fand sich in der düsteren Krypta der den Saintes-Maries geweihten Kirche in der Camargue – eindeutiges Zeugnis für die heidnische Herkunft der drei heiligen christlichen Frauen.

Doch ist dies nicht der einzige Hinweis auf das sehr hohe Alter dieses unterirdischen Sanktuariums in der schönen wehrhaften Kirche am Meer. Es hat offenbar in römischer Zeit auch dem Mithras-Kult, der immer im Schoß der Erde stattfand, gedient. Noch vor wenigen Jahren stand nämlich das Bild der heiligen Sarah, der schwarzen Jungfrau der Zigeuner, der dritten der hier verehrten heiligen Frauen, auf einem Stieraltar des Mithras.

Die keltischen Matronae, die römischen Junones, der iranische Mithras und dann die beiden hebräischen Marien, Maria Jakobäa, die Tante Jesu, und Maria Salome, die Mutter des Apostels Jakobus und des Lieblingsjüngers Johannes, mit ihrer schwarzen Dienerin Sarah, in deren Gestalt die Erinnerung an die kleinasiatische griechische Artemis und an die ägyptische Isis nachklingt – sie alle in einem einzigen Heiligtum am Meer vereint und verehrt. Die Weltläufigkeit, Weite und Großzügigkeit des das ganze Mittelmeer umfassenden Weltreichs ist mit dieser merkwürdigen Konzentration religiösen Lebens an einem sonst unbedeutenden Platz im Sand des Rhône-Deltas noch einmal umrissen. Nach wenigen Jahrhunderten der Pax Romana, des römischen Friedens, ging sie in den Stürmen der Völkerwanderung zugrunde, und der Glaubenseifer neuer Religionen, des Christentums und des Islams, vollendete das Zerstörungswerk, indem er die alte Mittelmeerwelt in Norden und Süden, Osten und Westen aufspaltete und zerriß.

Les Baux, Trémaïe, die ›drei Marien‹

IV Die sterbende Antike

In *Vaison-la-Romaine* (Abb. 62, 63), das, vor dem Zugriff des Mistral geschützt, landschaftlich und klimatisch begünstigt, in gallo-römischer Zeit als eine der angenehmsten und reichsten Städte der Narbonensis galt, bekunden nicht nur die Ausgrabungen luxuriöser antiker öffentlicher Anlagen und privater Villen Wohlstand und heidnische Kultur seiner Einwohner während der Kaiserzeit – es gibt gerade hier eigentümlich ergreifende Zeugnisse des aufkommenden Christentums und des Ernstes seiner Gesinnung. Der Geist der Antike scheint in dieser ursprünglich keltischen Stadt nicht gewaltsam unterdrückt, sondern nach und nach zwangslos durch eine höhere Sittlichkeit überwunden worden zu sein. Er verging nicht, lebte vielmehr wie auch an anderen Orten der Provence noch jahrhundertelang verändert und dem Neuen angeglichen fort. Wo man ihm begegnet, erscheint er nun, ins Christliche gewendet, wärmer und beseelter, der klassischen Kühle und leeren Glätte seiner Spätzeit entkleidet, verjüngt, gelegentlich unbeholfen, und dadurch rührend, immer aber sinnerfüllt und anziehend.

Die Zerstörungen der Völkerwanderungen, der Germaneneinfälle, ihre Durchzüge und ihr Verweilen haben das antike Vaison vernichtet. Das Neue wurde aus und auf den Trümmern des Alten erbaut. Zerschlagene Säulen und Kapitelle eines römischen Tempels bildeten das Fundament der ehrwürdigen *Notre-Dame-de-Nazareth* (Abb. 68), als sie, wahrscheinlich schon im 6. Jahrhundert, als Kathedrale des Bischofs von Vaison errichtet wurde. Seitdem hat sie verschiedene Erneuerungen und Veränderungen erfahren. Wenn man jedoch, wie üblich, durch das Portal im rechten Seitenschiff eintritt und hinüber ins hintere Ende des linken geht, so findet man das Fundament der alten Basilika freigelegt. Und aus ihm steigt sieghaft, aus dem noch tieferen Grunde aufwachsend wie ein nicht sterben könnender Baum, der sich verjüngt, eine Doppelsäule des antiken Tempels mit korinthischem Kapitell. Das ist wie ein unaufhaltsames Durch- und Aufbrechen der antiken Welt in die darüber gelagerte christliche. Ein Eindruck, der sich in dieser Kirche, an der Jahrhunderte bauten, immer wieder bestätigt. Da ist der wahrhaft königliche Marmortisch in der linken Seitenapsis mit seinem Weinranken- und Traubenfries, noch ganz heidnischer Altar in der Vollkommenheit seiner Marmorglätte und doch schon christlich, das Zeichen des Erlösers tragend und sein Symbol: »Ich bin der Weinstock ...« Und jener andere vor dem Chor, an dessen Hinterwand es wie Flammen des heiligen Geistes emporzüngelt, und draußen im Kreuzgang der zer-

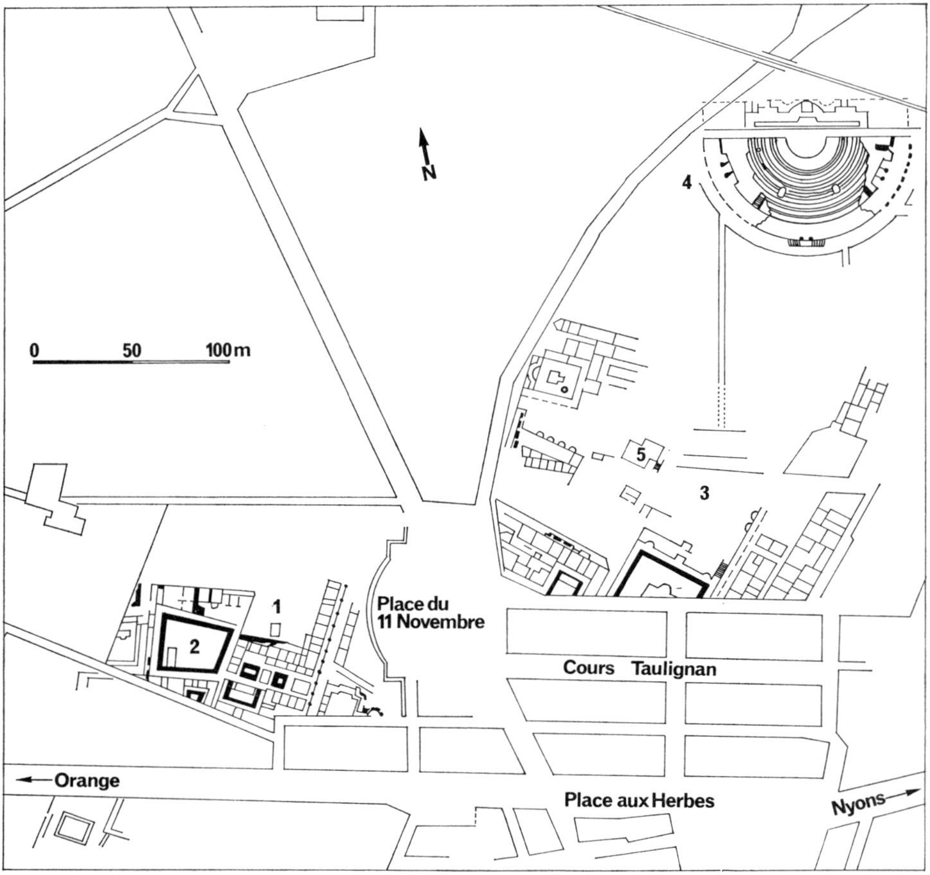

Vaison-la-Romaine, die beiden römischen Ausgrabungsgelände La Villasse und Puymin im Norden der heutigen Stadt 1 La Villasse 2 Maison du Buste en argent 3 Puymin 4 Theater 5 Städtisches Museum

brochene Marmorsarkophag, an dem die togabekleideten 12 Apostel mit erhobener Rechten Christus als ihrem Cäsar huldigen (Abb. 67); und hier wie dort antike Säulen mit dem reichen Blattschmuck ihrer Kapitelle. Neues und Altes mischt sich in den ersten Jahrhunderten des Christentums auf wunderbare Weise, nicht zuletzt deshalb, weil äußerste Armut nach den Epochen des Niedergangs und der Zerstörung zwang, auf den Reichtum der Vergangenheit zurückzugreifen, um den neuen Kirchen ein wenig Pracht und Ansehen zu verleihen. Urchristlich schlicht wäre ohne den bescheidenen Schmuck ihrer Säulen die Hauptapsis aus merowingischer Zeit mit dem strengen Halbrund ihrer drei steinernen Bankstufen für die Presbyter und dem nur um eine

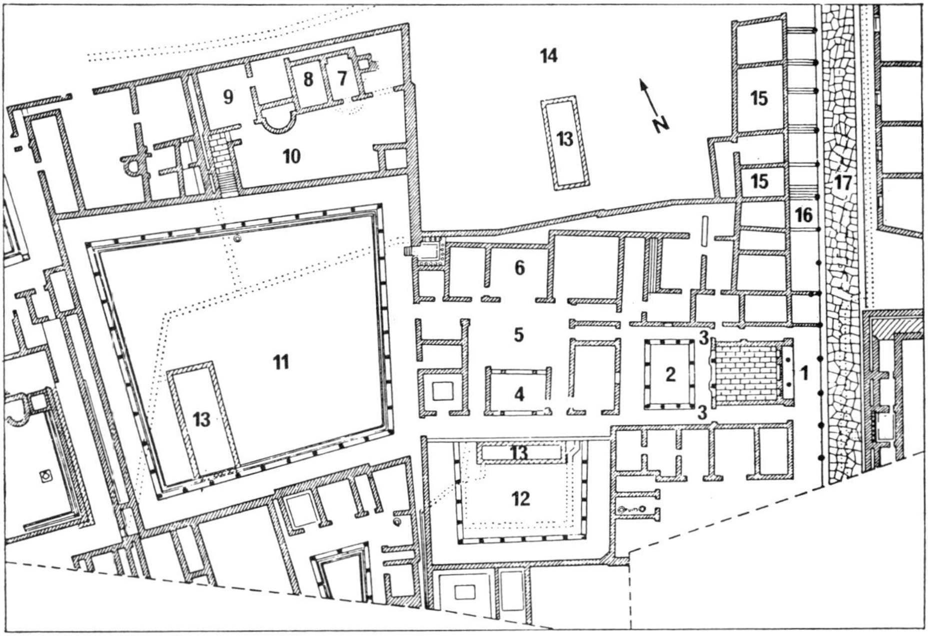

Vaison-la-Romaine, Plan der ›Maison du Buste en argent‹ in La Villasse 1 Hauseingang 2 Atrium 3 Korridore 4 Haupteingang des Hauses 5 Tablinum (Empfangsraum des Hausherrn) 6 Oeci (Wohnräume) 7 Caldarium 8 Tepidarium 9 Frigidarium 10 Hof 11 Großes Peristyl 12 Kleines Peristyl 13 Wasserbecken 14 Gärten 15 Läden 16 Ladenstraße 17 Hauptstraße

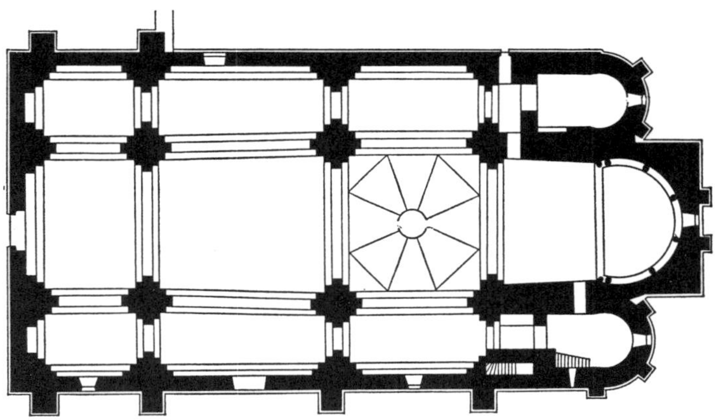

Vaison-la-Romaine, Grundriß der Kathedrale Notre-Dame-de-Nazareth

Stufe erhöhten Bischofssitz, herber noch, ein roh behauener Steinsarg, an dem nur die dachförmige Deckplatte geglättet wurde, der Sarkophag davor, der vielleicht die Gebeine eines Heiligen enthält. Karolingische Chorschranken trennen diesen östlichen, ältesten Teil der Kathedrale von den Um- und Neubauten der Schiffe im 11., 12 und 13. Jahrhundert.

Der heilige Quenin ist der berühmteste unter den frommen Bischöfen des christlichen Vaison gewesen. Er ist 520 dort geboren und hat 22 Jahre lang in seiner Vaterstadt das hohe Amt versehen, bis er 578 starb. Man hat ihm ein wenig außerhalb eine Kapelle gebaut (Abb. 70, 71), und es liegt nahe anzunehmen, daß dies nicht allzu lange nach seinem Tode geschah, und ebenso, daß ihre eigentümliche dreieckige Apsis mit den drei hohen, vom Fundament bis zum Dach reichenden römischen Säulen ursprünglich Teil eines feingegliederten römischen Tempelchens war, an das man später aus roh behauenen Steinen das Kirchenschiff anfügte. Über seinem schlichten Rundportal ist eine ungewöhnlich schöne Platte eingelassen, die ins 7. Jahrhundert, also noch in die Zeit der Merowingerkönige, datiert wird: die eucharistische Vase, aus der die Weinranken mit ihren Trauben quellen – ein ganz antikisch empfundenes, vollkommenes und seltenes Stück.

Vaison ist nur ein Beispiel unter vielen für das unendlich langsame Sterben der Antike in der nun christlich werdenden Provence. In Arles, dem ›gallischen Rom‹, in dem Konstantin der Große zeitweilig residierte, tritt dieser Vorgang an sich noch deutlicher zutage, doch sind die zahlreichen Zeugnisse hierfür dort längst Museumsgut und besitzen deshalb nicht so elementare Symbolkraft wie jene aus dem heidnischen Tempelgrund in die christliche Kathedrale aufbrechende römische Doppelsäule und die noch sichtbaren antiken Säulentrommeln und Kapitelle, auf denen die Kirche erbaut wurde.

Man muß sich das Ausmaß der Verwandlungen vergegenwärtigen, von denen die gesamte Mittelmeerwelt im 4., 5. und 6. Jahrhundert erfaßt und erschüttert wurde, den geistigen und politischen Verfall des römischen Imperiums, die germanischen Wanderzüge und ihre Verheerungen, ihre rasch aufblühenden und wieder zusammenbre-

Saint-Quenin bei Vaison-la-Romaine. Eucharistische Vase, eingelassen über der Tür der Kapelle (7. Jh.)

Römisches Marmormosaik, Aix-en-Provence

Westgotische Stele. 5./6. Jh., Nîmes, Musée d'Archéologie

chenden Staaten, die sich mit Mord, Verrat, List und brutaler Gewalt doch nur vorübergehend behaupteten. Was die Eroberer an eigenen Überlieferungen mitbrachten, gaben sie erschreckend schnell auf, überwältigt von dem, was sie vorfanden, unfähig jedoch, es sich wirklich anzueignen. Als ›Verbündete‹ oder ›Gastfreunde‹ mit Grundbesitz ausgestattet und dafür als Entgelt zum Waffendienst verpflichtet, widmeten sie sich einzig der Landwirtschaft und kriegerischen Übungen. Der höheren antiken Kultur vermochten sie nichts entgegenzusetzen, sie erkannten sie bedingungslos an, weshalb auch die gesamte Verwaltung, der Handel und alles, was lesen und schreiben können voraussetzte, römisch organisiert blieb. Das Münzwesen, der Steuereinzug, selbst die Rechtsprechung bewahrten mehr oder weniger das althergebrachte System, nur die Bevorzugung der Eroberer darin war neu. Da die hohen Regierungsbeamten aus den senatorischen Geschlechtern stammten, die noch die klassischen Rhetoren- und Grammatikschulen besucht hatten, haben die germanischen Könige mit Männern regiert, in denen die römische Kultur fortlebte.

Auch die Sprache blieb lateinisch. Für den Handelsverkehr im gesamten Mittelmeerraum, der in den ersten christlichen Jahrhunderten bis zum Erstarken des Islams noch möglich war und neben Waren aller Art aus Asien und Afrika auch kulturelle Einflüsse in den Westen brachte, war die Kenntnis des Lateinischen in Wort und Schrift unerläßlich. Orientalisches Asketentum und orientalische Formensprache gaben dem provençalischen Mönchstum und seiner kirchlichen Kunst entscheidende Impulse. Überhaupt wurden nun allmählich die Klöster zu den eigentlichen Kulturträgern, und die Bedeutung der Städte – für Menschen italischer Prägung das selbstverständliche Lebenszentrum – trat zurück. Damit ›verwilderte‹ auch das Latein des Mannes auf der Straße zum primitiven, grammatikalisch nicht mehr korrekten. Henri Pirenne hat in seinem Buch ›Mahomet und Karl der Große‹ darauf hingewiesen, daß der heilige Cäsarius, »die große religiöse Gestalt des 6. Jahrhunderts in Gallien« und 502 bis 543 Bischof von Arles, bewußt ein vereinfachtes Latein schrieb, die sogenannte ›lingua rustica‹, die damals noch die allgemeine Umgangssprache war. Er wollte, daß ihn jedermann verstehen könne, und verzichtete deshalb auf die blumige Rhetorik der klassischen Hochsprache. Beherrscht hat er sie gewiß; denn da das merowingische Kirchenrecht größtenteils aus dem Arles des 6. Jahrhunderts stammt, dürfte der heilige Cäsarius, der den Bischofssitz mehr als vierzig Jahre innehatte, bedeutenden Anteil daran gehabt haben. Übrigens ist seine Gestalt, ebenso wie die des heiligen Trophime von Arles, aufs liebenswürdigste in die Märchen- und Legendenwelt der Provence eingegangen, also auch nach mehr als einem Jahrtausend unvergessen.

Im römischen Arelate, das im 2. Jahrhundert v. Chr. durch den Kanalbau des Marius See- und Binnenhafen zugleich und um 400 n. Chr. sogar die Hauptstadt der drei Gallien, d. h. Frankreichs, Englands und Spaniens, war, mußte sich der Geisteswandel von der Antike zum frühen Mittelalter besonders deutlich abzeichnen.

Hier gab es die *Alyscamps* (Abb. 74), die alte Gräberstraße an der Via Aurelia, ehrwürdig wie die Via Appia in Rom. Einen und einen halben Kilometer lang reiht sich in einer Breite von einem dreiviertel Kilometer Grab an Grab. Christliche Sarkophage wurden über die heidnischen getürmt, an die zwanzig Kapellen entstanden, wo vordem Tempel und Altäre waren, und da hier die ersten Heiligen der Provence beigesetzt wurden, *Saint Genès, Saint Honorat* und *Saint Césaire*, galt der Ort ein Jahrtausend lang als ein besonders geweihter, ewige Seligkeit verheißender. Noch im späten Mittelalter schickte man Tote in ihren Särgen die Rhône abwärts, damit sie in den Alyscamps bestattet wurden.

Was bis heute von diesem zwei Jahrtausende alten Friedhof übrig blieb, ist wenig genug, und doch immer noch sehr eindrucksvoll durch seinen tiefen Ernst. In der halbverfallenen romanischen *Kirche Saint-Honorat* (Abb. 74), die ihn jetzt abschließt, hat man nun einige in den letzten Jahrzehnten aufgefundene besonders schöne Sarkophage aufgestellt; drei aus der Karolingerzeit und einen wundervollen, gut erhaltenen aus hellem Marmor aus dem 4. Jahrhundert, den man vor der Kirche gefunden und jetzt in ihre Mitte gesetzt hat. Er strahlt jenen Zauber christlicher Frühzeit aus, in der sich die Antike glückhaft mit dem Geist des Evangeliums verbindet. Ein jünglingshafter bartloser Christus, der das mannshohe Kreuz als Zeichen seines Sieges hoch aufgerichtet hält, beherrscht wie ein antiker jugendlicher Heros seine Vorderfront. Der Auferstehungsgedanke der neuen Religion, ihre beseeligende Jenseitsverheißung ist durch ihn überzeugend dargestellt und zugleich der strahlende Sieg über den alten Glauben. Ein ähnlicher, gleichfalls sehr schöner Sarkophag steht im linken Seitenschiff

1 Verlassenes Bauerngehöft bei Gap ▷
2 Gorges du Verdon ▷▷

◁ 4 Lavendelfelder bei Puimoisson

5 Wallfahrtskirche in Moustiers-Sainte-Marie

◁◁ 3 Landschaft bei Sisteron

6 Blick auf den Mont Ventoux und das Dorf Brantes

7 Weinbaulandschaft am Fuß des Mont Ventoux ▷

9 Das Dorf Savoillan am Osthang des Mont Ventoux

◁ 8 Châteauneuf-du-Pape

10 La-Roque-Alric vor den Dentelles de Montmirail ▷

11 Saint-Saturnin d'Apt, Vaucluse

12 Le Beaucet

13, 14 Gehöft, Lavendel- und Weizenfelder

15 Ockerformationen bei Rustrel, Vaucluse ▷

17 Gordes

◁ 16 Roussillon auf den Ockerfelsen

18 Landschaft bei Les Baux ▷

20 Das Dorf Les Baux in den Alpilles

◁ 19 Eygalières, Alpilles

21 Gasse in Les Baux

22 Blick von der Zitadelle auf Saint-Tropez, Côte d'Azur ▷

MA 8227
MA 4934

018
MA7953
7 357

der *Kathedrale von Apt* (Abb. 78): auch dieser stammt aus dem 4. Jahrhundert, dem ersten christlichen in der Provence, ja, dem ersten offiziell christlichen überhaupt. Denn erst 313 erließ ja Konstantin der Große das Toleranzedikt, das den Christen Glaubensfreiheit gab und ihre ersten Kirchenbauten ermöglichte. Schon im nächsten Jahr, 314, fand in Arelate die erste Synode statt.

Wen diese Zeit des Übergangs, des Untergangs einer Weltepoche und des allmählichen Heraufkommens einer neuen interessiert, der darf weder den Besuch des *Museums* heidnischer noch das christlicher Kunst (Abb. 75, 76) in *Arles* versäumen. Beide sind nicht groß, aber sehenswert. Was einst auf den Alyscamps, den Elysäischen Feldern, vereint war, ist jetzt nach seinen Glaubensinhalten getrennt worden. Nur noch in Rom kann man so eindringlich diese merkwürdige Zeitenwende erleben, diese langsam, sehr, sehr langsam sterbende Antike und das aus ihr erwachsende, sie nie ganz verleugnende Neue.

Eigentümliche und nicht sogleich verständliche Symbole sind mitunter in die Schmalwände der Sarkophage eingeschnitten (Abb. 69). Sie scheinen – und sind es auch – dem Maurerhandwerk entlehnt, finden sich jedoch so häufig, daß es im alten Arelate einige tausend Architekten und Bauleute gegeben haben müßte, wenn sie den Beruf des Beigesetzten bezeichnet hätten. Die alte Form der Setzwaage und das Senklot, Sinnbild für den alles gleichmachenden Tod, gehört dazu und die Hacke, deren Bedeutung der Sense bei uns entspricht. Besonders merkwürdig ist ein häufig dargestelltes Werkzeug, das einer abgeknickten Axt gleicht. Zum Einreißen von Häusern und Mauern bestimmt, bei uns Dechsel oder Dachsbeil genannt, symbolisiert es die zerstörerische Gewalt des

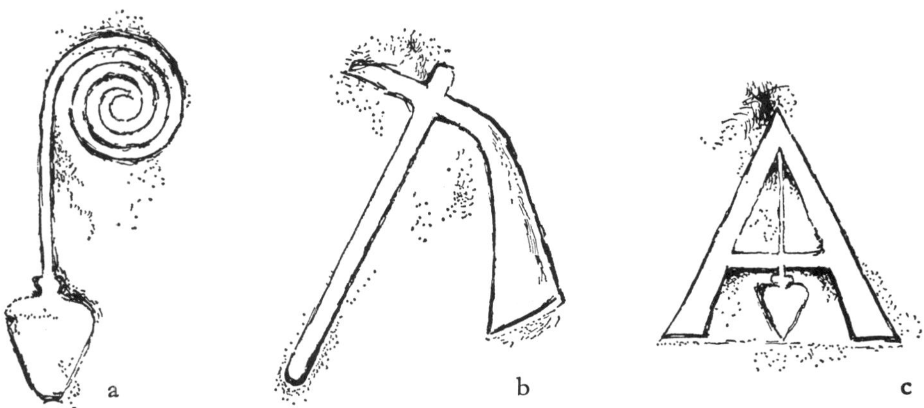

a b c

Werkzeugformen, die häufig auf den Sarkophagen der Alyscamps dargestellt sind
a Senkblei, Symbol der Gleichmachung durch den Tod
b Dachsbeil (Dechsel), Werkzeug zum Einreißen von Mauern und Häusern. Todessymbol
c Setzwaage, ein anderes Symbol der Gleichmachung durch den Tod

◁◁ 23 Im Hafen von Cassis, östlich von Marseille
◁ 24 Beim Boules-Spiel

Todes. Der Sinn der zu Boden gekehrten und damit gelöschten Fackel ist ohne weiteres verständlich, ebenso, daß die Anfangs- und Endbuchstaben des griechischen Alphabets alpha und omega Geburt und Tod bedeuten. Für Christen stellt eine Taube die Seele dar, die zu Gott emporsteigt, der Efeu die Unsterblichkeit, Weinstock und Traube Christus selbst. Die heidnischen Römer dagegen begleitet ihr persönlicher Genius, ihre nur ihnen zugehörende geflügelte Schutzgottheit, und hält oft die Plakette mit der Inschrift, die dem Verstorbenen gewidmet wurde. Jagdszenen, Oliven- oder Weinernte, auch antike Mythen sind auf diesen Sarkophagen die Themen der Darstellungen auf den Längswänden, auf denen der Anhänger des neuen Glaubens die Geschichten der Bibel oder Jesus und die Apostel.

Mit eigentümlicher, man möchte sagen unschuldiger Unbefangenheit hat sich das junge Christentum die alte Kultur angeeignet, was nur als ein Beweis ursprünglicher Kraft gelten kann. So dient ein römischer Sarkophag oder ein Badetrog in dem kleinen *Cadenet* am Südhang des Luberon als Taufbecken (Abb. 80). Die verlassene Ariadne, Dionysos, Kentauren, Jupiter, ein gewaltiger Löwenkopf und Jünglingsgestalten in göttlicher Nacktheit treten voll Grazie und Charme aus diesem Marmorrelief ins Kirchendüster – eine versunkene Götterwelt in gelassen zeitloser Schönheit.

Auch in den ersten christlichen Taufkapellen, noch für die Taufe von Erwachsenen gebaut, die, im geweihten Wasser stehend, Reinigung von alter Sünde und Erneuerung durch den Glauben erfuhren, wurden die schönen Marmorsäulen heidnischer Tempel für den Rundbau verwendet und die Zu- und Ableitungen des Wassers nach bewährten römischen Techniken angelegt. Die Provence besitzt zwei solche frühchristlichen *Taufkapellen,* von denen die von *Venasque* (Abb. 77) ins 6., die in der Kathedrale von *Aix* sogar ins 5. Jahrhundert datiert wird. Beide sind äußerst eindrucksvoll durch ihren feierlichen Ernst früher Gläubigkeit. Der in dem kleinen, hoch am Berg gelegenen Venasque, das vom 6. bis ins 10. Jahrhundert Sitz des Bischofs von Carpentras war, eignet jedoch mehr noch als der an sich älteren und auch größeren von Aix eine ganz besondere strenge Schönheit.

Der schlichte Rundbau mit seinem Kranz von acht römischen Säulen, die vier aus roh behauenen Steinen harmonisch gewölbten Apsiden, die dem Grundriß die Form eines griechischen Kreuzes geben, das achteckige Taufbecken im Zentrum des Ganzen, dazu ein ehemals heidnischer, nur auf einer Säule ruhender Altartisch aus herrlichstem hellen, leicht gilbendem Marmor in einer der Kapellen, auf dessen ebenmäßig geglätteter Platte kaum sichtbar ein Fisch, Symbol des neuen Glaubens, eingeritzt ist – dies alles ist vollkommen in Maß und Haltung und strahlt urchristliche Würde aus. Eine Kuppel überdachte ursprünglich das Säulenrund. Sie war die einzige Lichtquelle des Baus, durch die Sonnenschein in das achteckige Wasserbecken mit dem Mosaik auf seinem Grund fiel, wenn zu Ostern – und nur zu Ostern – getauft wurde. Vier Quellen speisten das Baptisterium, in einer der vier Apsiden lag das Tepidarium, in dem der Täufling sich durch Waschungen auf den rituellen Akt vorbereitete. Das Kapellenrund, in dem der antike Altartisch steht, der wohl als Hauptaltar diente, zeigt oben in seiner

Grabstein des Boethius, Bischof von Carpentras und Venasque, gest. 604

Wölbung fünf Löcher im ungefügen Gemäuer. Hier sollen Amphoren eingesetzt gewesen sein, die wie die Kuppel im Lauf der Jahrhunderte zerbrachen und herabstürzten. In dem damals noch rundum geschlossenen Raum ermöglichten sie eine offenbar beabsichtigte feierliche Echowirkung. Heute gibt eine seitlich später eingebaute Tür Ausblick auf das schöne Tal und den fernen Mont Ventoux.

Nicht weit von der merowingischen Taufkapelle von Venasque ist übrigens noch ein anderes seltenes Werk dieser christlichen Frühzeit zu sehen: der Grabstein des Bischofs Boethius von Carpentras, der im Jahr 604 starb. Man findet ihn in der sonst unbedeutenden *Chapelle Notre-Dame-de-la-Vie* 2,5 km unterhalb der Stadt, wenn man von der D 28 in die D 4 einbiegt. Er steht gleich rechts neben dem Eingang, ein eigentümlich starkes Stück primitiver Steinmetzarbeit, in dem das Kreuz dominiert, an dem die

Buchstaben Alpha und Omega aufgehängt sind. Da ist nichts mehr von Antike zu spüren, weder Eleganz noch Glätte, nur schwerfälliger Ernst, wohl aber schon die zu dieser Zeit wirksam werdenden Einflüsse aus dem christlichen Orient, aus dem koptischen Ägypten und aus Syrien, den Ländern, in denen die ersten Klöster entstanden waren und den westlichen als Vorbild dienten. Der fränkische Kopist und offenbar auch seine Auftraggeber scheinen jedoch so gut wie nichts vom griechischen Alphabet gewußt zu haben; denn die so wesentliche Reihenfolge der Buchstaben – Anfang und Ende – ist vertauscht worden. – Aber: ist das, was aus der Sicht des 20. Jahrhunderts als plumper Bildungsmangel erscheint, nicht aus der des frühen Christentums voll mystischer Symbolkraft? Das Ende, der irdische Tod, als das, was dem eigentlichen Anfang, dem ewigen Leben, vorangeht?

Sechseckig wie das Taufbecken von Venasque und gleichfalls von einem Säulenrund umgeben ist auch das größere in *Saint-Sauveur* in Aix (Abb. 92). Seine acht schönen, sehr hohen römischen Säulen mit korinthischen Kapitellen sollen aus einem Apollo-Tempel stammen, der, wenn nicht überhaupt an der gleichen Stelle, so doch jedenfalls in unmittelbarer Nähe gestanden hat. Leider zerstört die über das Ganze gewölbte Kuppel aus dem 16. Jahrhundert weitgehend den Eindruck von Erhabenheit, den gerade diese Anlage sonst vermittelt.

Der Unbefangenheit, mit der Antik-Römisches in christliche Kirchen übernommen wird, begegnen wir sonst mit so vielen Beispielen nur noch in Italien, vor allem in Rom selbst. Insofern bleibt auch im ersten Jahrtausend die Provence tatsächlich noch ein Rom im Kleinen. Säulen und Altäre aus der späten Kaiserzeit wird man hier immer wieder in entlegenen Kapellen und berühmten Kathedralen finden. Und ebenso vieles, was ganz aus dem alten Geist geschaffen wurde. So steht in dem auch wegen vorgeschichtlicher und keltischer Funde sehenswerten *Museum von Cavaillon* ein wundervoller Altar aus der Merowingerzeit, um dessen Außenkante das in dieser Frühzeit häufige Rebenrankenmotiv läuft, nun jedoch durch ein griechisches Kreuz vor der Altarmitte unterbrochen, das von je einem Taubenpaar flankiert ist. Besonders reizvoll ist dabei die eigentümliche, gewiß sinnerfüllte Anordnung der Vögel. Das rechte Paar ist nämlich im Gegenüber einander zugekehrt, das linke jedoch wie in Gefolgschaft hintereinander verschränkt. Auch dieser Altar hat wie der in Venasque, im Gegensatz zu den vier in Vaison, die sehr alte Form: seine Platte ruht auf einer einzigen Mittelsäule.

Pirenne hat darauf hingewiesen, daß im 8. Jahrhundert in ganz Südgallien viele Bischofsthrone unbesetzt geblieben zu sein scheinen, so jahrzehntelang in Arles, Avignon, Orange, Carpentras, Aix, Nîmes und Uzès. Das letzte gallische Konzil soll 695 stattgefunden haben und das nächste dann erst wieder 742. Das beweist einen Verfall des kirchlichen Lebens, der mit dem Verfall der Städte, des Handels, der Verwaltung und des Wohlstands Hand in Hand ging. Aber hier ist hinzuzufügen, daß die Araber, wenn auch 732 von Karl Martell bei Tours und Poitiers geschlagen, doch schon 735 wieder Arles und 737 Avignon eroberten und 739 nochmals die Provence durchzogen und erst 752 durch Pipin zurückgeschlagen wurden. Das 8. Jahrhundert war hart für das Land.

Das Erstarken des Islam, seine vollständige Beherrschung des Mittelmeers, die den Westen vom Osten und von Afrika trennte, und die verheerenden arabischen Einfälle von Spanien und den Küsten her (von 711 an) haben große Veränderungen bewirkt. Die fränkischen Merowinger (486–751 und seit 535 Herren über die Provence) konnten sich noch lange der alten römischen Verwaltung, ihrer Systeme und ihres Wissens bedienen, Karl der Große (768–814) und seine Nachfolger konnten es nicht mehr. Wie aus den Goldschätzen der Völkerwanderungsreiche allmählich ein immer bescheidenerer Silberschatz und eine Verschlechterung der Münzen wurde, so verschwand auch die Kenntnis von römischer Sprache und Schrift. Der Gläubige verstand nicht mehr das Latein seiner Priester am Altar. Karl der Große lernte erst im Alter lesen und schreiben.

Aus dieser Perspektive haben wir die Kunst der Karolingerzeit und die der nachfolgenden Jahrhunderte zu betrachten. Wenige Stücke sind erhalten; denn wenige wurden überhaupt angefertigt, monumentale schon gar nicht. Und diese wenigen sind unbeholfen dem von Germanen und Kelten mitgebrachten Ornamentstil oder dem ostkirchlichen verpflichtet, wenn sie nicht immer noch vom Geist der Antike getragen wurden. Für uns strahlen sie jedoch mit ihren Flechtmustern einen neuartigen primitiven Reiz aus, dem wir uns nicht zu entziehen vermögen. Sie sind eigentümlich kraft- und symbolgeladen wie alle noch junge Kunst. Die behauenen Platten an der Decke in der vorromanischen Krypta der Kathedrale von Apt und der guterhaltene schwerfällig-großartige Sarkophag im Dämmerlicht von Saint-Honorat an den Alyscamps in Arles sind solche einmaligen Stücke, die sich eigenwillig ganz von dem übermächtigen römischen Vorbild gelöst haben.

Die an Karl des Großen Hof durch Alkuin gepflegte antike Bildung trägt nicht zu Unrecht den Namen ›karolingische Renaissance‹. Man versuchte etwas zu beleben, was nicht mehr lebendige Gegenwart war, vor allem nicht im Norden des Reiches. Im Süden, in der Provence, die so besonders lange römisch gewesen war, blieb diese Vergangenheit dagegen noch wirksam.

Der Überlieferung nach soll der alte Bau der Kirche *Notre-Dame-d'Aubune* (Abb. 81), die am Westhang der Dentelles de Montmirail an der D 7 liegt, von Hildebrand, dem Bruder Karl Martells, also einem Karolinger, als Dank für den Sieg über die Araber bei Poitiers und Tours (732) errichtet worden sein. Ursprünglich lag in dieser Einsamkeit allen Anschein nach ein antikes oder noch älteres Quellheiligtum, und der Beiname der Gottesmutter ist von ›alba‹, dem weißen Wasser der noch fließenden Quelle abgeleitet worden. Der wundervolle Turm dieser Kirche mit seinen hochgezogenen römischen Pilastern, seinen hohen und schmalen, von Säulen eingefaßten Fensteröffnungen, ist ganz antikisch empfunden. Einige der Säulchen in diesem Turm zeigen die gewundene, kannelierte Form, die von den Arabern nach Europa gebracht wurde – vielleicht eine Erinnerung an den siegreich beendeten Feldzug gegen den

Islam, ähnlich jenem arabischen Doppelfenster in Hufeisenform, das sich weiter nördlich gegenüber der Kirche von *La-Garde-Adhémar* an der alten Büßerkapelle eingefügt findet.

Als die Arabergefahr gebannt war, wirkte der Geist der Antike noch lange in der Provence fort. Wir finden die Spuren überall im Land. Römische Säulen, antike oder ihr nachgebildet, stehen in Kathedralen und Kreuzgängen des 11. und 12. Jahrhunderts, und in den entlegensten Orten, in *Saint-Restitut* (Abb. 87–89), *Saint-Gabriel* (Abb. 82–85), *Saint-Trinit* oder *Saint-Christol,* fügen sie sich, als könne es gar nicht anders sein, in die so ganz anders gearteten Kapellen und Kirchenschiffe. Saint-Restitut im Norden besitzt an seiner sehenswerten, sehr ehrwürdigen Kirche ein ganz und gar klassisches, wahrhaft bezauberndes antikes Giebelportal, und in der nahen, einsam über einer bukolischen Weite gelegenen Wallfahrtskapelle *Saint-Sépulcre* (Abb. 86) aus dem 11. Jahrhundert einen sechseckigen Bau von vollkommenem Ebenmaß, aus dem gleichen Geist erschaffen. Am Zusammenfluß von Rhône und Durance, im Herzen der Provence, ist es nicht anders. An der uralten Wegkreuzung, am Schnittpunkt der von Arles nach Norden führenden Straße des Agrippa mit der Via Aurelia, die Italien mit dem Rhôneübergang bei Tarascon verband, erstand im 12. Jahrhundert die *Saint-Gabriels-Kapelle* (Abb. 82), christlicher Mittelpunkt einer Gemeinde von Flößern, Fuhrleuten und Rhôneschiffern, die hier die über die Handelswege von Nord, Süd, Ost und West kommenden Waren umluden und über die Sümpfe und Wasserläufe zum oder vom großen Strom brachten. Die kleine Kirche am Berg verleugnet das römische Ernaginum nicht, aus dem dann der mittelalterliche Ort hervorging, weil die Arbeit der Flößer, Packer und Fuhrleute auch ein Jahrtausend später in dieser sumpfigen Ebene gebraucht wurde: wie ein römischer Tempelgiebel ist ihre Vorhalle gestaltet mit Säulen, Kapitellen, Akanthusblättern, Perl- und Eierstabfriesen, deren Vorbilder in Arles und anderen Städten des Imperiums zu suchen sind. Die kraftvoll primitiven Darstellungen von Daniel in der Löwengrube, von Adam und Eva (Abb. 84), von der Verkündigung und Heimsuchung (Abb. 85) im Rundbogen und im Giebelfeld stammen wahrscheinlich aus einem erheblich älteren, noch vorromanischen Bauwerk. Sie steigern mit ihrem ungefügen Ernst noch den eigentümlich adligen Reiz dieses ganz und gar klassisch empfundenen Kirchenvorraums.

Wie im Norden und an Durance und Rhône die Vergangenheit fortlebte, so auch im Süden: auch *Saint-Sauveur,* die Kathedrale von Aix, im Castellbezirk des alten Aquae Sextiae an der Kreuzung von Decumanus und Cardo errichtet, hat ein Seitenportal, das in einen römischen Tempel führen könnte.

Die Antike starb langsam in der Provence.

V Das hohe Mittelalter

Die heiligen Marien und die Mönche von Montmajour

Wie die Gründung des griechischen Massalia von einer romantischen Sage umsponnen ist, so hat die Verkündung des Christentums in der Provence ihre Spiegelung in einer Legende gefunden, die – wie könnte es anders sein? – vom Mittelmeer ihren Ausgang nahm. Das geheimnisumwitterte, unbewohnbare Sumpfland des Rhônedeltas, in dem man im Altertum den Eingang zur Unterwelt vermutete und in dessen Nebeln sich Seltsames ereignen konnte, war denn auch wie geschaffen für die Legende von der Ankunft eines kleinen steuerlosen Schiffes, das die ersten Heiligen der Provence hier an Land trug. Der Nachen, der um das Jahr 40 n. Chr. ohne Segel, ohne Ruder und ohne Proviant von den Juden Jerusalems ausgesetzt, Palästina verließ und auf wunderbare Weise das Meer überquerte, brachte acht Menschen, die zu den ersten Aposteln in der bis dahin heidnischen Narbonensis wurden. Es kamen Maria Jakobäa, die Schwester der Jungfrau, und Maria Salome, die Mutter der Apostel Jakob und Johannes, ferner der auferstandene Lazarus mit seinen beiden Schwestern und Maria Magdalena, schließlich Maximin und Sidonius, der geheilte Blinde. Den beiden Marien war außerdem noch ihre schwarze Dienerin Sarah gefolgt, die, ursprünglich im Heiligen Land zurückgelassen, so verzweifelt am Ufer ihren Herrinnen nachklagte, daß Maria Salome ihr den eigenen Mantel zuwarf, auf dem sie dann unversehrt übers Wasser hin die Barke mit den Ausgesetzten erreichte.

Die Legende spiegelt so die frühe Christianisierung der Provence, indem sie Menschen, die Jesus noch persönlich gekannt hatten, zu den ersten Missionaren des Landes machte. Angeblich bekehrte Martha Tarascon, Lazarus Marseille, Maximin und Sidonius Aix, und Maria Magdalena tat Buße in La Sainte-Baume, das schon in vorkeltischer Zeit ein heiliger Ort war. Die beiden Marien jedoch blieben mit ihrer schwarzen Dienerin Sarah, der Ägypterin, dort, wo sie noch heute alle drei verehrt werden, in Saintes-Maries-de-la-Mer.

Daß hier vorher schon die römisch-keltischen Mütter, die Junones, ein Heiligtum besaßen, dessen Altar dann in der Krypta der christlichen Kirche verblieb, ist bereits erwähnt worden. Auch sie erschienen stets zu zweit oder dritt, die keltischen Matronae stets in der Dreizahl. Der Gestaltwandel der Götter ist in diesem Fall besonders einsichtig. Der Kult und die beiden Wallfahrten nach *Saintes-Maries-de-la-Mer* im Frühling und Herbst (die sie zu Fruchtbarkeitsspenderinnen machen), sind also sehr alt, zwei Jahrtausende gewiß, vielleicht jedoch drei oder sogar noch mehr. Seit Zigeuner in Europa leben, kommen sie am 24. und 25. Mai, um ihre Schutzpatronin, die schwarze Sarah, in der Krypta zu verehren, ihr Geschenke zu bringen und ihr Bitten vorzutragen.

Das christliche Sanktuarium, das auf einem sehr viel älteren Heiligtum im 5. oder 6. Jahrhundert entstand, hieß ursprünglich Notre-Dame-de-la-Mer und war der ›Jungfrau vom Meer‹ gewidmet, hinter der wie in Seenebelschleier gehüllt noch einmal die um gut 1000 Jahre ältere Göttergestalt der phokäischen Aphrodite sichtbar wird. Im 9. Jahrhundert wurde das kleine Heiligtum zu einer bedeutenden Wehrkirche (Abb. 93) ausgebaut, wie es sonst in der Provence nur noch in Saint-Andiol eine ähnliche gibt.

Sie war ursprünglich in die Stadtmauer eingefügt, als letzter Zufluchtsort der Bevölkerung während der Jahrhunderte der ständigen Arabereinfälle und ist deshalb ungewöhnlich hoch, mit einem Wehrgang auf dem Dach und einem Brunnen innerhalb des Schiffes versehen und fast fensterlos. Das Innere ist deshalb so dunkel, daß die seltene Schönheit der romanischen Säulenkapitelle, die zu den besten der Provence gehören, kaum zu erkennen ist (Abb. 94 a–f).

Wie dringend notwendig es war, daß die Kirche diesen burgähnlichen Charakter erhielt, beweist die Geschichte von dem Erzbischof von Arles, der 869 in die Camargue kam, um den Fortgang des Baus zu überwachen, von Arabern überfallen und verschleppt wurde, schließlich gegen hohes Lösegeld in Silber und je 150 Mäntel, Schwerter und Sklaven freigelassen werden sollte, jedoch, bevor es dazu kam, starb und schließlich, nachdem alle Forderungen der Sarazenen erfüllt waren, als feierlich im Ornat thronender Leichnam ausgeliefert wurde. Die Unsicherheit jener Jahrhunderte, in denen die Araber das Land ständig mit ihren Raubzügen bedrohten, kann kaum besser bezeugt werden. Sie erklärt auch den kulturellen Verfall in diesem langen Zeitraum, der mit dem allgemeinen wirtschaftlichen Niedergang und der Wehrlosigkeit einer von niemand wirklich geschützten Bevölkerung zusammenhing. Daß die Kirche der heiligen Marien noch im 12. Jahrhundert diese ihre endgültige burgartige Gestalt erhielt, zeigt klar, wie lange dieser Zustand anhielt.

Im 9. Jahrhundert unterstand die Provence der Herrschaft der gewöhnlich fernab residierenden Karolinger, im 10., d. h. von 962 an, dem Heiligen Römischen Reich Deutscher Nation. Das bedeutete, daß die Unabhängigkeit der Grafen der Provence und des Adels überhaupt ständig zunahm und ebenso die der Städte. Von nun an wurden die Klöster zu den eigentlichen Kulturträgern, und dies in doppeltem Sinn: sie wurden Hüter des christlichen Geistesgutes und machten die Wildnis urbar.

Auch die Geschichte der Kirche der heiligen Marien ist eng mit der eines Ordens verbunden. Im Jahr 1080 übertrug das Erzbistum Arles die Fürsorge für sie der Obhut der Mönche von Montmajour als Lehen, die den burgartigen Charakter und ihren Ausbau bis ins 12. Jahrhundert zu fördern gezwungen waren, denn der Ort war nicht nur ständig von arabischen Seeräubern bedroht, er war auch wie Montmajour selbst als Stätte des Gebets in das System der großen Pilgerstraßen nach Compostela einbezogen, von denen noch die Rede sein wird. Ein Weg am Meer entlang, der vielleicht nur im Sommer und gewiß nur in Zeiten größerer Sicherheit vor Sarazeneneinfällen benutzbar war, führte von Italien und Marseille hier vorbei nach Arles, Saint-Gilles und weiter nach Spanien. Es galt also nicht nur die wenigen Einwohner des Ortes selbst, sondern auch Pilger und Handelsreisende zu schützen.

Benediktiner gründeten 949 die *Abtei Montmajour* (Abb. 95–100) inmitten von Wasser und Sümpfen auf einem Felsen, der schon in prähistorischer Zeit als Nekropole gedient hatte. Sie betreuten zuerst nur einen kleinen christlichen Friedhof, zu dem die Toten von nah und fern gebracht wurden, um dort ein Grab zu finden, das nicht in Schlamm und Schilf versank. In dieser Zeit wurde der älteste Teil der Abtei, die an der Südseite des Hügels gelegene Kapelle *Saint-Pierre* mit dem Relief des heiligen Petrus, erbaut, von deren Apsis man in die Felseneremitage gelangt, in der die ersten Einsiedler lebten. An einem schönen Pilaster und den Säulenkapitellen sind hier noch karolingische Flechtornamente zu sehen, die zu der Legende von der Gründung durch Karl den Großen beigetragen haben mögen (Abb. 95 a, b). Tatsächlich entstand das Kloster mehr als 100 Jahre nach seinem Tode, gewann dann aber rasch durch Schenkungen und besondere Begünstigung durch die Grafen von Provence, die im 11. Jahrhundert in Montmajour beigesetzt wurden, an Bedeutung. Die Baugeschichte der Abtei ist lang. Erst im 14. Jahrhundert wurde der gewaltige Abtturm als Verteidigungsbollwerk errichtet. Zu dieser Zeit war die Abtei noch immer eine Insel inmitten von Wasser, Schilf und Sumpf; denn ein Bürger von Arles konnte von seiner Wallfahrt am 3. Mai 1409 berichten, daß etwa 150000 Pilger in Kähnen zum ›Pardon von Montmajour‹ gekommen seien, um die Reliquien des ›wahren Kreuzes‹ zu verehren. Indessen hatten die Mönche, ihrer Ordensregel entsprechend, die sie zu Handarbeit verpflichtete, längst begonnen, den sie umgebenden Sumpf Quadratmeter um Quadratmeter trocken zu legen und in Ackerland zu verwandeln. Vom 11. Jahrhundert an unterstützte die jährliche Wallfahrt und der mit ihr verbundene Ablaß diese Kulturarbeit durch reichliche Spenden.

Das Zentrum der Wallfahrt ist die kleine, einige hundert Meter vom Kloster entfernte schön gegliederte *Kapelle vom heiligen Kreuz* gewesen, die gleichzeitig für die sie rings umgebenden Felsengräber der Laien als Friedhofskapelle diente (Abb. 96, 100). Sehr rein in der Form erhebt sie sich als architektonisches Juwel des ausgehenden 12. Jahrhunderts über dem grünen Wiesenplan zwischen den offenen Felsengräbern, ausgezeichnet durch eine überwältigende Akustik, die unvermutet aus dem kleinen kleeblattförmigen Heiligtum einen hallenden Dom zu machen scheint.

Die Bedeutung des Wallfahrtsortes erforderte wohl die großen Neubauten des 12. Jahrhunderts, den der Kirche, des Kreuzgangs mit den einer ausführlicher Betrachtung werten romanischen Kapitellen, des Kapitelsaals und des Refektoriums. Einzigartig ist die Krypta, voll elementarer Wucht mit ihren meterdicken Mauern und dem schweren Bogenrund, das den sehr alten Hauptaltar von dem ihn umgebenden Kapellenkranz abschließt (Abb. 98, 99). Das handwerklich vollkommene Mauergefüge aus großen Quadern ist den Unebenheiten des gewachsenen Fels angepaßt, als sei es ein Teil von ihm. Den gleichen strengen Ernst bewahrt draußen im Hof der kleine Friedhof der Mönche, dessen wenige, knapp bemessene Gräber wie die bei der Chapelle Sainte-Croix in den gewachsenen Stein gehauen sind und aus denen die Gebeine des am längsten dort Ruhenden entfernt werden mußten, wenn wieder ein Toter in seiner Kutte zu bestatten war.

Seltsam berührt es, an der Mauer des Kreuzgangs unter Konsolen die Köpfe teuflischer Ungeheuer zu finden, in denen nach einem Jahrtausend noch keltischer Geist kaum verändert fortzuleben scheint: die erschreckende Fabelwelt des menschenverschlingenden Untiers, das alte Thema des abgeschlagenen Kopfes, ja, selbst der typische keltische Schnurrbart und die merkwürdig vorquellenden Augen (Abb. 95 c). Werke des Mittelalters mit den aufrecht gesträubten Flammenhaaren burgundischer Teufel, aber doch ganz und gar keltischer Überlieferung verhaftet. Die unerhörte Beharrlichkeit des provençalischen Volkes, das nichts einmal Durchlebtes zu vergessen scheint, wird hier wieder einmal deutlich, nicht anders als im nicht endenwollenden Nachhall der Antike.

Über der Abtei erhebt sich kraftvoll der viereckige *Abtturm* des 14. Jahrhunderts, das letzte große Bauwerk der Mönche von Montmajour. In seiner zinnenbewehrten, unzugänglichen Verteidigungsbereitschaft entspricht er ganz dem kriegerischen Geist seiner Zeit und ähnelt der festen Burg von Tarascon (Abb. 146), dem Turm Philipps des Schönen (Abb. 158) und dem Fort Saint-André (Abb. 154, 156, 157) in Villeneuve-lès-Avignon. So bestimmt er noch heute weit über die inzwischen fruchtbar gewordene Ebene hinweg den Umriß der alten Abtei.

Die Pilgerstraße nach Santiago de Compostela

Für Menschen unserer Tage ist es leichter, sich die wirtschaftliche und politische Situation des frühen Mittelalters vorzustellen als in seine Geisteswelt einzudringen. Sie ist so ganz anders als die unsere. Das Erfülltsein vom Christentum und seinen Forderungen, die Furcht vor Hölle und Tod und die Sorge um das künftige Seelenheil, offenbar verbunden mit einer tiefen Unruhe und einem Ungenügen, das in langen mühseligen Pilgerfahrten, in Kasteiung, Bußübungen, Selbstaufgabe hinter Klostermauern und schließlich in den Kreuzzügen seinen Ausdruck fand, ist uns fremd und ebenso geheimnisvoll wie erschütternd. Das Über-sich-selbst-Hinausstreben großer Volksmassen, die freiwillig härteste Opfer »um Christi willen« auf sich nahmen, bestimmt den Geist des hohen Mittelalters, d. h. die Zeit vom Beginn des 11. bis zur Mitte des 13. Jahrhunderts, also etwa ein viertel Jahrtausend. Es bestimmt sie auch künstlerisch. Begon-

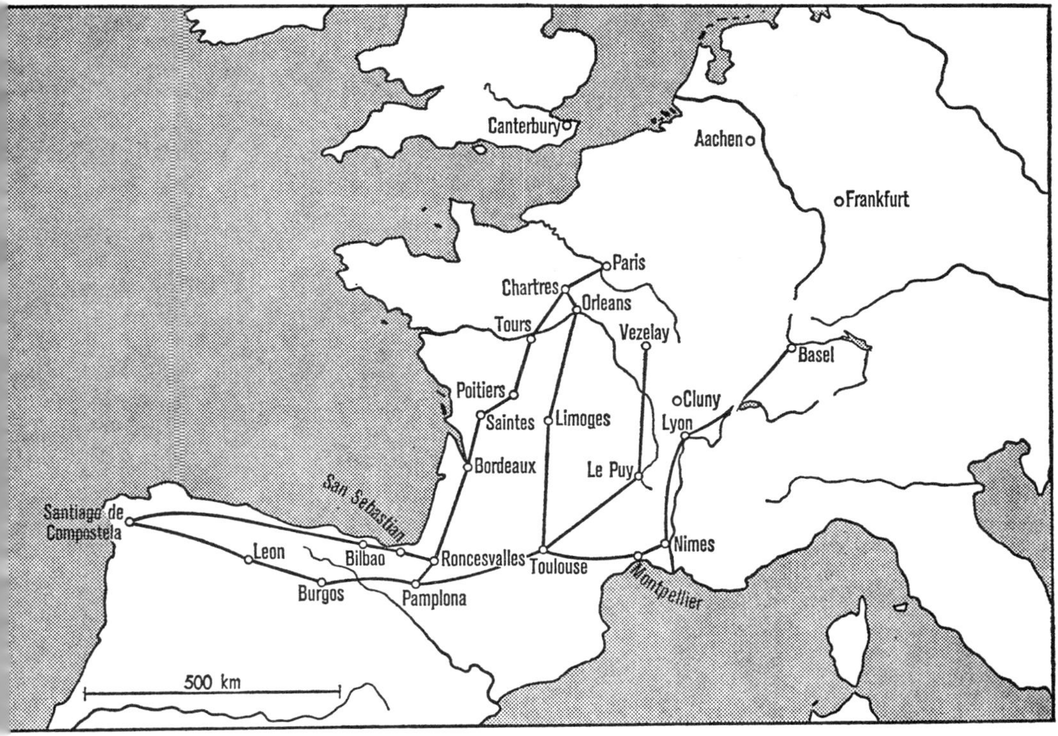

Pilgerwege nach Santiago de Compostela in Galicien

nen jedoch hat diese Bewegung schon ein Jahrhundert früher, nur konnte sie sich da noch nicht in großen Bauwerken dokumentieren.

Adémar de Chabannes berichtet vom Herzog von Aquitanien (etwa 959–1030), daß er »seit seiner Jugend die Gewohnheit angenommen hatte, jedes Jahr die Ruhestätte der Apostel in Rom zu besuchen, und in den Jahren, in denen er nicht nach Rom ging, eine Wallfahrt nach Santiago in Galicien zu unternehmen«. Dieser große Herr, den ein Gefolge begleitete, das nicht weniger begierig war als er, durch diese Pilgerfahrten ewiges Seelenheil zu erwerben, ist alles andere als eine Einzelerscheinung. Wie er zogen jährlich viele Tausende hin und her durch Europa, um Ablaß zu gewinnen, vor allem aber zu den drei bedeutendsten Stätten der Christenheit: nach Jerusalem, nach Rom und nach Sankt Jakob de Compostela. Einer der Wege nach diesem spanischen Nationalheiligtum im äußersten Nordwesten der Halbinsel, das im ganzen Mittelalter einen fast unglaublichen Ruhm genoß, führte für jeden Pilger aus Süddeutschland, der Schweiz und Italien durch die Provence, d. h. von Norden mehr oder weniger die alte Via Domitia entlang nach Arles und von Osten auf der Via Aurelia ebenfalls dorthin. Von Arles ging es über Saint-Gilles geradeaus oder über Agde nach Toulouse und weiter nach Pamplona. Den ganzen Weg, richtiger die ganzen Wege quer durch Frankreich bis nach dem spanischen Pamplona und von dort bis zum fernen Santiago säumten Klöster und Kirchen, Pilgerunterkünfte und Heilstätten, in denen gebetet und gerastet und nicht selten auch unter der Obhut von Mönchen an Erschöpfung oder Seuchen gestorben wurde. »Bekanntlich geschahen seit dem 11. Jahrhundert eine ganze Reihe von Wundern entlang der sogenannten ›Via Francigena‹, deren einer Ausgangspunkt in Paris in der Rue Saint-Jacques lag, die daher so benannt wurde. Dem himmlischen Weg Sankt Jakobs durch die Sterne der Milchstraße entsprach auf Erden eine ›Via Miraculosa‹, die in Frankreich ihren Anfang nahm und am Grab des unbesiegbaren Apostels endete« (Americo Castro, ›Spanien, Vision und Wirklichkeit‹). Die Erinnerung an diesen alten, Jahrhunderte hindurch benutzten Pilgerweg und seine himmlische Entsprechung hat sich in der Provence bis in die Neuzeit erhalten. In Alphonse Daudets ›Briefe aus meiner Mühle‹ erklärt der junge Schäfer aus dem Luberon seiner ebenso jungen Herrin die Sterne: »Da gerade über uns, das ist die Straße des heiligen Jakob. Sie geht von Frankreich gerade nach Spanien hinüber. Der heilige Jakob von Galicien hat sie angelegt, um dem tapferen Karl dem Großen den richtigen Weg zu zeigen, als dieser gegen die Sarazenen in den Krieg zog.«

Die irdische Straße des heiligen Jakob war bald durch Reichtum, prachtvolle Bauten und Internationalität gekennzeichnet. Die großen Herren und die zahllosen namenlosen Pilger, die in den Klöstern, die überall am Wege entstanden, ausruhten, spendeten reichlich für die genossene Gastfreundschaft, von der Gewißheit erfüllt, daß jedes gestiftete Goldstück himmlischen Lohn finden werde. Von ihren Gaben und den durch den Fleiß der Mönche erworbenen Vermögen wurden nicht nur wohlhabende Abteien, sondern auch Kirchen mit reichen Portalen, Krypten und Kreuzgängen erbaut, in deren plastischem Schmuck sich die aus Symbolik, tiefer Frömmigkeit, Wunderglauben und wuchernder Phantasie eigentümlich gemischte Geisteswelt des hohen Mittelalters ausdrückte. Was an künstlerischer Überlieferung von der Antike noch erhalten geblieben war, wurde nun in die strenge Formensprache christlicher Romanik übersetzt. In der Provence sind die Kirchen von Saint-Gilles und Saint-Trophime in Arles die weitaus bedeutendsten Zeugnisse dieser Kunstepoche.

Saint-Gilles und Saint-Trophime

Die Plastiken des Portals von *Saint-Gilles* (Abb. 106, 107, 109–114) sind, obwohl während der französischen Revolution grausam verstümmelt, noch vollkommener als die außerordentlich schönen von *Saint-Trophime* (Abb. 115–119), die Ende des 12. Jahrhunderts entstanden. Saint-Gilles-du-Gard ist die ältere der beiden Kirchen, sie wurde schon 1116 begonnen und seine Westfassade zwischen 1125 und 1152 gestaltet.

Nach der Legende verschenkte der heilige Ägidius (gest. 721), der hier verehrt wird, alles, was er besaß, an die Armen, bestieg in Griechenland ein Schiff, überließ es dem Willen Gottes und der Fluten, wohin es ihn trug, und gelangte so – kaum anders als die heiligen Marien – in die Provence. Dort lebte er als Einsiedler in einer Grotte, von der Milch einer Hindin ernährt. Eines Tages jagte ein großer Herr diese Hirschkuh, sie floh schutzsuchend zu dem Heiligen, und dieser vermochte es, den schwirrenden Pfeil in der Luft anzuhalten. Ergriffen von dem Wunder beschloß der Jäger – es soll der Westgotenkönig Wamba gewesen sein –, an diesem Ort ein Saint-Gilles geweihtes Kloster zu gründen. Der Eremit begab sich also nach Rom, um die geplante Gründung genehmigen zu lassen. Hier schenkte ihm der Papst zwei skulptierte Türen für seine Kirche, die der Einsiedler, offenbar mit Wundern und Wassern gleich gut vertraut, in den Tiber warf, von wo sie übers Mittelmeer und die kleine Rhône aufwärts schwammen und gleichzeitig mit ihm vor seiner Grotte eintrafen. Die neugegründete Abtei wurde ein Benediktinerkloster, das im 12. Jahrhundert seine Blütezeit hatte; Saint Gilles liegt in der Krypta begraben und wird als einer der 14 Nothelfer verehrt.

Portal von Saint-Gilles

Man muß eine solche Gründungslegende kennen, um den Geist zu verstehen, aus dem solche Bauten erstanden sind, diese Mischung aus Wunderglauben, Frömmigkeit, Ehrfurcht, schöpferischer Volksphantasie und Erinnerung an Gehörtes und jahrhundertelang Überliefertes. Das Portal von Saint-Gilles (Abb. 106, 107, 109–114) atmet diesen Geist und birgt dazu noch sehr viel ältere, heidnische Elemente: in den Meisterwerken seiner Tiergestalten, in den schleichenden Ungeheuern des Tierfrieses und den mythische Gewalt ausstrahlenden menschenverschlingenden Löwen als Sockel der Apostelfiguren lebt keltischer Dämonenglaube, nur jetzt durch Christus entmachtet, fast unverändert fort; im bogenschießenden, einen Hirsch jagenden Kentauren die Antike. Die Vergangenheit ist keineswegs tot im 12. Jahrhundert.

Die Gegenwart jedoch war voll erschreckender Widersprüchlichkeit und von einem Glaubenseifer beseelt, der vor Grausamkeit und Verbrechen aller Art, im Namen Christi begangen, nicht zurückschreckte. Die Kirche von Saint-Gilles ist der Ausgangspunkt für die mit entsetzlicher Brutalität geführten Kriege gegen die Albigenser, die von den Ideen des persischen Manichäismus beeinflußte Sekte der Katharer, die nach der Stadt Albi im Languedoc benannt wurde und sich rasch in Südfrankreich ausbreitete. Raimond VI., der Graf von Toulouse, dessen Herrschaft auch Albi unterstand, begünstigte sie, und als Papst Innocenz III. ihm zum Kampf gegen seine ketzerischen Untertanen aufforderte, ließ er den päpstlichen Legaten Pierre de Castelau, der ihm diesen Auftrag zu überbringen hatte, beim Verlassen der Abtei Saint-Gilles durch einen seiner Leute ermorden. Daraufhin exkommunizierte der Papst Raimond und ließ den Kreuzzug gegen ihn predigen. Dem Grafen von Toulouse blieb nur die Unterwerfung unter die ihm diktierten Sühnebedingungen übrig. Am 12. Juni 1209 stand er fast nackt als Büßer vor dem großen romanischen Kirchenportal von Saint-Gilles, schwor dem Papst Gehorsam und wurde von dem neuen Legaten anschließend mit Rutenhieben in die Kirche hinein und vor das Grab des Ermordeten gepeitscht, ein Vorgang, der von nah und fern Schaulustige herbeizog und das auch zweifellos sollte. Alles in allem eine Demonstration päpstlicher Macht, die wohl kaum zur Verfeinerung der Sitten jener Zeit beitrug.

Graf Raimond VI. entfachte denn auch wenig später den Widerstand gegen die Verfolgungen der Albingenser aufs neue, wurde 1211 seines Landes für verlustig erklärt und das Kreuzheer mit dem Vollzug dieses Urteils beauftragt. Wenn man liest, daß allein in Béziers die ganze Bevölkerung der Stadt, etwa 20000 ›Ketzer‹, ermordet wurde, versteht man, warum in diesen Jahrhunderten so viele Menschen sich ganz von der Welt abwandten und den Frieden hinter Klostermauern suchten. Nach dem Tod des Grafen Raimond 1222 setzte sein Sohn den Kampf fort, bis er durch die Parteinahme des Königs für den Papst 1229 – d. h. 20 Jahre nach jenem denkwürdigen Junitag vor Saint-Gilles – zu einem demütigenden Frieden gezwungen wurde. Die gleichzeitig eingesetzte päpstliche Inquisition vollendete dann gewaltsam die ›Bekehrung‹ der Andersgläubigen, soweit sie nicht in entlegene Gebirge wie den Luberon oder in die einsamen piemontesischen Täler flohen.

Ähnliches, nämlich der todesmutige, tiefreligiöse Widerstand einzelner Gruppen oder Sekten, mochten sie nun Albigenser, Waldenser, Reformierte oder Hugenotten heißen, sollte sich durch die Jahrhunderte hindurch ständig in der Provence wiederholen und ebenso seine leidenschaftliche Bekämpfung mit Feuer und Schwert bis zur endgültigen Vernichtung, der die Verfolgten mit unvorstellbarem Bekennermut entgegensahen. Wie hier Glauben, Frömmigkeit und die Bereitschaft, für das als wahr Erkannte sowohl zu sterben wie zu töten, stets den gleichen Impulsen auf der meist mächtigeren, von Zerstörungswut besessenen Gegenseite begegneten, das gehört zweifellos auch zum Charakterbild des Provençalen. Die dem Franzosen, auch dem des Südens, eigene Veranlagung zur ratio hat immer wieder gegen den von Legenden farbig überwucherten Katholizismus Front gemacht, um zur ›reinen Lehre‹ und Geistesklarheit zurückzufinden, zu jedem Opfer dafür bereit. Saint-Gilles bietet überzeugende Beispiele hierfür: die herrlich kraftvollen Figuren der Heiligen am Kirchenportal, denen die Köpfe abgeschlagen wurden, das in Brand gesteckte Kloster, von dem nur noch Trümmer blieben, und der Brunnen in der Krypta, in den 1562 die Mönche geworfen und in dem sie ertränkt wurden. Dann, 60 Jahre später, 1622, die Zerstörung des großen Glockenturms und schließlich die Verwüstung durch die Revolution im 18. Jahrhundert.

Auch hieran muß man denken, wenn man vor dem romanischen Kirchenportal steht, das eines der schönsten in Südfrankreich und gewiß das schönste in der Provence ist. Denn der Geist jener starken Spannungen, die den Glauben provençalischer Menschen bestimmten, durchströmt auch die Szenen und die Symbolwelt dieser Kunst. Gestalten wie die der in diesem Buch abgebildeten Apostel oder die in der Gruppe des Judaskusses sind bis in die Formensprache der Gewänder hinein ganz von diesem leidenschaftlichen und kraftvollen Geist erfüllt. Eine gewisse Gedrungenheit der Figuren verleiht dem Fries mit den Schilderungen aus dem Leben Christi, der über einem antiken Mäanderband abrollt, Ernst und Eindringlichkeit (Abb. 110). Volkstümlich kraftvoll wird hier erzählt und gebildnert, die christlichen Themen ebenso lebensnah dargestellt wie die monströsen, stämmig-bedrohlichen Untiere, die unter ihnen dahinschleichen, Lemuren einer vergangenen heidnischen, noch nicht ganz vergessenen Zeit (Abb. 112).

Das alles ist sehr stark. Sensitiv jedoch und von einer verhaltenen, durch Formenstrenge gezügelten Lyrik erfüllt sind einige der wenigen nicht den Bilderstürmern zum Opfer gefallenen Köpfe von Heiligen und Aposteln und auch jener männlich schöne bärtige Christuskopf, der über der großen Krypta den Schlußstein eines Gewölbes bildet (Abb. 108). Hier hat der von hohem geistigen Streben erfüllte Adel provençalischer Troubadoure und Kreuzritter seine ebenbürtige Form gefunden.

Daß an der Westfront von Saint-Gilles dreierlei Steinmetzwerkstätten, die Schule von Toulouse (Hauptportal, ältester Teil), die aus der Ile de France (Seitenportale) und eine einheimische, etwas unbeholfenere, gearbeitet haben, will dabei wenig besagen. Das Ganze ist ein durchaus von provençalischem Geist erfülltes großes Werk.

Nicht ganz so bedeutend ist das vollständig erhaltene und darum wohl auch bekanntere Portal zur Kathedrale *Saint-Trophime* in Arles (Abb. 115–119). Um das zu erkennen, genügt ein Blick auf die etwas eintönige Reihung der Erlösten und Verdammten in dem Fries des Jüngsten Gerichts. Hier ist Überlieferung frühchristlicher Sarkophagkunst in der sehr alten Bischofsstadt noch allzu deutlich wirksam, wie überhaupt, und sonst in positivem Sinn, der Einfluß der römischen Antike unverkennbar ist. Die Heiligen scheinen mit gesammeltem Ernst in ihren Säulennischen zu verharren, eines

Arles, Saint-Trophime, Kreuzgang, Nordostpfeiler. Von links nach rechts: A Hl. Andreas, B Steinigung des Stephanus, C Hl. Stephanus, D Himmelfahrt Christi, E Hl. Paulus

Nordwestpfeiler: 1 Hl. Petrus, 2 Auferstehung Christi, 3 Hl. Trophimus, 4 Die hl. Frauen und die Salbenhändler, 5 Hl. Johannes

würdig gelebten Lebens bewußt, aber dafür weniger geisterfüllt, weniger leidenschaftlich und formenreich gestaltet als jene von Saint-Gilles.

Saint Trophime war der Legende nach der erste Bischof von Arles, historisch nachgewiesen ist jedoch der heilige Marcian im Jahre 254 als erster Bischof in der Provence. Er residierte in der Hauptstadt Arelate, die also schon 70 Jahre, bevor das Christen-

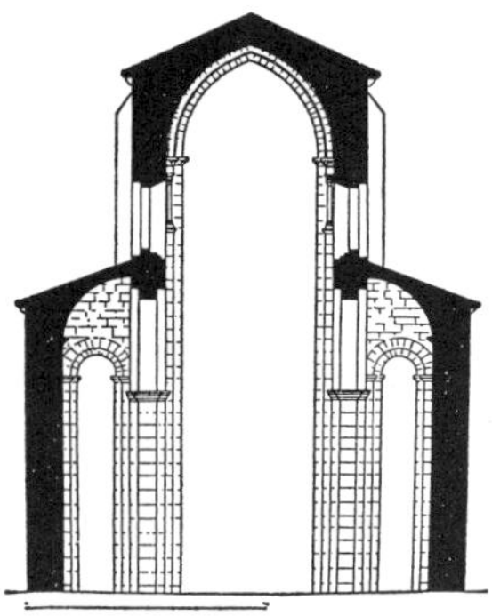

Arles, Saint-Trophime, Querschnitt durch die dreischiffige Anlage mit tonnengewölbtem Langhaus und halbtonnenüberwölbten Seitenschiffen (nach Koepf)

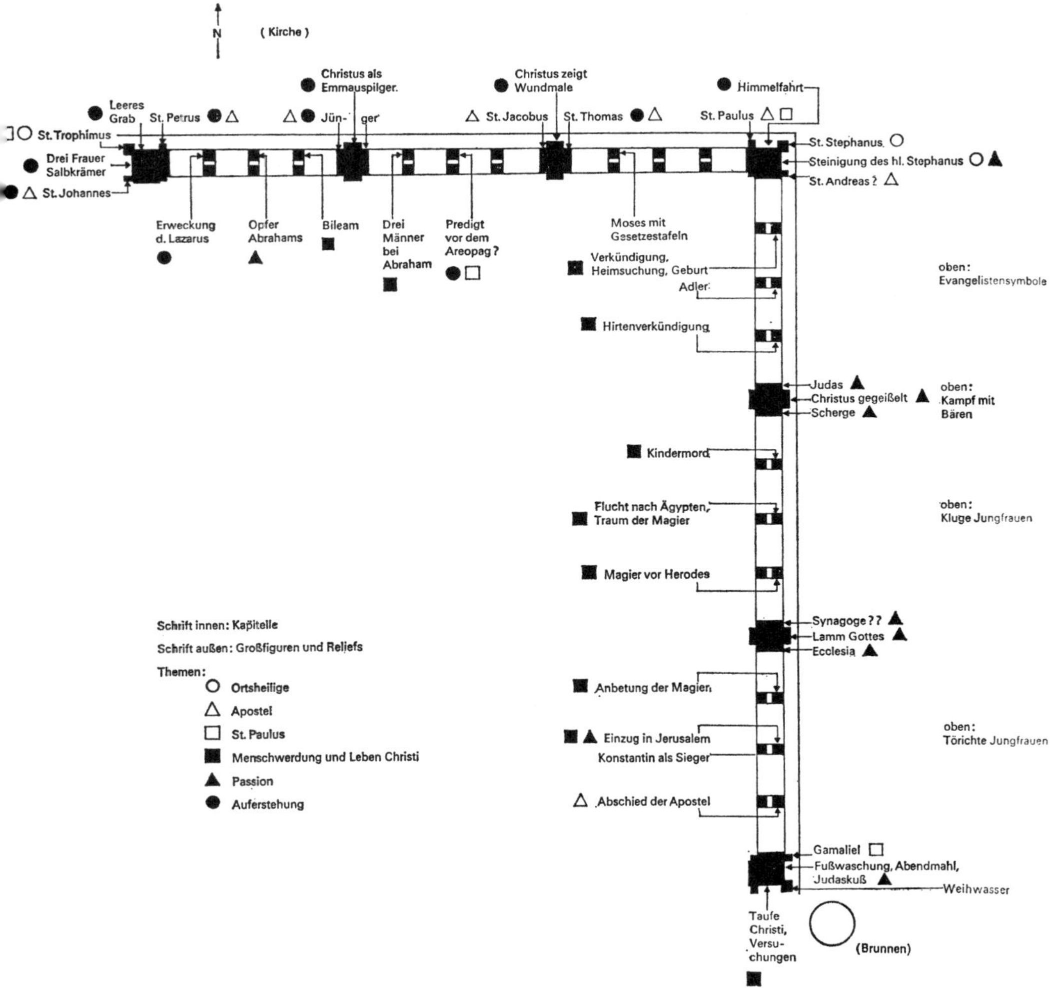

Arles, Saint-Trophime, Kreuzgang, romanische Flügel

tum durch Konstantin d. Gr. zur Staatsreligion erklärt wurde, christliche Einwohner hatte. Saint Trophime soll ebenso wie Saint Gilles griechischer Herkunft gewesen sein, und er ist jedenfalls der Lieblingsheilige von Arles geworden, von vielen Legenden zärtlich und liebevoll umsponnen – obwohl er vielleicht gar nicht gelebt hat. Seine Gestalt hat sogar Saint Genès verdrängt, der in den Alyscamps in Saint-Honorat beigesetzt wurde und in dessen Nähe die Frommen begraben zu werden wünschten.

Saint Trophime soll ebenfalls dort ruhen, und der Ruf seiner Heiligkeit zog schließlich mehr Gläubige an als der des halb vergessenen Saint Genès.

Der heutigen Kirche Saint-Trophime ging ein karolingischer Bau voraus, von Grund aus verändert im 11., 12. und 15. Jahrhundert, wozu die Steine des nahen antiken Theaters unbedenklich und reichlich verwendet wurden. Kreuzgang und Portal entstanden Ende des 12. Jahrhunderts, waren also wohl schon beendet, als 1178 Friedrich Barbarossa hier zum König von Arles gekrönt wurde. Der Kreuzgang, der den Kanonikern, die nach der augustinischen Lehre lebten, zum Aufenthalt und als Begräbnisstätte diente, ist der schönste in der Provence und das letzte große Kunstwerk provencalischer Romanik (Abb. 120, 121). Der maßvollen Gehaltenheit seiner Pfeilerstatuen steht die Bewegtheit und der Einfallsreichtum einzelner Gruppen gegenüber, wie etwa die Steinigung des heiligen Stephanus (Abb. 125). Die Kapitelle des nördlichen und des nordöstlichen Teil des Kreuzgangs – nur diese beiden Flügel stammen aus romanischer Zeit – sind Stück für Stück kleine Kostbarkeiten, sorgfältiger Betrachtung wert (Abb. 122–124).

Die Symbolik romanischer Kreuzgänge und Kirchen

Menschen unseres Jahrhunderts ist es so gut wie unmöglich, in den Reichtum mittelalterlicher Symbolik einzudringen. Wir sind davon kaum weniger weit entfernt, als von den Sinnbildern vorgeschichtlicher oder keltischer Menschen. Die bewußt gewählte Enge eines Klosters, die Beschränkung auf ein einziges, immer wiederholtes Thema, nämlich das Leben Christi, das Gebot des Schweigens, der Askese und Versenkung, der Steigerung des religiösen Erlebens als einzigem Inhalt von Tagen, Monaten und Jahren haben eine Phantasiewelt geboren, die wir kaum ahnen können, und das Nächstliegende, Wirkliche ganz mit einem Sinn erfüllt, der auf das Überirdische abzielte. An einem Kirchenportal, in einem Kreuzgang, einem Kapitell muß alles, auch das Geringste, eine auf die Heilslehre bezogene Bedeutung haben und zu denken geben, muß Anlaß zu endlosen Meditationen sein über ein ewig gleiches Thema. Wie auch die Einbildungskraft wuchern, welche Gesichte auch die Einsamkeit gebären mag, jede Vision, auch die von Dämonen und Höllenungeheuern, ist auf das Eine, Raum und Zeit Sprengende bezogen.

An der Außenmauer der Kathedrale von *Vaison-la-Romaine*, in der sich so viele Jahrhunderte zu begegnen scheinen, steht über die ganze Länge des nördlichen Seitenschiffs hinweg eine Inschrift (Abb. 127) in den schönen Kapitalen des 12. Jahrhunderts, eine Inschrift, die nur vom Kreuzgang aus zu lesen ist und deren lateinische Hexameter also den Mönchen des Klosters galten:

Obsecro vos fratres aquilonis vincite partes
sectantes claustrum quia sic venietis ad austrum
trifida quadrifidum memoret succendere nidum
ignea bissenis lapidum sit ut addita venis
pax huic domui.

Wilhelm Messerer schreibt dazu in seinem Buch ›Romanische Plastik in Frankreich‹: »Das ist etwa zu übersetzen: ›Inständig bitte ich euch, Brüder, überwindet die Gegenden des Nordwindes, indem ihr den Kreuzgang überschreitet; denn so werdet ihr zum Süden (Südwind) kommen. Die dreifache Feurige möge das vierfältige Nest entzünden, daß sie den zwölf steinernen Gefäßen beigegeben sei. Friede diesem Hause.‹

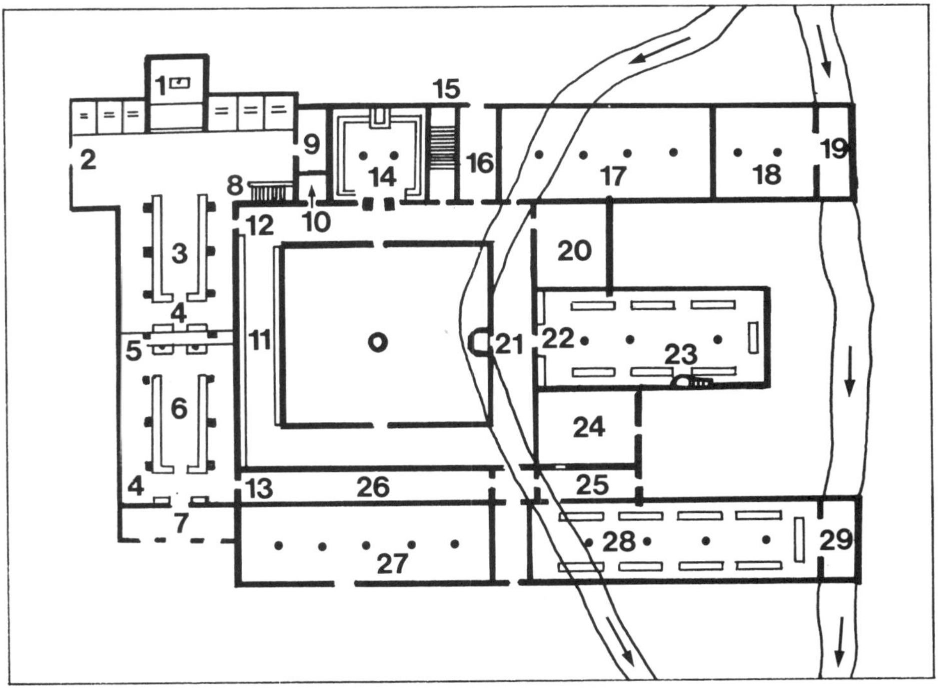

Idealplan eines Zisterzienserklosters
1 Sanktuarium 2 Totenpforte 3 Mönchschor 4 Krankenbänke 5 Lettner 6 Konversenchor 7 Narthex 8 Dormitoriumstreppe 9 Sakristei 10 Armarium 11 Mandatum-Steinbänke zum Lesen und zur Fußwaschung 12 Mönchspforte 13 Konversenpforte 14 Kapitelsaal 15 Dormitoriumstreppe 16 Auditorium 17 Mönchssaal 18 Noviziat 19 Mönchslatrine 20 Wärmeraum 21 Brunnen 22 Mönchsrefektorium 23 Lesekanzel 24 Küche 25 Sprechraum des Cellerars 26 Konversengasse 27 Vorratsraum 28 Konversenrefektorium 29 Konversenlatrine

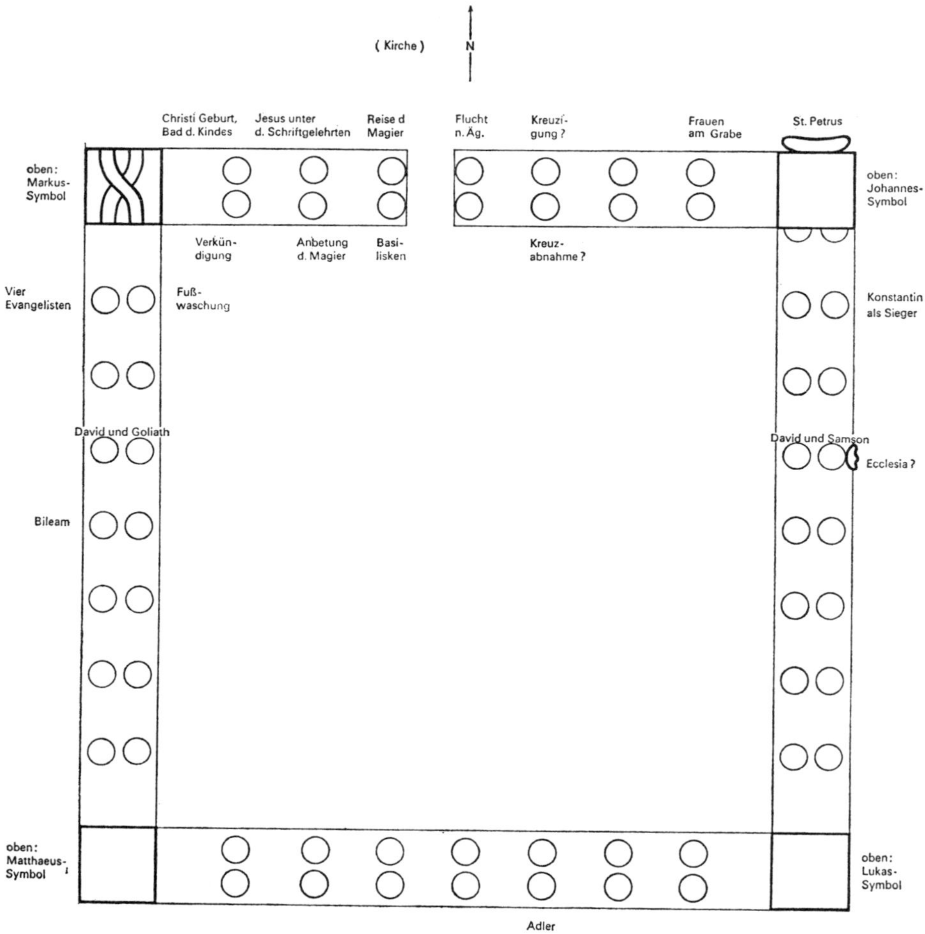

Aix-en-Provence, Saint-Sauveur, Schema des Kreuzgangs

Obwohl die Deutungen der Inschrift in Einzelheiten abweichen, läßt sich soviel sagen: die regulierten Domherren werden beschworen, aus dem, der ganzen mittelalterlichen Symbolik als Sitz des Bösen geläufigen, kalten Norden (aus dem in dieser Gegend der Mistral weht) in den heilsamen Süden vorzudringen, dorthin, wo sich in Vaison die Kirche befindet, und zwar durch den Kreuzgang, Mittelpunkt des gemeinsamen Lebens, d. h. durch Erfüllung der Regeln und Aufgaben der Gemeinschaft. Eine feurige, dreifache, göttliche Kraft, die offenbar wie die Sonne im Süden ihren Ort hat und bei der vielleicht auf die drei Apsiden der Kirche, wohl sicher aber auch auf die

Dreifaltigkeit angespielt ist, soll das vierfältige Nest erfüllen, d. h. den Kreuzgang, vielleicht als Bild der durch die Vierzahl (gegenüber der göttlichen Dreiheit) symbolisierten Erde, und ist zugehörig den ›Gefäßen‹ der 12 (4 x 3, die Zahl der Apostel wiederholenden) Kleriker, welche kaminbewehrte Zimmer um den Kreuzgang bewohnten.«

Die Inschrift und der Versuch ihrer Deutung zeigt, wie weit sich der Bogen aus jener Zeit in unsere Gegenwart spannt. Alles ist sinnvoll im Kreuzgang, bis zum Brunnen, dessen klares Wasser zum Symbol der Reinheit wird, eingegliedert in Tagesablauf und Gottesdienst. Aber was bedeutet in Vaison z. B. jener merkwürdige, in einen Stein geritzte bärtige Kopf über dem Ausgang nach Osten? Es ist, wenn man den Ausführungen O. Beigbeders in seinem ›Lexique des Symboles‹ folgen darf, Christus, der hier sowohl in einem lunaren wie in seinem solaren Aspekt und damit als Herrscher des Universums dargestellt wird. Während der wachsende Mond hinter seinem Haupt ihm als Aureole dient, versinnbildlicht der doppelte Bart die Sonnenstrahlen und bezeichnet ihn damit als ›Sonne der Gerechtigkeit‹, die im Süden, im Mittag steht, wo sich die Kirche des Klosters befindet. So ist er im Kreuzgang also im Osten ebenso wie im Süden vertreten, im Sonnenaufgang wie im Mittag und auch in der Nacht leuchtend und die Welt erhellend. Erst Jahrhunderte später wurde aus einem ganz anderen Geist heraus jenes Kruzifix geschaffen, das jetzt in der Nordwestecke aufgestellt ist und das Geburt und Kreuzestod zum Gegenstand hat. Aus esoterisch verschlüsselter Abstraktion des Unfaßbaren ist nun die realistische Darstellung eines menschlichen Schicksals geworden, die einem schon sehr veränderten Weltbild angehört, zu dem wir leichter Zugang finden als zu jenem frühen, symbolträchtigen.

Seit die Wissenschaft beweisen konnte, daß z. B. der im ganzen Mittelalter gern und häufig dargestellte Löwe in einem Fall das unterjochte Böse, im anderen den siegenden Christus symbolisierte, erscheinen alle Sinngebungen aus unserem Lebensgefühl

Sgraffito über dem Ostausgang des Kreuzgangs der Kathedrale von Vaison-la-Romaine. Der bärtige Kopf mit der Mondsichel stellt Christus als Herrscher des Universums dar.

noch fragwürdiger als zuvor. Kreuzgänge sind eben mehr als nur angenehme Aufenthalts- und Entspannungsorte für Mönche und Priester. Sie sind als Stätten geistiger Sammlung und Konzentration auf ewige Themen geplant. Und die eigentümliche Aura, die so ehrwürdige wie den herrlichen von Saint-Sauveur in Aix mit der kraftvollen Petrusstatue (Abb. 128), den rührend-schlichten der Kathedrale von Cavaillon oder den kleinen des Klosters von Saint-Paul-de-Mausole umgibt, entstammt dieser Hinwendung zu dem Ablauf eines ewigen Themas, das der darin Verweilende immer wieder nachvollziehen soll.

In den Kirchen, und ganz besonders in den ältesten, meist noch von Mönchen gebauten, waltet der gleiche Geist. Niemals ist hier Ornament nur schmückendes Beiwerk, stets ist es Lehre und sinnerfüllt. Daß es daneben schön, ja, wenn möglich vollkommen sei, ist eine Forderung, die sich aus seiner Bestimmung für den Dienst am Höchsten von selbst versteht.

Erst die während des letzten halben Jahrtausends verlorengegangene Kenntnis christlicher Symbolsprache erschließt uns so eigentümlich kraftvolle, ins Wesentliche zielende Aussagen wie die der Bilderwelt in den merkwürdigen Apsiden von Saint-Christol und Notre-Dame-d'Ortiguière, Kirchen, die wie verloren, aber mit uralter Weisheit erfüllt, in der windigen Weite der Hochebene von Vaucluse liegen.

Die Taufkapelle, ursprünglich wohl Chorapsis der später vergrößerten Kirche von *Saint-Christol* hat das Ende der Zeiten zum Thema. In ihrem Zentrum, unter der mittleren ihrer fünf Säulen, d. h. ehemals hinter dem Altar, symbolisiert der Löwe (Abb. 132c) mit *einem* Kopf und zwei Leibern unter der Säule, die hier die ›kosmische Achse‹ oder den ›Weltenbaum‹ darstellt, die Idee Gottes und der Auferstehung. Er zerbeißt die Schlange, d. h. den Tod und alles Irdische. Vorher jedoch bläst der Engel (Abb. 132a) – links außen, d. h. vom Ende der Erde, – zur Auferstehung. Sein Kopf ist mit einem Tuch, dem Symbol des Himmels, bedeckt, und über ihm an der Säule deuten die Trauben auf Abendmahl und Opfertod Jesu, Adler auf seine Himmelfahrt. Der Bartmann (Abb. 132d) neben ihm ist in der romanischen Kunst stets Sinnbild der Männlichkeit. Sein doppelter Löwenleib zeigt an, daß bei ihm das Tierische überwiegt, daß er der Unzucht und Gewalttätigkeit verhaftet ist. Die vierte Symbolgestalt blieb nicht mehr erhalten, mit der fünften, einer Sirene, wird die Versuchung des Fleisches personifiziert. Sehr eigentümlich ist die Vogelsäule (Abb. 132b), die sich über ihr erhebt. In der Verbindung mit Sirenen und Jüngstem Gericht bedeuten aufgereihte Vögel (›en file‹) oft die Seelen der Verdammten, hier jedoch scheint eher die sehr alte, schon in der Antike bekannte Vorstellung gestaltet zu sein, daß einzig der Adler, ein Symbol Christi, der Sonne ins Auge zu schauen vermag und daß er seine Jungen ins Licht emporträgt, sie prüfend, ob sie fähig sind, so viel Helligkeit zu ertragen, und sie fallen lassend, wenn sie die Kraft dazu nicht besitzen. Daß er dabei lose mit einer Schnur an die Säule, d. h. die ›kosmische Achse‹ bzw. den Lebensbaum, gebunden ist, steht dieser Deutung nicht im Weg, bestätigt vielmehr seine Existenz zwischen Himmel und Erde. Über ihm im Kapitell entfaltet der Weltenbaum sein Blattwerk. Das

Motiv würde sich demnach gleichfalls auf das Jüngste Gericht mit seiner Scheidung der Erwählten von den Verworfenen beziehen und damit das Thema des Halbrunds abschließen: Mahnung und Warnung vor der Sünde zu sein, damit der Gläubige die ewige Seligkeit gewinne.

Was in späteren Jahrhunderten in reicher figürlicher Darstellung über die Portale der Kirchen und ganze Fassaden und Chorwände gerückt ist, Christus als Weltenrichter, der Heil und Verdammnis über die auferstandene Menschheit verhängt, ist so in der Frühzeit auf engem Raum knapp im Symbol ausgesagt worden. Auch bei der plastischen Gestaltung der vorromanischen Apsis in der nahen Kapelle von *Notre-Dame-de-l'Ortiguière* ist an das Weltende gedacht, hier aber einzig das Schicksal der christlichen Seele geheimnisvoll verschlüsselt dargestellt worden. Die Vierzahl der Konsolen (Abb. 133 a–d) wie die Vierzahl der Symbole – vier Atlanten stützen das himmlische Jerusalem in den vier Himmelsrichtungen; denn über dreien von ihnen befinden sich je vier darauf bezügliche Zeichen – sollen das Bild von den vier Enden der damals noch quadratisch gedachten Welt wachrufen, über der sich das (Apsis)-Rund des Himmels wölbt. Wie stets ist diese Bilderschrift von links nach rechts zu lesen. So stellt die erste Konsole den Kampf des Menschen mit den gefährlichen Mächten der irdischen Welt dar (Abb. 133 a). Er bedroht mit einem Pfahl die kraftvoll s-förmig sich aufbäumende Schlange, deren Stachelhorn erdwärts weist, während ihn von unten das menschenverschlingende Ungeheuer angreift, an dessen Bild uralte germanische, keltische und orientalische Vorstellungen mitgewirkt haben. Über ihm der Himmelsträger, über diesem, wenn jetzt auch kaum noch am Umriß der ersten erkennbar, ursprünglich die Vierzahl der Kugeln, d. h. der Kreis, seit ältester Zeit Sinnbild des Universums. – Die zweite Konsole steht schon im Zeichen Christi (Abb. 133 b). Das zeigt das vierfache Initial seines Titels, das X, das griechische Chi (für ›Messias‹), an, das nun über die vier Enden der Welt herrscht. Es verkörpert nicht nur die Idee des Universums und seine Lenkung durch den Erlöser, sondern auch die Etappen seiner irdischen Existenz.

Detail eines der vier Pilaster in der Kapelle Notre-Dame-de l'Ortiguière bei Revest-du-Bion, vorromanisch (?), frühes 11. Jh. (?)

Dem entsprechend drängt unter dem Himmelsträger auch verwandelnd die pflanzliche Form durch den Totenschädel, Lebens- und Unsterblichkeitssymbol zugleich. – Unter den vier Kugeln, die das Weltall versinnbildlichen, zeigt dann die dritte Konsole (Abb. 133 c) den verwandelten Auferstandenen, der mit dem Lebensbaum eins geworden ist und aus ihm emporwächst und aus dessen Armbeugen neues Leben in der heiligen Drei- und Vierblattform sprießt. Von der Vollendung des himmlischen Jerusalems durch die Trinität, durch drei Kuben symbolisiert, spricht schließlich die vierte, die letzte Konsole (Abb. 133 d). Dreifach, im Zeichen der heiligen Dreieinigkeit, ringelt sich nun auch die Schlange darunter. Ihr Stachelhorn wie ihr Schwanz sind jetzt gen Himmel gerichtet, ihr Kopf in die Erde zurückgekehrt. Der göttliche Triumph ist vollkommen, die Hölle besiegt.

Die Möglichkeit zur Deutung der christlichen Symbolik verdanke ich vor allem dem ausgezeichneten *Lexique des Symboles* von Olivier Beigbeder aus der Zodiac-Serie ›La nuit des temps‹.

Die weißen Mönche von Cîteaux

Von der Strenge und dem Geist mönchischen Lebens im 12. Jahrhundert zeugen in der Provence drei Klöster der Zisterzienser: *Sénanque, Silvacane* und, weiter östlich gelegen, *Le Thoronet.*

Sénanque (Abb. 135–137) ist das größte und besonders eindrucksvoll durch seine einsame Lage am Ende eines sonst ganz unbesiedelten Tals, von bewaldeten Bergen umschlossen, die sich nur für die Wegbreite zur Hochebene von Vaucluse öffnen. Dies entspricht ganz der Ordensregel des heiligen Bernhard, der strengste Abgeschiedenheit von der Welt und allen, auch den geringsten menschlichen Siedlungen für seine Klostergründungen forderte und sonst nur die Nähe eines reinen fließenden Wassers und urbar zu machende Erde.

Das kleinere *Silvacane* lag einst ebenso verlassen am Fuße des Luberon, doch wird man sich dessen durch die Nähe der Durance und der großen Autostraßen heute nicht mehr im gleichen Maße bewußt. Da die Ordensregel in allen Klöstern der Zisterzienser genau den gleichen Tagesablauf vorschrieb, unterscheiden sie sich im Wesentlichen nur durch die Größe und die Lage. Der gesamten Baugestaltung lag immer der Plan der Abtei von Clairvaux zugrunde, geringfügig abgewandelt, wenn Gelände, Zahl der Mönche und Konversen (Laienbrüder) oder ganz besondere Umstände es erforderten. Daß alles aus Stein sei und zwar aus einem hellen, lichtwirkenden Stein war ebenso Vorschrift wie völlige Schmucklosigkeit – ein geradezu revolutionärer Gedanke in einer Zeit, in der jede Kirche über und über mit farbigen Fresken ausgemalt, jedes Portal, jeder Pfeiler, jedes Kapitell im Kreuzgang so phantasievoll wie möglich ausgestattet wurde. Licht- und farblos hatten auch die leinenen und wollenen Kutten der Mönche zu sein, in denen sie angezogen auf ihren Pritschen im gemeinsamen Dormitorium sechs bis sieben Stunden schliefen, vom Chordienst in der unheizbaren Kirche unterbrochen, der ebenfalls sechs bis sieben Stunden des Tagesablaufs in Anspruch nahm. Kristallinische Reinheit, Klarheit, Askese und Stille sollte das Wesen des Baus, der Ordensregel und jedes Einzelnen bestimmen, eine fast übermenschliche Strenge der Lebensführung wurde gefordert, die denn auch zur Folge hatte, daß ein Zisterziensermönch nur ein Durchschnittsalter von 28 Jahren erreichte.

»Von Ostern bis zum 14. September aß man zweimal am Tage, am Mittag und am Abend. Im Sommer wurde das Mittagessen auf 14 Uhr verschoben, damit man die Feldarbeit nicht unterbrechen mußte. Von Mitte September an begnügte man sich mit nur einer Mahlzeit um 14 Uhr, die man in der Fastenzeit auf den Abend nach der Vesper gegen 18 Uhr verschob. Ein Frühstück war unbekannt.« Wolfgang Braunfels, der dies in seinem Buch ›Abendländische Klosterbaukunst‹ schreibt, berichtet weiter über die Refektorien: »In diese prächtig gewölbten Steinsäle kamen die Mönche während eines halben Jahres nur einmal am Tage, zogen schweigend ein, beteten lange und laut, bevor sie sich setzten, und hörten schweigend die Lesungen, während sie die karg zugemessenen Speisen ohne jede Hast verzehrten. Kein Hauch von Begier oder Genuß durfte sich auf ihren Mienen zeigen.«

Fügt man hinzu, daß außer dem kleinen ›Wärmeraum‹ alle Gebäude des Klosters ungeheizt waren und daß dieser nur einem Sich-aufwärmen und dem Herrichten von Pergamenten und Tinten, dem Trocknen von Kutten und dem Einfetten von Schuhen diente, also keinesfalls ein längeres Verweilen gestattete, so wird einem die beispiellose Härte der Selbstaufgabe für ein überirdisches Ziel vollends offenbar. Daß Tausende von jungen Männern sich freiwillig einen solchen Zwang auferlegten, ist nur durch die Wirkung einer so überragenden Persönlichkeit wie die des heiligen Bernhard von Clairvaux zu erklären.

Gewiß war das ganze 12. Jahrhundert religiös bestimmt. Das Benediktinerkloster Cluny in Burgund, 910 mit 12 Mönchen von Berno von Baume gegründet, beherrschte in 12. Jahrhundert rund 1500 Abteien und Priorate in allen Teilen Europas und war zu einem einflußreichen Mönchsstaat angewachsen, der außer Wohlstand auch politischen Einfluß gewonnen hatte und die Aufgabe vor sich sah, ihn im Sinne der Kirche zu nutzen. Die ursprüngliche Absicht des Einzelnen, in Armut und Stille einzig Gott zu dienen, die ›Flucht aus der Welt‹ war damit gefährdet, ja unmöglich geworden. Schon 1075 verließ deshalb der Benediktinerabt Robert sein Kloster Saint-Michèle-de-Tonnère und zog mit sieben weiteren Mönchen in den Wald von Molesme und später, als der Ruf der Heiligkeit auch in dieser Einsamkeit Menschen anzuziehen begann, mit dreiundzwanzig Mönchen weiter in die Sümpfe von Citeaux. Aber, wie Braunfels schreibt, »das entscheidende Ereignis in der Geschichte des Ordens war der Zug Bernhards von Fontaines (1091–1153) mit 30 Adligen, darunter vier seiner Brüder, 1112 nach Citeaux ... Auch der eigene Vater mit seinem jüngsten Sohn sollte ihm 1120 nachfolgen. Drei Jahre später konnte Bernhard mit zwölf Brüdern Clairvaux gründen. 72 persönliche Neugründungen sollten im Laufe von kaum 40 Jahren folgen. Es muß eine zwingende Überzeugungskraft von dieser mittelalterlichsten unter allen mittelalterlichen Heiligengestalten ausgegangen sein. In seiner Persönlichkeit verband sich theologischer Scharfsinn, unbegrenzte Tatkraft einem gleich grenzenlosen Askeseverlangen. Jedes Wort, das er gesprochen oder geschrieben hat, ist von einem bezwingenden Lyrismus durchwirkt gewesen, der eine ganze Jugend für den Klostergedanken erwärmte ... Bernhards unbegrenzte geistige Macht vermochte sein Jahrhundert in das Zeitalter der weißen Mönche zu verwandeln. Sie haben alle Einsamkeiten Europas von Irland bis an die Grenzen des russischen Reiches nach Pflanzstätten für neue Klöster abgesucht. 69 Klöster gab es beim Tode Bernhards und 742 am Ausgang des Mittelalters, wozu noch die 761 Frauenklöster kommen, welche lokalisiert werden konnten. Von den Männerniederlassungen waren 525 im 12. Jahrhundert entstanden und 169 im 13. Dann ebbte die Bewegung ab.«

Das kleine Zisterzienserkloster Silvacane ist 1144 gegründet worden, das größere Sénanque wurde 1148 nach dem Plan des zwölf Jahre älteren Le Thoronet gebaut. In Sénanque mußte der Idealplan einer Zisterzienserabtei seitenverkehrt abgewandelt werden, vor allem wohl, weil die Kirche, obwohl ursprünglich einzig für das Kloster bestimmt, das erste vom Tal her zugängliche Gebäude wurde, in dessen Schutz sich dahinter die Räume der Bruderschaft zum Talende hin, von Bergen umgeben, anschlossen. Ein weiterer Grund für die Abweichung vom Idealplan wird die von Norden nach Süden fließende Sénancole gewesen sein. Der kleine Wasserlauf mußte der Regel nach sowohl durch den Trakt der Mönche wie durch den der Laienbrüder und in den Brunnen des nur den Mönchen vorbehaltenen Kreuzgangs geleitet werden, aber auch mit einem Seitenarm die Latrinen beider Gebäudeteile durchspülen, da äußere wie innere Reinlichkeit zu Bernhards vornehmsten Geboten gehörte.

Grundsätzlich waren die Bezirke der Mönche von denen der Konversen streng getrennt. Die Mönche konnten vom Dormitorium, das stets über dem deshalb niedrigen Kapitelsaal lag, auf einer Treppe nachts in den zum Hauptaltar führenden Kirchenteil hinabsteigen, die Laienbrüder hatten ihren eigenen Eingang zu dem ihnen zugewiesenen anderen, portalnahen Kirchenende. Sie schliefen, aßen und lebten in anderen Räumen als die Mönche, in ihrem Trakt lagen die Wirtschafts-, Küchen- und Vorratsräume, in dem der Mönche die kleine Sakristei, der Kapitelsaal und die Sprechzelle des Priors, in welche die Mönche einzeln einzutreten hatten und wo sie ihre Arbeit und die dazu nötigen Geräte angewiesen bekamen. Im Armarium neben der Sakristei war die bescheidene Bibliothek des Klosters untergebracht, gelesen wurde auf den steinernen Bänken des Kreuzgangs, doch nur von den Mönchen. Die Laienbrüder durften kein Buch lesen und sollten nur das Paternoster, das Credo, das Miserere und einige andere Gebete auswendig wissen und singen können. »Keinem Abt, keinem Mönch, keinem Novizen ist es gestattet, ohne Erlaubnis des Generalkapitels neue Bücher zu schreiben«, hieß die Vorschrift. Wer Verse machte, hatte in ein anderes, strengeres Kloster versetzt zu werden. Die Novizen, die ebenfalls im Mönchstrakt lebten, wurden nicht unterrichtet – ein erstaunliches, zielbewußtes Nicht-Bildungskonzept für eine so hochgeistige Persönlichkeit, wie es Bernhard von Clairvaux war. Er dürfte erkannt haben, wie schnell Grübeln und fremden Gedankengängen zu folgen von dem fortführte, was ihm ein sinnvoll gelebtes Leben schien. Alle geistigen Energien wurden, so weit sie sich nicht auf das gesungene Lob Gottes und die Versenkung in das Evangelium bezogen, auf die praktische Arbeit verwandt. Die Zisterzienser wurden die besten Ackerbauern, Fisch- und Viehzüchter und Förster des Mittelalters, wurden die vollkommensten Siedler in den unfruchtbarsten Einöden, waren aber auch die vollkommensten Liturgiesänger; denn der geringfügigste Fehler im Gesang oder Gebettext wurde als Mangel an andächtiger Sorgfalt streng bestraft. Täglich hallten die hohen, herrlich gewölbten Kirchen stundenlang vom vollendeten Chorgesang der Mönche wider, der einzigen erlaubten, ja, geforderten Kunstausübung.

Doch konnte es nicht ausbleiben, daß noch eine andere sich unversehens einschlich: die Kunst, vollkommene Bauten zu errichten, in denen alles Geist, edles Maß und Größe war. Die Zisterzienser haben den Übergang zur Gotik eingeleitet, weil sie für ihre Bauten das gebrochene Tonnengewölbe brauchten. Im Kapitelsaal konnten sie die schönen gebündelten Säulen nicht entbehren, weil dieser das darüber liegende Dormitorium zu tragen hatte. Und wenn die Kapitelle im Kreuzgang keinen figürlichen Schmuck zeigen durften, so konnten sie doch in vollendeter Harmonie zueinander stehen.

Die wasserklare Reinheit des Geistes, den die Ordensregel forderte, durchdringt in Sénanque und Silvacane den gesamten Bau. Sie bestimmt auch die Lichtführung in den hohen Räumen, deren Fenster aus farblosem Glas zu sein hatten, und belebt sie auf eine eigentümlich erhellende Weise. Den Menschen des 12. Jahrhunderts, die an lebhafte Farben, Prunkentfaltung und reichen Gold- und Edelsteinschmuck an priesterlichen Gewändern und in Kirchen gewöhnt waren, mußten diese unverputzten, fast weißen Räume, diese Kirchen, in denen nur hölzerne Kreuze, eine Marienstatue, silberne Kelche, eiserne Leuchter und unbestickte helle Meßgewänder geduldet wurden, sehr fremd, ja, in eine himmlische Klarheit entrückt vorkommen, wenn die jungen Mönche in ihren lichten Kutten den engelhaft vollkommenen Wechselgesang anstimmten. Die Bewegung, die der hl. Bernhard entzündet hatte, war etwas absolut Neues. Ein Weg schien beschritten, der geradewegs in überirdische Seligkeit führen mußte.

Die Kreuzzugstadt Aigues-Mortes

Bernhard von Clairvaux hatte in der Mitte des 12. Jahrhunderts in Vézelay zum zweiten Kreuzzug aufgerufen, fast ein halbes Jahrhundert nach jenem ersten, der mit der Einnahme Jerusalems und der Errichtung des gleichnamigen Königreichs geendet hatte. Unter dem Einfluß der glühenden Überzeugungskraft des großen Zisterziensers hatten diesmal nicht nur Adlige, sondern auch König Ludwig VI. von Frankreich und Kaiser Konrad III. das Kreuz genommen. Fast 200 Jahre lang (von 1096 bis 1270) sollte die Befreiung Jerusalems und der heiligen Stätten Palästinas vom Islam die edelste Aufgabe des christlichen europäischen Adels und seiner Könige bleiben, eine Pflicht, von Generation zu Generation überliefert, durch Gelübde neu beschworen, durch Exkommunikation notfalls erzwungen. Die beiden letzten Kreuzzüge, den sechsten und siebenten, hat Ludwig IX., der Heilige genannt, unternommen und geleitet, ein Mann von höchster Lauterkeit des Charakters, Vorbild christlichen Rittertums in jeder Stunde seines Lebens wie der seines elenden Todes in Tunis, wo er zu Beginn des siebenten Kreuzzugs fünfundfünfzigjährig an der Pest starb.

Im Dezember 1244 hatte sich Ludwig, damals ein Neunundzwanzigjähriger und seit acht Jahren König, entschlossen, das Kreuz zu nehmen. Aber erst vier Jahre später, 1248, waren die Vorbereitungen dazu abgeschlossen; denn der französische König besaß keinen Hafen am Mittelmeer, er mußte ihn sich erst schaffen, ehe er ins Heilige Land aufbrechen konnte. 1240 hatte er von einem Kloster, von dem einzig noch der Name – Psalmodi – überliefert ist, inmitten der Sümpfe der Camargue das Stück Land erhalten, auf dem sich heute noch *Aigues-Mortes* von mittelalterlichen Mauern und Türmen umschlossen fast genau so erhebt, wie es damals die Gruppen der Kreuzritter sahen, wenn sie sich von Norden kommend auf dem einzigen schmalen Damm, der zwischen den Sümpfen hindurchführt, der Stadt näherten (Abb. 140, 141). Ein vierschrötiger Turm, die *Tour Carbonnière*, sperrte den Damm 3 Kilometer vor der Stadt. Heute kann man ihn umfahren, damals mußte jeder sein breites Tor passieren, der nach Aigues-Mortes wollte. Aber rechts und links vom Damm und Turm breitet sich noch immer der Sumpf, in dem weiße Reiher fischen und Frösche quaken. Aigues-Mortes ist von Wasser und Morast umgeben; um die offene See zu erreichen, mußte Ludwig IX. den ›Kanal des Königs‹, le Grau du Roi, bauen lassen.

Die neue Stadt wurde mit besonderen Privilegien ausgestattet, um Menschen anzuziehen, die sich dort niederließen. Der Umfang war durch den Mauergürtel gegeben, und innerhalb von acht Jahren war Aigues-Mortes, die ›Toten Wasser‹, eine Stadt, mit allem Nötigen versehen, um ein Heer von Kreuzfahrern zu verschiffen. Ludwig der Heilige wurde von seiner Königin, Margarete von Provence, und seinen Brüdern, den Grafen von Artois und Anjou, begleitet, und viele vom hohen Adel Frankreichs nahmen ebenfalls teil. Zwei Jahre später, nachdem der König in sarazenische Gefangenschaft geraten und gegen das von ihm eroberte Damiette und hohes Lösegeld freigekauft worden war, sollten ihm die Barone in Akkon zur Rückkehr raten: »... denn von allen Rittern, die in Eurer Gesellschaft kamen und von denen Ihr 2800 nach Zypern führtet, sind in dieser Stadt keine 100 übrig ...« Zahlen wie diese umreißen die Größe – und die Nutzlosigkeit – des Unternehmens und dies umso mehr, als hier ja nur von den Rittern und überhaupt nicht von ihren Gefolgsleuten die Rede war. Ein Augenzeuge, selbst ein Kreuzfahrer, schätzte das »Heer der Christenheit«, das in Aigues-Mortes am Tage des Festes des heiligen Augustin Ende August (1248) absegelte, »auf 2500 Ritter, 5000 Armbrustschützen und viele andere Leute zu Fuß und Pferde«.

Ungeheure Vorräte waren schon lange vorher auf Zypern für den Feldzug gehortet worden. In Aigues-Mortes war man ebenfalls wohlversorgt auf die achtunddreißig in Genua erbauten Schiffe gegangen, die 500 bis 800 Menschen oder 100 Pferde faßten. Jeder Kreuzfahrer hatte einen langen Holzkoffer mitzubringen, der ihm als Behälter für persönliche Habe, als Bett und äußerstenfalls als Sarg dienen sollte, außerdem eine bestimmte Menge Proviant, ein kleines Faß Süßwasser, eine Laterne, persönliches Geschirr. Das Admiralsschiff hatte Gemächer für das Königspaar und selbstverständlich eine Kapelle. Ehe die Segel gesetzt wurden, fielen alle auf die Knie zu gemeinsamem Gebet und Gottesdienst.

Der mit so viel Umsicht und siegreich begonnene Feldzug – die rasche Eroberung von Damiette schien den Sieg zu verheißen – verlief letztlich glücklos. Sechs Jahre war Ludwig im Heiligen Land gewesen, als er heimkehrte. 1270 brach er noch einmal in Aigues-Mortes auf, ein Mann von 55 Jahren, der das Ziel seines Lebens doch noch zu erreichen hoffte. Er kam nur bis Tunis, erkrankte an der Pest und sah sein Ende nahe. In der Nacht vor seinem Tod fand man ihn vor seinem Bett auf dem Boden knien und seufzen: »O Jerusalem, o Jerusalem!« Sein letztes Gebet galt der glücklichen Heimkehr derer, die unter seiner Führung diesen letzten, siebenten Kreuzzug unternommen hatten.

Ludwig IX. hat all das verkörpert, was im 12. und 13. Jahrhundert unter dem Ideal eines christlichen Ritters verstanden wurde. Johann von Joinville, sein Freund und Kampfgefährte, überlieferte uns sein Bild: »Ich sah niemals einen so schönen Ritter, denn er schien über all seinen Leuten zu stehen, die er um einen Kopf überragte, einen goldenen Helm auf dem Haupt und ein deutsches Schwert in der Hand.« Dem körperlichen Adel entsprach der seelische. In sarazenischer Gefangenschaft erbot sich Ludwig, allein als Geisel zurückzubleiben, bis sämtliche Loskaufbedingungen erfüllt waren, wenn dafür seine Gefährten frei würden. Das Gefühl der Verantwortung für alle, die mit ihm gezogen waren, hat ihn offenbar keinen Augenblick verlassen.

Das kleine *Aigues-Mortes,* das heute weiter vom Meer entfernt liegt als damals und in dem das Leben stehengeblieben zu sein scheint, vermittelt merkwürdig viel von dem Geist des 13. Jahrhunderts. Die mittelalterliche Kirche (Abb. 139) tut es mit der schlichten Inschrift, auf der die Abfahrtsdaten der beiden Kreuzzüge verzeichnet sind und ihr Wahlspruch: »Dieu le veut« und ebenso der Rundgang auf der zinnenbewehrten, 1700 m langen Stadtmauer. Man sieht die Tore und Törchen zur Meerseite hin und die Türme zur Landseite, das ganze Verteidigungssystem einer mittelalterlichen Befestigung wird erkennbar. Der Blick geht über die Dächer der rechteckig angelegten, von geraden Straßen durchzogenen Stadt und weit hinaus in die ebene Sumpflandschaft der Camargue und über die Salzgärten hin zum Meer.

Bevor man jedoch den hochgelegenen Wehrgang betritt, sollte man Aigues-Mortes ganz oder teilweise umfahren, um den goldfarbenen Stein seiner Mauern unter dem silbrigen Himmel der Meereshelle zu erleben, und sollte dann durch die *Porte de la*

Gardette, das Haupttor, zur *Tour de Constance* gehen, wo auch der Rundgang über die Mauern beginnt. Der Name dieses mächtigen Rundturms, der durch tiefe Wassergräben und Fallgitter abgesichert ist, könnte mit gutem Grund als ›Turm der Standhaftigkeit‹ verstanden werden, so viele haben in ihm heroisch gelitten, er heißt jedoch nach Constance de France, der Gemahlin des Grafen Raimond V. von Toulouse. Ludwig der Heilige hat hier in seiner Kapelle gebetet, gebetet aber haben hier auch in den oberen Geschossen jahrzehntelang Gefangene, Tempelherren und Hugenotten, Opfer der immer wieder die Provence heimsuchenden Glaubenskriege. 500 Jahre lang war dieser Turm ein Kerker – ein Kerker, durch dessen schmale Ausguckscharten man weithin über die Ebene sehen und Frühling, Sommer, Herbst und Winter wieder und wieder erleben konnte, ohne je in diese lockende Ebene hinauszugelangen. Der Blick in die besonnte Ferne im unvergleichlichen Licht der Provence muß eine zusätzliche Qual für die hier Eingeschlossenen gewesen sein, die hinter meterdicken Mauern froren, wenn nicht das Mitleid ihrer Wärter ihnen zu einigen Bündeln Holz für ein Feuerchen auf dem Steinboden verhalf. Unvorstellbar die Willenskraft, mit der die Gefangenen über Jahre und Jahrzehnte hinaus der Versuchung widerstanden, ihrem Glauben abzuschwören.

Nach der Aufhebung des Edikts von Nantes, das 1598 auch den Protestanten Religionsfreiheit gewährte, hatte im Jahre 1685 die Verfolgung der Hugenotten auch in der Provence von neuem begonnen. Ihre Opfer verschwanden in diesem Turm. Noch sind in der Mauer des Rittersaals Namen Eingekerkerter zu lesen und dahinter zwei ineinandergefügte V: Vae victis – wehe den Besiegten. Auch Marie Durand, fast ein Kind noch, ein fünfzehnjähriges Mädchen, wurde mit anderen Glaubensgenossen in die Tour de Constance gebracht. Sie blieb dort 38 Jahre. Die unerschütterliche Willenskraft dieser Frau bezeugt noch heute ein Wort, in den steinernen Rand eines der Beobachtungslöcher geritzt: »RECISTER«, Widerstehen. Das ›c‹ statt des üblichen ›s‹ in diesem RECISTER erhärtet es auf eigentümlich überzeugende Weise. Die beispiellose geistige und seelische Leistung dieser unbeugsamen Frau hat schließlich einen Mann so tief betroffen gemacht und erschüttert, daß er sie und die letzten 14 gefangenen Protestanten freiließ. 1767 kam der Gouverneur des Languedoc auf einer Inspektionsreise nach Aigues-Mortes und sah Marie Durand. Die nun dreiundfünfzigjährige muß auf diesen katholischen Edelmann wie eine Heilige gewirkt haben.

In Aigues-Mortes ist kein großes Kunstwerk zu betrachten. Wen aber der Geist der Geschichte und menschliche Größe anzurühren vermag, der sollte diese kleine Stadt in der Camargue auf einer Provence-Reise nicht auslassen. Hier ist beides spürbar.

Der Liebeshof Les Baux

Wenn Aigues-Mortes mit der Gestalt Ludwigs IX. den Geist christlicher Ritterschaft lebendig macht, so rufen die Burgruinen auf den Felsen von *Les Baux* die Erinnerung

Felsen von Les Baux

an den Geist weltlich gesinnter herauf (Umschlaginnenklappe vorn, Farbt. 20, 21, Abb. 142–144). Les Baux, im Herzen des Landes auf den Hügeln der Alpilles gelegen, uneinnehmbarer Adelssitz eines großen Geschlechts, das über 79 Ortschaften herrschte, mit den Königshäusern Europas verschwägert war und sich nicht scheute, seine Abkunft von Balthasar, einem der heiligen drei Könige, herzuleiten und deshalb den Stern von Bethlehem im Wappen zu führen, ist im 13. Jh., dem Jahrhundert der Kreuzzüge Ludwigs des Heiligen, einer der berühmten Liebeshöfe gewesen, Pflegestätte feiner höfischer Sitte, Schauplatz ritterlicher Turniere, des Minnedienstes für unerreichbar hochgestellte Damen und des Troubadour-Gesangs, dessen europäische Form in der Provence geboren wurde. Mousket, ein französischer Chronist des 13. Jahrhunderts, erzählt, daß Karl der Große, als er die eroberten Länder unter seine Getreuen verteilte, die Provence den Musikern und Spielleuten gab. Das ist die legendäre Umkleidung für die Herkunft des neuen Kunst- und Lebensstils aus dem arabisch-spanischen Raum, der zuerst den Südwesten Frankreichs erreichte. Herzog Wilhelm IX. von Aquitanien, 1071 in Poitiers geboren, gilt als der erste Troubadour.

Les Baux selbst ist mit keinem der berühmten Namen der Troubadour-Dichtung verbunden, doch sind die Namen einiger Damen überliefert, denen zu Ehren Ritter, in die Farben ihres Hauses gekleidet, im Wettstreit die ihnen gewidmeten Verse zur Laute sangen, sich um keinen anderen Lohn als einen Kuß der Schönen und eine Pfauenfederkrone bewerbend. Das Lied hatte stets einer fremden Frau, niemals etwa der eigenen, zu gelten, die ›Minne‹ hatte rein zu bleiben, die Geliebte unerreichbar fern – ein höfisch-feines Spiel also, geboren aus der Sehnsucht nach dem ›höheren Leben‹, das durch plumpe Wirklichkeit nicht entweiht werden sollte. Inwieweit ein solches Ideal

Siegel und Wappen des Raymond des Baux

tatsächlich zu leben war, bleibt eine andere Frage. An Ehebruch, Mord und blutiger Rache hat es in jener Zeit jedenfalls nicht gefehlt. Bérengère des Baux gab einem ihrer Sänger einen Liebestrank, an dem er beinahe starb; er entfloh an einen anderen ›Cour d'Amour‹, aber der Gatte der Dame, an die er dort seine Lieder richtete, tötete ihn aus Eifersucht und ließ der von ihm verehrten Schloßherrin das Herz des Geliebten als Speise vorsetzen. Eine Geschichte, die, auch wenn sie sich nicht genauso zugetragen haben sollte, doch den Zeitgeist widerspiegelt, so weit er nicht tief religiös bestimmt war.

Ein Jahrhundert später erwarb sich Raymond de Turenne als Vormund seiner Nichte Alix des Baux durch seine Untaten den Beinamen ›Geißel der Provence‹. Unter anderem machte er sich ein Vergnügen daraus, seine Gefangenen zu zwingen, von der Felsenburg hinab in den Abgrund zu springen, und weidete sich an ihrem Zögern und ihrer Verzweiflung. Söldnerheere wurden angeworben, um sich seiner zu entledigen, die ihrerseits das Land verheerten. Schließlich ertrank er 1400 auf der Flucht bei Tarascon in der Rhône, und mit dem Tod seiner Nichte Alix starb die Herrschaft derer von Baux aus.

Von der Burg, deren Geschichte eng mit der des Mittelalters in der Provence verbunden ist, stehen heute nur noch Ruinen. 1632 ließ Ludwig XIII. die mächtigen und weitläufigen Bauten auf Kosten der Einwohner der Stadt schleifen, nachdem Les Baux durch die Familie der Manvilles ein bedeutender Zufluchtsort der Protestanten geworden war.

Was heute alle Provence-Reisenden dorthin zieht, sind nicht besondere Kunstschätze. Es ist die Ruinenromantik der noch immer halb zerstörten Stadt mit ihren leeren Fensterhöhlen aus dem 16. und 17. Jahrhundert, den zerbröckelnden Mauern auf den windumtosten felsigen Höhen des ehemaligen Burggeländes, wo auch noch

Saint-Gilles, Fassade der Kirche, linke Seite des Mittelportals, Mitte 12. Jh.

107

108

109

1

11

113

114

11, 112 Saint-Gilles, Löwe vom Mittelportal und Ungeheuer vom oberen Fries

3 Saint-Gilles, mittleres, ältestes Portal, Schule von Toulouse, 1142 begonnen. Links unten jagt ein Kentaur den Hirsch, das Symbol des Getauften

4 Saint-Gilles, Fassade mit Portalen und Glockenturm

7 Saint-Gilles, der hl. Michael am linken Portal

8 Christus, Schlußstein im Kryptagewölbe

9 Apostel am Hauptportal

0 Saint-Gilles, Detail zwischen Haupt- und linkem Seitenportal: Judas gibt die Silberlinge zurück, Jesus vertreibt die Händler aus dem Tempel

115

116

117

115, 116 Saint-Trophime in Arles, linkes Portalgewände. De Evangelist Johannes und Petrus mit den Schlüssel darunter menschenverschlingende Löwen und (link unten und rechtes Bild) Samson bei der Bezwingun des Löwen

117, 118 Saint-Trophine, linkes Portalgewände. Engel übe geben die Seelen in der Gestalt von Kindern de Patriarchen Abraham, Isaak und Jakob; unten men schenverschlingende Löwin

118

9 Das Portal von Saint-Trophime in Arles

120 Saint-Trophime in Arles

122, 123 Kapitelle im Kreuzgang von Saint Trophime

124 Pfeiler im Kreuzgang von Saint-Trophime, Christus erscheint dem hl Thomas

125 Saint-Trophime, Nordostpfeiler ir Kreuzgang, von links nach rechts: Hl Andreas, Steinigung des Stephanus Hl. Stephanus

121 Kreuzgang von Saint-Trophime, 12.–14. Jh.

22

123

124

125

126

127

126 Saint-Sauveur (um 1190) in Aix-en-Provence, Kreuzgang

127 Schriftband an der Außenwand der Kathedrale von Vaison la-Romaine

128

128 Saint-Sauveur, Kopf des Petrus im Kreuzgang der Kath drale

129 Kapitelle im Kreuzgang der Kathedrale von Vaison-l Romaine, 11./12. Jh. Das Gegeneinander und die Ve schlingung von zwei umgekehrten S-förmigen Spirale deuten nach neueren französischen Forschungen auf d Jüngste Gericht. Danach wäre an die beiden Wege d Menschen gedacht, die ihn entweder zu Seligkeit od Verdammnis führen. Darauf weisen auch die Köpfe d Erwählten und der Verworfenen an den oberen Ecken d Kapitelle – dem Ende ihres Weges – hin.

129

30

131

30 Saint-Paul-de-Mausole bei Saint-Rémy, Kreuzgang, Westseite, Adlerkapitell, Ende 12. Jh. Der aufsteigende Adler ist ein Symbol der Himmelfahrt. Neben ihm wächst durch die Akanthusblattformen die Fratze eines Verdammten.

31 Saint-Paul-de-Mausole, Kreuzgang, Kapitell mit Kentaur, Ende 12. Jh. Rechts der Kentaur mit phrygischer Mütze, antikes Symbol triebhafter und zugleich wissender und weisender Männlichkeit. Sein Kopf versinnbildlicht den Geist, der Pferdeleib das tierische Fleisch. Mit dem Pfeil der Wollust jagt er hier eine Sirene, ebenfalls ein Sinnbild der Lust. Links davon der Höllensturz eines Verdammten, den sein Bart als einen den fleischlichen Lastern Verfallenen ausweist. Er stürzt kopfüber, so daß ihm sein Rock über die Brust fällt.

32 a–d Saint-Christol (Vaucluse), Säulen in der Chorapsis mit den Themen Vergänglichkeit, Tod und Auferstehung. a) Engel bläst zur Auferstehung, b) Vogelsäule, c) Löwe zerbeißt die Schlange, d) ›Bartmann‹ mit doppeltem Löwenleib

a

b

d

133 a-d Notre-Dame de l'Ortiguière (Vaucluse), die vier Konsolen – Atlanten stützen das Himmelsgewölbe – der vorromanische Apsis der Kapelle. a) Kampf des Menschen mit Schlange und Ungeheuer, b) Pflanzliche Formen wachsen durch den Toten schädel, c) Der verwandelte Auferstandene, aus dem neues Leben entsteht, d) Vollendung des himmlischen Jerusalems i der Trinität, die höllischen Kräfte sind besiegt

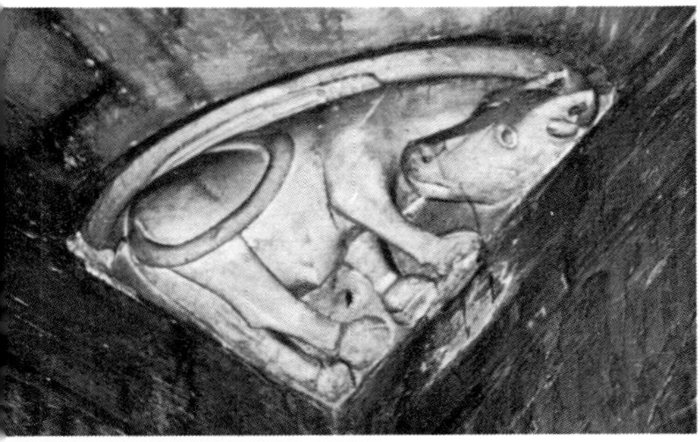

134 Pfarrkirche Notre-Dame in Venasque, 13. Jh. Wie in vielen Kirchen der Provence – so in Montmajour und in den Kathedralen von Marseille und Apt – sind in den Trompen unter der Vierungskuppel die Symbole der vier Evangelisten dargestellt: a) Engel b) Löwe c) Stier d) Adler

135 Sénanque, Teufelskopf in der Nordgalerie des Kreuzgangs

136 Sénanque, Schreib- und Wärmeraum des Klosters, 12. Jh.

137 Das Zisterzienserkloster Sénanque, 1160 begonnen, Anfang des 13. Jh. vollendet

138 Sénanque, Kapitelsaal

139 Die Kirche der Kreuzritter in Aigues-Mortes, 13. Jh.

o, 141 Mauern und Türme der mittelalterlichen Stadtbefestigung von Aigues-Mortes

142, 143 Die Felsen von Les Baux in den Alpilles

3

44 Les Baux, ›Taubenschlag‹

145 Fenster der alten protestantischen Kirche von Les Baux mit der calvinistischen Devise: »Post tenebras lux«

146 Die Burg von Tarascon, 12.–15. Jh., auf den Resten des römischen Kastells errichtet

Spuren der steinzeitlichen Siedlung zu sehen sind, und es ist der unvergleichliche Fernblick über die halbe Provence, weithin über die Alpilles hinweg. Kurz, es ist das ›Ambiente‹, die Atmosphäre der ›toten Stadt‹, des Mittelalters, der Vergänglichkeit schlechthin. Da dies ungemein anziehende Ambiente – das durch so ländlich-würdige Plätze wie den vor der kleinen romanischen *Saint-Vincent-Kirche* mit ihrer Totenlaterne draußen, den urtümlichen Gewölben drinnen und den modernen guten Glasfenstern noch einen besonderen Reiz erhält – jedoch so erschreckend berühmt geworden ist, daß täglich mindestens einige hundert, wenn nicht tausend Touristen ›hindurchgeschleust‹ werden, hat sich ein Fremdenbetrieb entwickelt, der im Begriff ist, die Atmosphäre, um derentwillen Les Baux eigentlich aufgesucht wird, vollends zu ersticken. Man muß schon außerhalb der Saison und zu ungewöhnlicher Stunde kommen, um noch ein wenig davon zu spüren.

Es wäre hier vielleicht noch ein Kuriosum zu erwähnen, das Deutschland auf überraschende Weise mit dem provençalischen Minnesang und – wenn auch noch flüchtiger – sogar mit Les Baux verbindet. Peire Vidal, ein Troubadour aus Toulouse, der zwischen 1175 und 1215 lebte und längere Zeit in den Diensten des Vizegrafen von Marseille, Barral de Baux, stand, mußte wegen seiner Liebe zu dessen Gemahlin Azalais nach Italien flüchten. Viele seiner Minnelieder, von denen noch fünfzig erhalten sind, werden dieser seiner Dame gegolten haben. Er schrieb aber auch eins, das ganz allgemein der Provence gewidmet war, die ihm ›über alles‹ ging. A. H. Hoffmann von Fallersleben (1798–1874), Germanist und speziell Kenner und eifriger Sammler deutscher und europäischer Lieder, dabei mit französischer Literatur vertraut, entnahm Peire Vidals Gedicht die Anregung zu unserer Nationalhymne.

Die Messe von Beaucaire

Das Bild vom 13. Jahrhundert in der Provence, die Vorstellung von der Zeit, in der ein König von Frankreich zweimal zu einem Kreuzzug von Aigues-Mortes ins Heilige Land aufbrach, in der es Liebeshöfe, Turniere und Troubadour-Gesang gab wie auf der Burg von Les Baux, wäre unvollständig, erinnerte man sich nicht auch der Messe von *Beaucaire*, die nun jährlich im Juli die gesamte Kaufmannschaft des Mittelmeerraums in die Stadt an der Rhône zog. Wer in Beaucaire selbst nicht unterkommen konnte, blieb auf den Schiffen, die im Fluß ankerten. Vom Norden kamen Händler aus der Bretagne und der Gascogne, und auf der alten Römerstraße östlich der Rhône, die bei Tarascon die Furt überwand, werden um diese Jahreszeit unzählige Frachtwagenzüge von weither hin und zurück gezogen sein. Chroniken berichten von 300 000 Besuchern. Das scheint übertrieben. Aber selbst wenn man, wie bei gewissen orientalischen Schätzungen, eine Null streichen müßte, so bliebe dies eine stattliche Anzahl von Messegästen. Daß es sehr viele waren, beweist der alljährliche Zuzug von Spielleuten, Schaustellern, Zirkusvolk aller Art, die Tiere, sogar Affen, Löwen und Elefanten, und ihre

Kunststücke vorführten, Akrobatik zeigten und hier erstmals die ›Nummern‹ ausprobierten, mit denen sie danach durch Europa reisten. In der Stadt gab es, wie auch anderswo im Mittelalter, besondere Straßen für die verschiedenen Handwerke, doch stand außerdem ein weitläufiges Gelände für die auswärtigen Kaufleute zur Verfügung, die hier alles anboten, was rings um das Mittelmeer wuchs oder hergestellt wurde.

Daß ein gut Teil dieses fremden Luxus auch die Höfe der Grafen von Provence und der großen Herren des Landes erreichte, die Wegzölle erheben und Vorrechte bieten konnten, versteht sich von selbst. Ja, auch die Gastfreundschaft gewährenden Klöster werden nicht davon ausgenommen worden sein. Andererseits wurden durch die fremden Gäste immer wieder Seuchen eingeschleppt, in jedem Jahrhundert mehrere Male. 1349 starben nach Petrarcas Berichten in wenigen Monaten allein 62000 Menschen an der Pest. Die unbedenklich in die Rhône geworfenen Leichen trieben stromab und verbreiteten das Unheil über die gesamte Provence.

Die große Messe von Beaucaire hat das ganze Mittelalter hindurch stattgefunden; erst das Zeitalter der Eisenbahn beraubte sie endgültig ihrer Bedeutung. Und doch hat die Stadt nur wenig Spuren davon bewahrt, und selbst ihre Burg aus dem 13. Jahrhundert ist nur eine Ruine, wie die von Les Baux wurde sie im 17. Jahrhundert auf Befehl Richelieus unter Ludwig XIII. geschleift. Sie bietet heute kaum mehr als die weite Aussicht auf die Hügelketten der Montagnette und der Alpilles, auf die Rhône-Landschaft und die ihr gegenüberliegende kraftvoll-schöne Burg von Tarascon (Abb. 146), die im gleichen Jahrhundert begonnen, aber erst am Ende des 15. Jahrhunderts vollendet wurde.

Die Rhône und Tarascon

Wo in vorgeschichtlicher Zeit bei der Insel, die später das römische Castell Tarusco trug, eine Furt durch die Rhône führte, verband in den Jahrhunderten des Imperium Romanum eine Brücke Ugernum, das heutige Beaucaire, mit den großen östlichen Straßen des Reichs. Im Mittelalter bewachte die Burg auf dem Hügel über der Stadt das westliche Ufer, und jenseits ragte hart am Strom, auf den Resten des römischen Kastells errichtet, der uneinnehmbare Block der Burg von *Tarascon* (Abb. 146), ein Bau, schön und machtvoll zugleich, aus herrlich goldleuchtendem Stein, zinnenbewehrt, fast 50 m hoch – Feste und Fürstenschloß in einem. Unverändert, ganz und gar Mittelalter, spiegelt er sich noch heute in der Rhône.

Ähnlich stehen sich weiter nördlich, vom Fluß getrennt, andere Wehrbauten jener Zeit gegenüber: auf dem Domfelsen von Avignon abweisend unzugänglich der *Papstpalast* (Abb. 148, 153), doppelt geschützt durch den starken Mauergürtel der Stadt, und drüben in Villeneuve, auf Wache gleichsam, am ehemaligen Brückenkopf von Saint-Bénézet der hohe *Turm Philipp des Schönen* (Abb. 158) aus dem 13. Jahrhundert und hinter ihm drohend auf dem Bergkegel das *Fort Saint-André* (Abb. 154, 156, 157) mit seinen gewaltigen Zwillingstürmen am Eingang, im 14. Jahrhundert durch König Johann den Guten von Frankreich errichtet.

So viel Wehrhaftigkeit ist nicht zufällig: die Rhône trennte jahrhundertelang kaiserliches und königliches Gebiet. Gehörte der Osten, obwohl die Grafen der Provence hier die eigentlichen unumschränkten Herren waren, seit dem 10. Jahrhundert wenigstens der Form nach zum Heiligen Römischen Reich Deutscher Nation, so der Westen den fränkischen Königen, bis 1481 die Provence durch Testament ganz an Ludwig XI. und damit an Frankreich fiel.

Dennoch scheint der Verkehr über den Fluß hinüber und herüber ziemlich zwanglos möglich gewesen zu sein, und nicht nur die großen Herren überquerten ihn, um an anderen Liebeshöfen ›Minne zu singen‹ oder an Turnieren teilzunehmen, sondern auch Kaufleute, ›Fahrende‹ und Flüchtlinge aller Art. Die Rhône selbst war französischer Besitz, wodurch sich groteske Rechtslagen ergaben. So erschienen zu Zeiten des Hochwassers und der Überschwemmungen königliche Beamte aus Villeneuve im gegenüberliegenden Avignon, um von den Armen, deren Häuser darunter litten, auch noch Steuern einzuziehen, da sie ja nun, wenigstens zeitweise, im Königreich lebten.

Die Burg von *Tarascon* (Abb. 146) nicht nur von außen, sondern auch von innen kennenzulernen, ist recht lohnend. Hier kann man sich eine Vorstellung vom provençalischen ritterlichen Leben im Mittelalter machen und all das erfahren, was einem die Ruinen von Les Baux schuldig bleiben. Bezaubernd ist u. a. ein kleiner, hochgelegener Garten im Mauergeviert, der Schutz vor Mistral und Sonnenwinkel zu jeder Jahreszeit bot, ein hortus conclusus von intimem Reiz, vor allem wohl für die Damen bestimmt. Der ›gute König René‹ (Abb. 180), Graf von Provence und, wenn auch nur dem Titel nach, König von Sizilien, ein hochgebildeter und dabei schlichter Mann, hat sich hier im 15. Jahrhundert viel aufgehalten und abwechselnd in Aix und Tarascon residiert. Der Gang über die Dachterrassen der Burg ist besonders eindrucksvoll. Die Aussicht ähnelt der vom Schloßberg in Beaucaire, ist jedoch noch bereichert durch den Blick auf Wassergräben und Innenhöfe, die unmittelbar unter den Zinnen hinfließende Rhône und die nahe *Kirche der heiligen Martha.*

In dieser schon im 10. Jahrhundert begonnenen, im 12. umgebauten, im letzten Krieg arg zerstörten und nun wiederhergestellten Kirche ist angeblich die heilige Martha begraben, jene dienstwillige Gastgeberin Christi, die mit den anderen heiligen Männern und Frauen in der Camargue im steuerlosen Schiffchen an Land getrieben sein und später Tarascon von seinem menschenfressenden Rhônedrachen befreit haben soll. Die Krypta birgt hinter aufwendiger Barockdekoration den frühchristlichen Sarkophag, in dem sie ruhen soll. In der Kirche selbst sind einige gute Bilder aus dem 17. und 18. Jahrhundert zu betrachten und in der letzten Seitenkapelle links ein schönes Triptychon aus dem 15. Jahrhundert. Besonders der Erzengel in stählerner Rüstung in seinem rechten Seitenflügel ist ein ganz reines Kunstwerk, Vorbild christlichen Rittertums und Verkörperung seiner Ideale. Bilder von dieser Qualität sind selten in der Provence in Kirchen zu finden.

VI Das Jahrhundert der Päpste in Avignon

Das 14. Jahrhundert ist in der Provence das Jahrhundert der Päpste in *Avignon*. Nach den mit äußerster Grausamkeit geführten Albigenser-Kriegen (1209–1229), die als Kreuzzug getarnt letztlich die Eroberung fremden Gebiets zum Ziel hatten, war die Grafschaft Venaissin, die ungefähr das heutige Département Vaucluse mit Carpentras als Hauptstadt umfaßte, durch den Friedensvertrag päpstliches Eigentum geworden. Dieser Landbesitz außerhalb Italiens erleichterte es der klugen Politik Philipps des Schönen von Frankreich, 1309 Papst Clemens V., einen gebürtigen Aquitanier, zu bewegen, sich den aufreibenden und gefährlichen Parteikämpfen in Rom durch einen Aufenthalt in der Provence zu entziehen – und damit das Papsttum unter französischen Einfluß zu bringen. Avignon war zu dieser Zeit noch im Besitz der Grafen von Provence aus dem Geschlecht des Hauses Anjou, doch besaß der König von Frankreich, Philipp der Schöne, bestimmte Rechte als Mitregent. Von der ›zweiten babylonischen Gefangenschaft der Kirche‹ zu sprechen, war also, aus italienischer Sicht betrachtet, nicht ganz unberechtigt.

Seit 1309 residierten die Päpste in Avignon, aber erst fast vierzig Jahre später konnte Clemens VI., der prunkliebende Nachfolger des strengen Benedikt XII., der aus dem Zisterzienser-Orden hervorgegangen war, die Stadt Avignon für 80 000 Goldgulden von Jeanne des Baux, der Gräfin von Provence und Königin von Neapel, käuflich erwerben. Daß diesem Handel ein Prozeß vorausging, in dem die Königin der Beteiligung an der Ermordung ihres ersten Gatten, Andreas von Ungarn, angeklagt war und durch den Papst von aller Schuld freigesprochen wurde, läßt dieses Geschäft eines Kirchenfürsten in etwas zwielichtiger Beleuchtung erscheinen. Zu dieser Zeit stand schon der festungsartige,etwas nüchterne Bau des Zisterziensers Benedikt XII., das sogenannte *Palais vieux*. Clemens VI., ehemaliger Benediktinermönch, erweiterte ihn um seine schönsten Teile, das *Palais nouveau*. Seine Nachfolger vollendeten das Werk, so daß in etwa 35 Jahren ein gotischer Gebäudekomplex mehr als 15 000 Quadratmeter bedeckte.

Sieben Päpste haben in Avignon residiert, von denen vier (Johannes XXII., Benedikt XII., Innozenz VI. und Urban V.) mönchisch streng im Geiste der Orden lebten, aus denen sie kamen. Alle waren, wie es der Absicht Philipp des Schönen entsprochen hatte, als er Avignon zur Residenz anbot, Franzosen und damit mehr oder weniger geeignete Instrumente französischer Politik. Daß die leidenschaftlichen Beschwörungen der heiligen Katharina von Siena schließlich dazu beitrugen, Gregor XI. zu bewegen, im September 1376 Avignon zu verlassen, um nach Rom zurückzukehren, ist bekannt. Das ›Exil der Kirche‹ hatte rund siebzig Jahre gedauert, von 1309 bis 1376.

Der Besichtigung des Papstpalastes wird sich niemand entziehen, der Avignon besucht. Und doch wird dieser einstündige Rundgang unter Führung treppauf, treppab durch ungeheure kahle Säle, riesige Höfe, hohe Gemächer, Türme, Kapellen und Nebenräume in Gruppen von meist einigen hundert Menschen kaum wirklich befriedigen und Wesentliches vermitteln. Alles Leben ist aus diesen gewaltigen leeren Raummassen gewichen, einige reizvolle, italienisch orientierte Fresken des 14. Jahrhunderts ausgenommen, deren Themen nicht kirchlich, sondern dem Landleben entnommen sind, als sollte den Bewohnern dieses Steinkolosses wenigstens ein Hauch natürlichen Daseins gegönnt werden (Abb. 151, 152). Um die Öde der weitläufigen Säle etwas zu mildern, sind in einem von ihnen große Wandteppiche späterer Jahrhunderte aufgehängt. Ein kurzes Studium des Grundrisses vor der Besichtigung bietet am ehesten die Möglichkeit, den Zusammenhang der Gesamtanlage zu verstehen; denn die Führer geben nur die notwendigsten Erklärungen und drängen weiter.

Die Kathedrale *Notre-Dame-des-Doms* ist im 12. Jahrhundert erbaut, aber durch zahllose spätere Veränderungen heute gesichts- und geheimnislos geworden. Das gewiß ehmals schöne Fresko des Simone Martini aus Siena in ihrem Tympanon ist fast ganz verblaßt, die wenigen guten Stücke im Innern, wie der romanische Marmorthronsitz der Päpste im Chor oder die schöne Kuppel, werden von Mittelmäßigkeiten aus späteren Jahrhunderten gleichsam erdrückt. Eine vergoldete gußeiserne Madonna aus der Mitte des 19. Jahrhunderts krönt die Kirche und ist leider zu ihrem weithin sichtbaren Wahrzeichen geworden.

In Notre-Dame-des-Doms – die übrigens dort steht, wo sich schon im 4. Jahrhundert eine Kirche erhob, bei der Avignons höchste Geistliche wohnten, und wo, den beim Bau der Tiefgarage am Domfelsen gemachten steinzeitlichen Funden nach, von jeher ein heiliger Ort war – liegen außer zwei Päpsten einhundertsiebenundfünfzig Kardinäle und Prälaten begraben. Eine Zahl wie diese erhellt blitzhaft die Szene Avignons im 14. Jahrhundert: eine kleine Stadt, die, plötzlich zum Mittelpunkt der Welt erhoben, weit mehr Ausländer als Einheimische in ihren Mauern beherbergen mußte, in der wohlhabende Bürger, wenn auch gegen Entschädigung, kurzerhand ausquartiert wurden, um italienischen Kardinälen und ihrem umfangreichen Hofstaat Platz zu machen, in die italienische Künstler zur Ausschmückung von Kirchen und Palästen gerufen wurden und die Intellektuelle, Geschäftsleute, Abenteurer, Diebe und nicht zuletzt ein Heer von Dirnen von weither anzog, die alle hier ihr Glück zu machen suchten.

Die heilige Birgitta von Schweden schrieb: »Das Feuer des Himmels wird Avignon verzehren, so wie es Sodom verschlungen hat.« Petrarca nannte es »die Kloake der Welt«. Was im Kirchenstaat der Renaissance Rom zur unsichersten, verbrechengewohntesten Stadt ganz Italiens machte, hatte hier sein Vorspiel. »Es gibt an diesem Ort keine Liebe, keine Treue und nichts Wahres, nichts Heiliges, keine Furcht Gottes, keinen Eid, keine religiöse Scheu«, behauptete Petrarca noch als Dreiundsechzigjähriger im Rückblick auf seine Jugendzeit in Avignon, die er im Hause seines Gönners und Freundes, des Kardinals Giovanni Colonna, verbracht hatte. Zu dieser Zeit war Papst Johannes XXII., der bei seiner Wahl 1316 bereits zweiundsiebzig war, ein Greis von fünfundachtzig Jahren. Er sollte neunzig werden. Daß er, obwohl er persönlich »sehr einfach, zurückgezogen und sparsam« lebte, nicht noch irgend etwas wesentlich zu ändern vermochte, versteht sich demnach von selbst.

Die italienische Überfremdung der Stadt und ihrer Umgebung nahm mit jedem Jahrzehnt zu. Andererseits verdankt Avignon und das gegenüberliegende sehenswerte *Vil-*

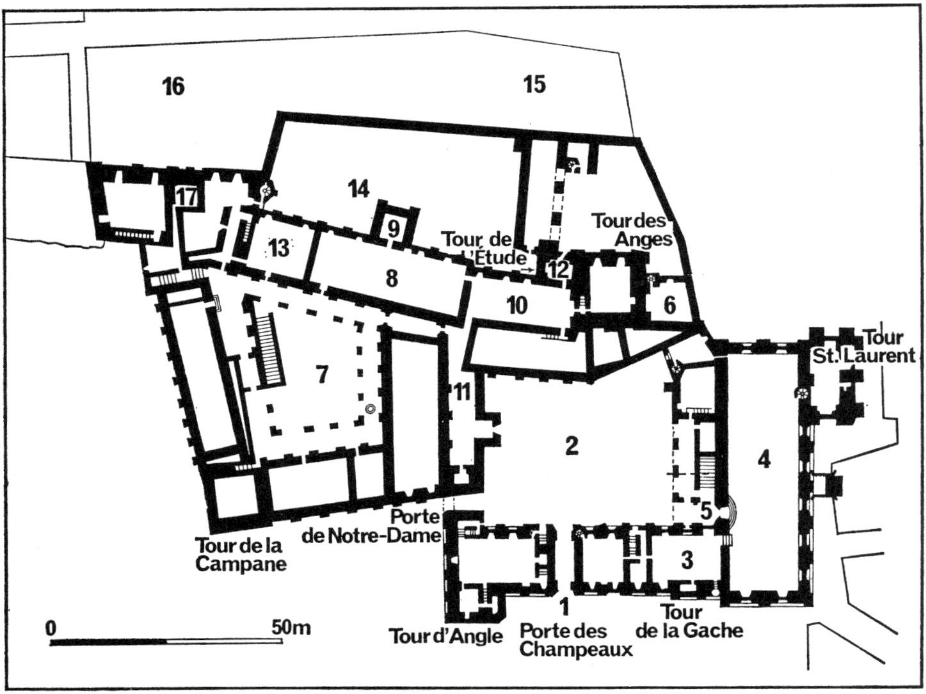

Avignon, Papstpalast, Grundriß des Erdgeschosses
1 Eingang 2 Großer Hof 3 Kleiner Audienzsaal 4 Großer Audienzsaal 5 Große Treppe 6 Turm mit sanitären Anlagen 7 Hof und Kreuzgang 8 Versammlungsraum der Kardinäle 9 Turm Saint-Jean 10 Schatzkammer 11 Konklave (Versammlungsraum der Kardinäle für die Papstwahl) 12 Bibliothek 13 Kellerei und Bäckerei 14 Garten Benedikt XII. 15 Garten Urban V. 16 Garten Clemens VI. 17 Turm mit Wirtschaftsräumen (1–6 Neuer Palast; 7–17 Alter Palast)

leneuve (Abb. 156), die ›Stadt der Kardinäle‹, dieser Zeit so manches Schöne, in Villeneuve z. B. den bezaubernd gestalteten italienischen Garten innerhalb des Fort *Saint-André* und in beiden Städten das, was an Fresken noch ungefähr erhalten ist, darunter die wundervollen neuentdeckten in *Saint-Didier* im Stil von Giotto.

Wie Petrarca, 1304 in Arezzo als Sohn eines Florentiner Notars geboren, dazu kam, etwa die Hälfte seines Lebens in Avignon und der päpstlichen Grafschaft Venaissin zu verbringen, ist bezeichnend für die Zeit. Sein Vater war einer der Schicksalsgenossen Dantes, die 1302 aus Florenz verbannt wurden, und hatte sich nach verschiedenen gescheiterten Versuchen, in italienischen Städten Fuß zu fassen, in die neue Papstresidenz begeben, in der Hoffnung, dort eine Existenz für sich und seine Familie zu finden. Da jedes Unterkommen in Avignon außerordentlich schwierig und kostspielig war, ließ er Frau und beide Söhne in Carpentras, der Hauptstadt des Venaissin, wohnen, wo Francesco Petrarca dann seine Kindheit verlebte, bis er auf die Universitäten von

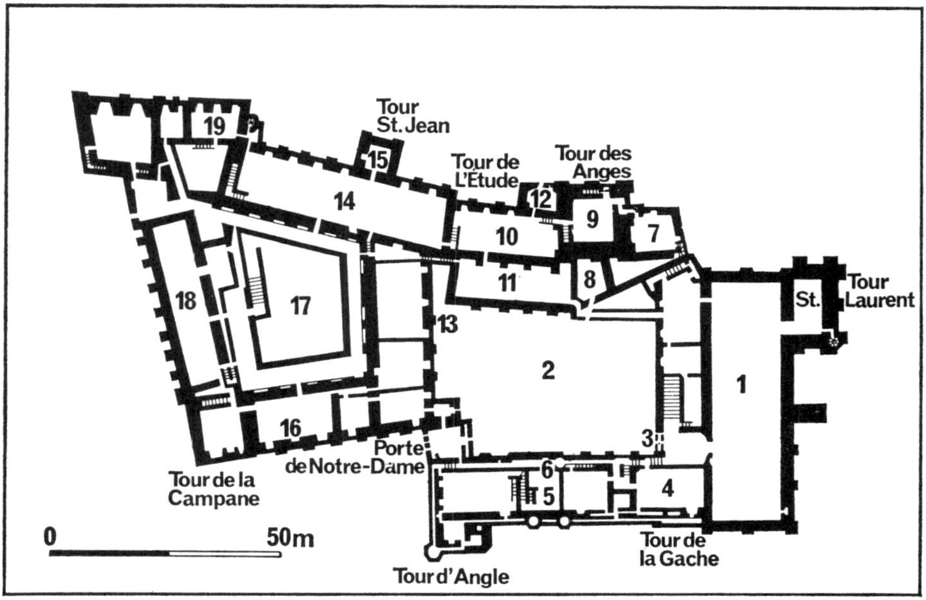

Papstpalast, Grundriß des Obergeschosses
1 Kapelle Clemens VI. (Große Kapelle) 2 Großer Hof 3 Ablaß-Fenster 4 Appartement des Kämmerers 5 Räume der Würdenträger 6 Galerie des Konklave 7 Zimmer Papst Clemens VI. 8 Private Küche 9 Schlafzimmer des Papstes 10 Paramentenkammer 11 Privater Speisesaal 12 Arbeitszimmer 13 Appartements der Konklavegäste 14 Großer Speisesaal 15 Kapelle Saint-Martial 16 Flügel der Angehörigen des päpstlichen Hofes 17 Hof des Kreuzgangs 18 Kapelle Benedikt XII. 19 Küchenturm (1–7 Neuer Palast; 8–19 Alter Palast)

Montpellier und Bologna ging. Daß er danach in den kleinen Kirchenstaat auf französischem Boden zurückkehrte, war selbstverständlich. Hier hatte er Familie, Freunde und nicht zuletzt Beziehungen, die ihm, nachdem er die ersten priesterlichen Weihen empfangen hatte, bald seine erste Pfründe einbrachten und später auch als Geschenk ein kleines Besitztum an der Quelle der Sorgue, wo er sich schon als Kind gewünscht hatte zu leben. In Avignon war er als Dreiundzwanzigjähriger am Karfreitag des Jahres 1327 zum ersten Mal der verheirateten Madonna Laura in Santa Chiara begegnet, die er von nun an in seinen Versen feierte, eine unerreichbar Ferne, deren wirklicher Name niemals von ihm genannt wurde, wie es die Troubadour-Sitte vorschrieb. Der ›dolce stil nuovo‹ Dantes und dessen Verklärung Beatrices ist dabei als Vorbild nicht zu verkennen, die Dichtung Petrarcas jedoch von eigener lyrischer Kraft geprägt. Daß sie italienisch war und nicht provençalisch, obwohl sie in Südfrankreich entstand, war typisch für den kleinen Kirchenstaat, in dem noch im 17. Jahrhundert das Italienische das Französische verdrängte, das offiziell seit 1540 an die Stelle des Lateinischen und des Provençalischen getreten war.

Saint-Victor-Kapelle über der Quelle der Sorgue, Handzeichnung von Petrarca in einer Plinius-Handschrift

Avignon dankt dieser Papstzeit und den folgenden Jahrhunderten, in denen zwar der Papst wieder in Rom residierte, seine Legaten und Vizelegaten jedoch die Stadt und das Comtat Venaissin verwalteten, eine Anzahl Kirchen und Paläste aus dem 14. bis 17. Jahrhundert, die, ohne im einzelnen bedeutende Sehenswürdigkeiten zu sein, doch einen oder zwei ausgedehnte Spaziergänge zu ruhiger Stunde durch die mittelalterlichen, quälend engen Gassen zu ihnen lohnen. *Saint-Pierre* hat eine der in der Provence sehr seltenen rein gotischen Fassaden und schöne Renaissancetüren, *Saint-Didier*, ein der Zisterzienser-Strenge Benedikts XII. entsprechender, ebenfalls gotischer Bau birgt die neuentdeckten, schon erwähnten Fresken aus der Mitte des 14. Jahrhunderts, die »den Pinselstrich Matteo Giovanettis und Simone Martinis erkennen lassen«, die

Chapelle des Pénitents noirs ist eine der wenigen Kirchen des 17. Jahrhunderts in diesem Land. Die Ausnahmestellung, die Avignon durch die jahrhundertelange enge Beziehung zum Vatikan besaß – erst während der Revolution kamen Stadt und Grafschaft 1791 zu Frankreich –, hat es bewirkt, daß es hier so viele schöne Häuserfassaden, Portale, Innenhöfe, Madonnenstatuen, wappen- und säulengeschmückte öffentliche Gebäude gibt wie in keiner anderen provençalischen Stadt. Nichts davon erhebt sich wesentlich über Durchschnittsmaß, vieles ist mehr italienisch als französisch, das wenigste rein provençalisch.

Rein provençalisch wirkt eher die jenseits der Rhône liegende Kardinalsstadt *Villeneuve-lès-Avignon* (Abb. 156) mit ihren gewaltigen Wehrbauten und natürlich die berühmte halbzerstörte *Saint-Bénézet-Brücke* (Abb. 149) mit ihrer Kapelle, in der einmal die Gebeine des heiligen Brückenbauers ruhten. Nichts ist typischer, als daß hier auch sogleich die Legende anknüpft mit jenem Phantasiereichtum, der alles Altprovençalische mit märchenhaften Zügen ausstattete. Es heißt, im Jahre 1177 habe der junge Hirt Bénézet im Vivarais Stimmen gehört, die ihm befahlen, eine Brücke über den Fluß zu bauen, und ein Engel habe ihn dann an die Stelle geführt, wo dies geschehen sollte. In Avignon glaubte ihm zuerst niemand seinen göttlichen Auftrag. Doch dann gelang es ihm, vor allem Volk mit himmlischer Hilfe einen riesigen Felsblock aufzuheben und als ersten Stein der künftigen Brücke ans Ufer der Rhône zu setzen. Überwältigt von diesem Wunder beteiligten sich nun viele freiwillig an seinem Werk, die ›Bruderschaft der Brückenbauer‹ entstand, Geldspenden flossen reichlich und in elf Jahren, drei Jahre nach dem Tode Saint Bénézets, stand das Werk; eine 900 m lange Brücke spannte sich über den Strom, die einzige damals zwischen Avignon und dem Meer. Aber schon 1226 ließ Ludwig VIII. die Brücke zerstören, und von ihren ursprünglich neunzehn Bögen blieben nur noch jene vier, die jeder Besucher von Avignon kennt und auf die sich das Kinderlied ›Sur le Pont d'Avignon, on y danse, on y danse . . .‹ bezieht.

Besonders schön sieht man sie von den wundervollen Parkanlagen auf dem Domfelsen, die bezaubernde Ausblicke auf das Rhônetal, auf Villeneuve, die Alpilles und den fernen Mont Ventoux gewähren. Hier auf dem Domberg in den Gärten zu verweilen, ist ein vollkommener Genuß. Man glaubt dann gern, daß Augustus auf diesem seit Urzeiten für heilig gehaltenen Felsen dem ›Nordwind‹, d. h. dem Mistral, einen Tempel errichten ließ. Wie der Mont Ventoux, der ›Windberg‹, muß diese lichte Höhe ein Sanktuarium getragen haben und dies wohl schon lange vor der Zeit des römischen Imperiums, wenn man das nach den Funden an seinem Fuß annehmen darf. Falls es zutrifft, daß die keltischen Cavaren, die hier als Fischer siedelten und den Ort ›Aouenion‹ nannten, diesen Namen aus ›Aouen‹ oder ›Aven‹, den Bezeichnungen für ›Strudel‹ oder ›Abgrund‹ und ›ion‹, d. h. ›Herr‹, bildeten, so würde der Domfelsen dem ›Herrn über die Wasser‹ geweiht gewesen sein.

In noch weitere Vergangenheit zurück führen die mundlosen Grabstelen aus dem Neolithikum im *Musée Calvet* (Abb. 6, 7), von denen einige an seinem Fuß gefunden wurden. Schon um ihretwillen, die in ihrem düster-strengen Ernst reine Kunstwerke sind, wie sie die Generationen vor uns nicht kannten, sollte man das Musée Calvet aufsuchen, in dessen schönen Bau aus der Mitte des 18. Jahrhunderts – in seinem weltfern stillen Hof schlagen Pfauen ihr schillerndes Rad unter den alten Bäumen – auch sonst noch manches Sehenswerte verborgen ist. Was aus Kelten- und Römerzeit stammt, ist in dem kleinen, leicht überschaubaren *Musée Lapidaire* bewahrt, das in der Rue de la République sozusagen am Wege liegt. Hier steht gleich rechts vom Eingang die sogenannte Tarasque (Abb. 15), das keltische menschenverschlingende Ungeheuer, das einmal die Furt von Noves bewachte.

VII Juden in der Provence

»Als der letzte avignonesische Papst die Stadt schließlich wieder verließ, nahm die Einwohnerzahl ab. Die Bevölkerung bestand nur noch aus 1 500 Einheimischen und 4 000 Ausländern, die nunmehr ebenfalls in ihre Heimatländer zurückkehrten.« Dies schreibt Henri Bécriaux in seinem Avignon-Führer. Man muß sich das vorstellen, um darauf aufmerksam zu werden, daß es in dieser stets ziemlich kleinen Stadt eine ›Place du Change‹ und ein italienisch wirkendes ›Hôtel des Monnaies‹, d. h. eine Münze, gibt. Das Geldgewerbe, der Tausch fremder Währung, das Ausleihen, Verpfänden, Einlösen von Wechseln, Gutschreiben und Verrechnen mußte bei einer so großen Anzahl von Ausländern, die alle mehr oder weniger einflußreiche Posten innehatten oder anstreben, in der päpstlichen Enklave jahrhundertelang größte Bedeutung besitzen. Aber es durfte nicht von Christen ausgeübt werden; denn Christus hatte Zinsnehmen und Wucher verboten. Die Päpste und später ihre Legaten waren also gezwungen, das große Geschäft Juden zu überlassen. Sie zu schützen, deren Tätigkeit so dringend gebraucht wurde, war demnach für sie selbstverständlich, ihnen freie Religionsausübung zu gewähren, unabdingbar.

Diesem Umstand verdankten die Israeliten ihre Sonderstellung im Comtat Venaissin und die noch heute erhaltenen schönen Synagogen in *Carpentras* und *Cavaillon* (Abb. 159). Die von Carpentras ist die älteste in Frankreich, ursprünglich im 15. Jahrhundert erbaut, im 18. erneuert und seitdem zweimal restauriert. Vor der Französischen Revolution lebten im Ghetto von Carpentras bis zu 1200 Juden. Die Gemeinde von Cavaillon war erheblich kleiner. Zu ihr gehörten nur etwa zweihundert Gläubige. Auch ihre Synagoge, 1772 im Stil Ludwig XV. erbaut, und das ihr angeschlossene kleine Museum ist sehenswert. Zwei weitere jüdische Ghettos auf päpstlichem Gebiete bestanden in Avignon und Isle-sur-Sorgues.

Im sogenannten Comtat, der päpstlichen Enklave innerhalb der Provence, mögen die Juden besonders zahlreich gewesen sein, sie waren jedoch auch an anderen Orten, z. B. in Apt, seit Jahrhunderten ansässig. So lange schon, daß man von den ›guten Juden‹ und ihren Nachkommen sprechen konnte, nämlich von denen, die an Christi Tod unschuldig gewesen sein mußten, weil sie angeblich schon vor diesem Ereignis, das überall zum Vorwand für ihre Verfolgung herhalten mußte, im Lande lebten. Sie konnten sich weitgehend frei bewegen, mußten jedoch gelbe Hüte tragen. Überraschend ist es zu lesen, daß 1339 die christlichen Bürger von Saint-Rémy einen gerichtlichen Entscheid verlangten, um zu erreichen, daß auf dem Markt Fleisch verkauft wurde, das nicht nach jüdischem Brauch geschächtet war und dessen Geschmack und Aussehen sie deshalb beanstandeten. Der Richter ordnete an, daß es künftig eine nur für Juden bestimmte Fleischbank geben solle, und untersagte die rituelle Schlachtung in den übrigen Metzgereien. Demnach müssen die Juden in Saint-Rémy nicht nur zahlreich gewesen sein, sondern auch mehr oder weniger den Handel mit Fleisch beherrscht haben.

Neben dem jüdischen Kaufmann, der ja freier als jeder Christ auch mit den arabischen Ländern Handel treiben konnte, scheint es früh auch den intellektuellen Typ gegeben zu haben, der arabisches Wissen, speziell naturwissenschaftliches, das weit bedeutender war als das gleichzeitige christliche, erwerben durfte. Der ›gute König René‹ (Abb. 180), der bis 1480 lebte und meist in Aix residierte, nahm den jüdischen Arzt Petrus Nostre-Dame, der sich nach Humanistenbrauch Nostradamus nannte, in seinen Dienst. Dessen Sohn Jacques lebte als Notar in Saint-Rémy, wo 1503 sein berühmter Sohn Michel Nostradamus (Abb. 160), der Arzt, Magier und Astrologe, den Goethe in seinem ›Faust‹ erwähnt, geboren wurde. Er hat zuerst in Avignon das Wissen des klassischen Altertums und danach im spaniennahen Montpellier Medizin studiert und ist dort sicherlich mit arabischem Geistesgut in Berührung gekommen. Er ließ sich dann in Salon nieder. Während der Pest von 1546 war sein Ruf schon so bedeutend, daß man ihn als Arzt nach Aix rief, und es soll ihm gelungen sein, mit einem von ihm erfundenen Puder die Epidemie einzudämmen. Kollegenneid mag dazu beigetragen haben, daß seine Schriften auf den Index kamen. Er lebte deshalb zurückgezogen in Salon und widmete sich vor allem der Astrologie und seinen Prophezeiungen, die unter dem Titel ›centuries‹ veröffentlicht wurden und in geheimnisvoll dunklen Vierzeilern alle bedeutenden Ereignisse bis ans Ende der Welt voraussagen. Nicht nur die Zeitgenossen haben sie eifrig und immer wieder studiert, noch jahrhundertelang ist man auf sie zurückgekommen. Michel Nostradamus ist 1566 in Salon gestorben und in der vierten Kapelle links vom Chor in Saint-Laurent – also als Christ – beigesetzt worden. Seine Grabplatte mit einem Porträt von ihm ist dort noch zu sehen. – Sein Bruder Jean de Nostre-Dame hat Biographien provençalischer Dichter geschrieben, einer von dessen Söhnen als Kapuzinermönch ›christliche Stanzen‹, ein anderer eine Chronik der Provence. Das intellektuelle Judentum ist also aus der Kulturgeschichte des Landes nicht wegzudenken.

VIII Die französische Provence

Die Veränderungen im 15. Jahrhundert

Wenn das 14. Jahrhundert von der Residenz der Päpste in Avignon geprägt ist, so rückt vom 15. an *Aix* immer mehr in den Mittelpunkt des Interesses. Seit 1413 war es Universitätsstadt, nachdem schon im 12. und 13. Jahrhundert die Grafen von Provence ihre Hofhaltung dorthin verlegt hatten. Bis 1480 regierte dann der ›gute König René‹ in Aix. Er soll die Zucht der Seidenraupe und der Muskatellertraube und sogar Nelken, Rosen und Pfauen in der Provence eingeführt haben, veranstaltete gern Feste – der Umzug der Tarasque in Tarascon zweimal im Jahr geht auf ihn zurück – und besaß die klassische Bildung seiner Zeit und vielseitige Interessen – ein echter Renaissance-Fürst also, dabei gutherzig, für Reformen zugänglich und um das Wohl seiner Untertanen bemüht. Auf dem berühmten Bild des Nicolas Froment aus Uzès, dessen Mäzen er war, ist er in der Kathedrale von Aix mit seiner zweiten Frau, Jeanne de Laval, kniend dargestellt (Abb. 180). Er war der letzte Graf der Provence aus dem Hause Anjou, und seine lange Regierungszeit gilt als das goldene Zeitalter des Landes, obwohl es der Krone Frankreich schon zu seinen Lebzeiten gelang, sein Territorium fühlbar zu beschneiden. Sein Neffe Karl III., der sein Nachfolger wurde, starb bereits 17 Monate später und hinterließ die Provence durch Testament dem König von Frankreich. 1486 wurde sie offiziell mit dem französischen Staat vereinigt, wenn ihr auch einige Sonderrechte verblieben. Aix wurde so für die nächsten dreihundert Jahre, d. h. bis zur Revolution, eine Art Landeshauptstadt zweiten Grades. Es war Sitz der Provinzialstände, eines Parlaments und eines Statthalters, blieb also vom König abhängig und genoß doch eine gewisse Selbständigkeit.

Diese politische Situation bestimmte die kulturelle auf Jahrhunderte hinaus, ja, bis zu einem gewissen Grade tut sie es noch heute. Von nun an wurde die Provence wirklich Provinz, eine Provinz weitab vom königlichen Hof, der mehr noch als in anderen Ländern alle Begabungen, alle Ehrgeizigen, jeden, der etwas war oder werden wollte, anzog. Daheim blieb, wer bleiben mußte und wen seine bescheidenen Mittel dazu zwangen, u. a. der Landadel, falls er nicht so reich war, daß er sein Stammschloß nur als reizvollen Sommersitz betrachten konnte. Wenn von nun an überall in der Provence keine bedeutenden und schönen Bauten mehr errichtet wurden, wenn es an guten

Renaissance- und Barockwerken und ausgezeichneten Bildern bis in die Neuzeit hinein fehlt, so ist dies der Grund. Eine Ausnahme bilden die Paläste in Aix auf dem Cours Mirabeau und an stillen kleinen Plätzen. Sie waren Stadtwohnungen des Adels und der Parlamentarier im 17. und 18. Jahrhundert, und ihnen verdankt das heutige Aix sein eigentümlich altmodisch-vornehmes Gepräge.

Das Parlament von Aix und die Waldenser

Das Parlament in Aix wurde 1501 geschaffen, und es scheint nur sehr bedingt zum Wohl des Landes gewirkt zu haben. Es verschuldete eine der schrecklichsten Verfolgungen Andersgläubiger in der Provence während ihrer daran wahrhaftig nicht armen Geschichte. In der ersten Hälfte des 13. Jahrhunderts hatten die Albigenserkriege zwanzig Jahre lang beide Seiten zu den fürchterlichsten Grausamkeiten verleitet, im 16. Jahrhundert lieferte die Sekte des Petrus Valdus aus Lyon den Vorwand zu dem Massaker von 1545, in dem sich persönlicher Haß, Rachedurst und Gewinnsucht aufs grauenhafteste austobten. Die Rolle, die der im Parlament vereinigte Landadel dabei spielte, war wenig rühmlich und rechtfertigt das Urteil des Volkes über die drei Geißeln der Provence, das Parlament, den Mistral und die Überschwemmungen der Durance:

»Parlamen, Mistrau e Durenço
Soun lis tres fleù de la Provènço«,

heißt es auf Provençalisch, auf Französisch:

»Parlement, Mistral et Durance
Sont les trois fléaux de la Provence«.

Die Waldenser, deren Sekte schon seit dem 12. Jahrhundert bestand, hatten in den Dörfern am Südhang des Luberon eine Zuflucht gefunden, und da sie arbeitsam, ehrlich und zuverlässig waren, wurden sie von den adligen Familien, auf deren Ländereien sie lebten, geschätzt und geschützt. Anlaß zu ihrer Verfolgung, richtiger wohl, die legale Gelegenheit dazu, bot ein Dekret Franz' I. von Frankreich. Der König wollte damit vor allem seine Kirchentreue beweisen, die wegen seiner guten Beziehungen zu den protestantischen deutschen Fürsten und seiner Allianz mit dem Großtürken in Zweifel gezogen werden konnte. Schon 1524 hatten die Verfolgungen begonnen, 1536 waren einige Bewohner von vier Dörfern am Luberon öffentlich verbrannt worden, 1540 hatte das Parlament die Vernichtung des Dorfes Mérindol beschlossen, war aber durch königlichen Befehl daran gehindert worden. Fünf Jahre später gelang es dann dem damaligen Präsidenten des Parlaments von Aix, dem Baron von Oppède,

Lacoste, Glockenturm

von Franz I. die Genehmigung zur Durchführung des Urteils von 1540 zu erlangen. Er befriedigte damit persönliche Rachsucht.

Denn der Vernichtungsfeldzug, in dem mit äußerster Brutalität Cadenet, Lourmarin, Ménerbes, Mérindol und zwanzig andere Dörfer geplündert und angezündet wurden, in dem 2000 Menschen gehenkt, gesteinigt, geköpft, verbrannt oder erschlagen und mehr als 800 Männer – zu einem Taler das Stück! – auf die Galeeren verkauft wurden, war die Antwort des Herrn Maynier d'Oppède auf die Weigerung der Dame de Cental, Baronin von Tour d'Aigues, ihn zu heiraten. Sie besaß vierundzwanzig Dörfer, in denen sie Waldenser-Familien angesiedelt hatte. Der Präsident des Parlaments zu Aix aus dem Bergnest Oppède im Luberon vernichtete also aus Haß, was er als Mitgift zu erlangen versucht hatte.

Der Widerstand der Anhänger der ›reinen Lehre‹ war heroisch. Frauen halfen bei der Verteidigung der Dörfer, warfen von den Mauern ihren verfolgten Töchtern das Messer zu, mit dem sie sich umbringen sollten, bevor sie in die Hände der Soldateska fielen. Daß schließlich Grausamkeit mit Grausamkeit vergolten wurde, war schlimm, aber nicht unverständlich. Erschütternd das Aufflammen hemmungsloser Leidenschaftlichkeit, dem man immer wieder in der Provence sowohl bei den Massen wie bei den einzelnen Charakteren begegnet; erstaunlich der religiöse Fanatismus, mit dem sich karg-ernste, rational ausgerichtete Reformbewegungen wie die der Albigenser, Waldenser und Hugenotten gegen den farbig prunkenden, italienisch gefärbten Katholizismus zur Wehr setzten.

Schlösser im Luberon

Das 16. Jahrhundert, in dem die Provence französisch wurde und das Parlament zu Aix entstand, in dessen erster Hälfte Nostradamus seine düsteren Prophezeiungen verfaßte und die Waldenser grausamste Verfolgungen erlitten und in dessen zweiter Hälfte (1580) die Pest das Land verödete, ist zugleich das Jahrhundert, in dem sich die französische Form des Feudalismus in der Provence ausbildete.

Châteaux wie die von Gordes, Menèrbes, Oppède, Lourmarin und Ansouis wurden aus Burgen zu Schlössern; die schöne Renaissancefassade von *Tour-d'Aigues* (Abb. 164) führte zu dem weitläufigen dahinterliegenden Gebäudekomplex, der schon im nächsten Jahrhundert durch Brand zerstört wurde. Das fürstlichste dieser Schlösser ist *Ansouis* am Fuße des Luberon, an dem Jahrhunderte bauten und wo schon das heilig gesprochene Ehepaar Elzéar und Dauphine de Sabran (1280–1328) einander ewige Keuschheit gelobten. Obwohl noch immer hochadliger Privatbesitz, sind die in seinen Sälen angehäuften Kunstschätze und historischen Erinnerungen aus einem halben Jahrtausend fast jeden Nachmittag zu besichtigen. *Lourmarin* (Abb. 162, 163), einst Zufluchtsort der Waldenser, erhielt ebenfalls im 16. Jahrhundert seinen schönen Renaissance-Anbau und die zauberhafte Gartenterrasse, wo sich eine ruhende steinerne Nymphe

Dorf und Lavendelfeld

148 Der Papstpalast von Avignon inmitten der Altstadt und die Saint-Bénézet-Brücke

149 Blick von der Stadtmauer in Avignon auf Rhône und Saint-Bénézet-Brücke (»Sur le pont d'Avignon . . .«)

50 Der Bischofsthron mit dem Stier des hl. Lukas, ital., Ende 12. Jh., in Notre-Dame-des-Doms, Avignon

151 Papstpalast in Avignon, ›Die Falkenjagd‹, Fresko von Matteo Giovanetti

52 Papstpalast in Avignon, Fresko im Turm ›de la Garde-Robe‹, Zimmer Clemens VI.

153 Front des Papstpalastes in Avignon, Mitte 14. Jh.

154 Fort Saint-André in Villeneuve-lès-Avignon, 2. Hälfte d
14. Jh.

155 Blick von Avignon auf Villeneuve mit dem Turm Philipps des Schönen, erbaut 1293–1307

56 Blick von Avignon auf das Fort Saint-André in Villeneuve-lès-Avignon, Mitte 14. Jh.

57 Blick von den Mauern des Forts Saint-André in Villeneuve-lès-Avignon

158 Châteauneuf-du-Pape nördlich von Avignon

160 Michel Nostradamus, der berühmte Arzt und Astrolog 1503–1566

161 Das Grab von Albert Camus (1913–1960) auf dem Friedh von Lourmarin

159 Synagoge von Cavaillon

160

16

62 Chateau de Lourmarin im Luberon, 15./16. Jh.

63 Die ›Große Treppe‹ im Renaissanceteil des Schlosses Lourmarin

164 La Tour-d'Aigues, Renaissancefassade aus dem 16. Jh.

165 Gordes mit seinem Renaissanceschloß. Heute zeigt hier Victor Vasarely sein umfangreiches Werk

166 Mas-de-la-Brune in den Alpilles. Detail des Schlößchens, 1572

167 Renaissance-Portal an einem alten Haus in einem Do auf dem Plateau de Vaucluse

8 La Tour Fenestrelle in Uzès an der Promenade Racine, 12. Jh.

169 Château de Grignan

171 Blick von der Terrasse des Schlosses Grignan auf d
Kirchplatz

172 Die Marquise von Sévigné, 1626–1696 (nach einem G
mälde von R. Nanteuil)

170 Grignan, Schloßauffahrt

173

Hof des Hôtel de Sade (15./16. Jh.) in Saint-Rémy de Provence, jetzt archäologisches Museum

174

Westfassade der Kathedrale von Aix, Portal Anf. 16. Jh.

175

Detail eines Türflügels vom Portal der Kathedrale in Aix

176

Triangelspielerin, Detail aus einem Teppich des 17. Jh., gewebt in Beauvais, Musée des Tapisseries, Aix

177

Luc de Clapiers, Marquis de Vauvenargues, 1715–1747

178

Gabriel-Honoré de Riquetti Graf von Mirabeau, 1749 bis 1791 (Kupferstich von Hopmood)

180 Der ›gute König René‹, Ausschnitt aus dem Altar v
Nicolas Froment

◁ 179 Maria im brennenden Dornbusch, Mittelteil des Flüg
altars von Nicolas Froment, 2. Hälfte des 15. Jh., Kat
drale Saint-Sauveur, Aix

181 Detail vom Verkündigungs-Triptychon im linken Seit
schiff von Sainte-Marie-Madeleine, Aix

Auf dem Cours Mirabeau in Aix

183 Pavillon de Vendôme, 17. Jh., Aix

Fontaine des Quatre-Dauphins, Aix

185 Atlanten am Portal des Hôtel d'Espagnet, Aix

186 Paul Cézanne, 1839–1906, Selbstbildnis von 1877–79

187 Das Atelier Cézannes in Aix, von seinem Garten gesehe

188, 189 Jardin de la Fontaine in Nîmes. Der antike Bezirk um die Nemausus-Quelle wurde im 18. Jahrhundert in einen Baro garten umgewandelt

Beim Boule-Spiel

191 Pferde in der Camargue

Schafe im Luberon

193 Provençalischer Glockenturm

194 Herber Zauber der kleinen Städte, Moustiers (Haute Provence)

Daudet's Mühle bei Fontvieille

196 Olivenbäume

197, 198 In der Camargue

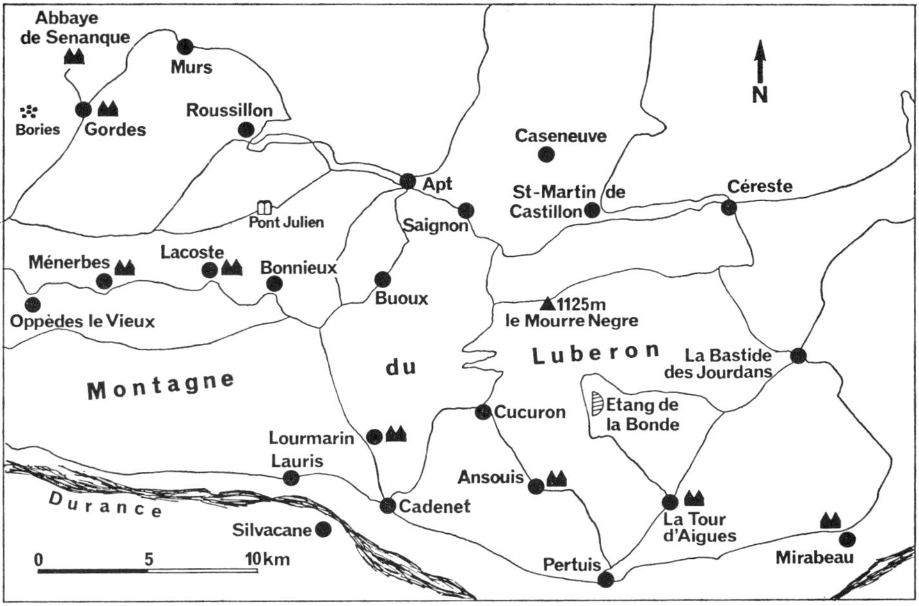

Montagne du Luberon

und die Schloßfassade in einem mit Seerosen bewachsenen Teichbecken spiegeln. Heute gehört es der Akademie von Aix, die dort Künstler wohnen und arbeiten läßt, aber auch Ausstellungen in seinen reich mit altem Kulturgut ausgestatteten Räumen veranstaltet. Im hoch gelegenen, windumwehten Schloß von *Gordes* (Farbt. 17, Abb. 165), das einen ungewöhnlich reichen mächtigen Renaissance-Kamin im Erdgeschoß besitzt, wird seit einigen Jahren das Œuvre von Victor Vasarély in drei Stockwerken mit vorbildlicher Ausstellungstechnik aufs Eindrucksvollste gezeigt. (Die eigentliche Fondation Vasarély ist in einem eigenen Museumsbau untergebracht, unmittelbar am Autobahnkreuz von Aix.)

Andere der ehemaligen Herrensitze sind ganz oder halb verfallen, so *Lacoste*, das Schloß des berühmt-berüchtigten Marquis de Sade, das er in der zweiten Hälfte des 18. Jahrhunderts noch bewohnte und das Schauplatz der Orgien war, wegen der er vom Gerichtshof in Aix 1772 – in Abwesenheit – zum Tode verurteilt wurde. Erstaunlicherweise ist dieser s. Zt. mit kostbaren Möbeln, Bildern, Teppichen und einer erlesenen Bibliothek raffiniert ausgestattete Adelssitz heute schon eine düstere, von Sturm und Wetter zerfressene Ruine über dem mittelalterlich engen kleinen Dorf.

Lacoste, das Schloß des Marquis de Sade

Uzès und Racine

Der provençalische Adel hat sich nicht ohne weiteres unter die französische Oberhoheit gefügt. Die Kardinäle Richelieu (1585–1642) und Mazarin, der für den unmündigen Ludwig XIV. (1643–1715) zuerst regierte und 1661 starb, haben seinen Widerstand immer wieder brechen müssen. Nicht nur die Burgen von Les Baux und Beaucaire wurden in der ersten Hälfte des 17. Jahrhunderts auf Richelieus Befehl geschleift. Auch die religiösen Unruhen dauerten an. So war *Uzès*, das römische *Ucetia*, von dem die Wasserleitung über den *Pont du Gard* bis nach Nîmes führte, zwar vom 5. Jahrhundert bis zur großen Revolution Bischofssitz, trotzdem aber für jede ›Ketzerei‹ anfällig, sowohl für den Arianismus der Westgoten wie für die Lehren der Albigenser und später für die Reformation Calvins, zu der sich 1546 der Bischof mit seinem ganzen Kapitel bekannte. Daß der Graf von Uzès 1565 den Titel Herzog erhielt, erkaufte er sich mit der Rückkehr zum Katholizismus. Sein Erbschloß, an dem seit dem 11. Jahrhundert gebaut wurde, ›le Duché‹ genannt, liegt als massiger, unzugänglicher Burgblock, jedoch um eine der hierzulande seltenen Renaissance-Fassaden bereichert, inmitten der liebenswürdigen Provinzstadt.

Das Schönste in Uzès, und durchaus einen Ausflug dahin wert, ist die *Tour Fenestrelle* (Abb. 168) aus dem 12. Jahrhundert, ein Turm italienischer Prägung von vollkommener Harmonie an der mit alten Kastanien bestandenen Promenade Jean Racine. Die bedeutendste Erinnerung ist die an den mehr als einjährigen Aufenthalt des damals zweiundzwanzigjährigen Dichters bei seinem Onkel, der Generalvikar in Uzès war und von dem die Familie hoffte, daß er den jungen Literaten zu einem geistlichen, dem Theater abgewandten Leben zurückführen würde. Ein Brief Racines aus dieser Zeit, vom 13. Juni 1662 datiert, hat den ganzen Zauber eines ländlichen provençalischen Sommers eingefangen: »Die Ernte ist schon recht vorgeschritten und geht hier im Vergleich zum allgemein in Frankreich üblichen Brauch sehr lustig vor sich. Denn man bindet die Garben, sobald man sie schneidet. Man läßt das Getreide nicht auf der Erde trocknen; denn es ist nur zu trocken schon, und am gleichen Tag bringt man es auf die Tenne, wo man es sofort drischt. So wird das Korn auf einmal geschnitten, gebunden und gedroschen. Sie würden hier einen Haufen sonnenverbrannter Schnitter sehen, die wie die Teufel arbeiten und sich, wenn sie außer Atem sind, in praller Sonne auf den Boden werfen, ein Miserere lang schlafen und sofort wieder aufstehen. Ich selbst sehe das nur von unserem Fenster aus, denn ich könnte nicht einen Augenblick draußen bleiben, ohne umzukommen. Die Luft ist ungefähr so heiß wie ein geheizter Backofen, und diese Hitze hält den Tag so gut wie die Nacht über an ... Und um mich vollends zu erledigen, werde ich den ganzen Tag verrückt gemacht von einer Unmenge Zikaden, die überall singen, aber mit dem durchdringendsten und lästigsten Gesang der Welt.«

Grignan und die Marquise von Sévigné

Ungefähr dreißig Jahre später hat ein anderer berühmt gewordener Gast aus Paris das Leben in der Provence in einigen seiner Briefe geschildert: die Marquise von Sévigné, geborene Marie de Rabutin-Chantal (1626–1696) (Abb. 171). Obwohl sie nie ein Buch verfaßt hat, gehört ihr doch ein fester Platz in der Literaturgeschichte Frankreichs durch die mehr als 1500 Briefe, die von ihr erhalten sind. Geschrieben hat sie weit mehr. Diese scheinbar leicht dahingeplauderten, dabei nie oberflächlichen, immer anschaulichen und geistvollen Briefe zeugen vom Lebensstil der Aristokratie des 17. Jahrhunderts, des Zeitalters Ludwigs XIV., und sind doch mehr, sind Spiegelbild einer klugen, aufmerksam beobachtenden und mit Charme gesegneten Persönlichkeit.

Typisch für die Abseitsrolle der Provence in dieser Epoche ist der Umstand, daß die Marquise aus Paris nie dorthin gekommen sein würde, hätte nicht ihre über alles geliebte Tochter den Grafen von Grignan aus dem Hause Adhémar geheiratet, den seine Berufung zum Lieutenant général, d. h. zum Statthalter des Königs in der Provence, bald nach dieser Eheschließung zwang, Paris zu verlassen und auf sein wundervoll gelegenes Stammschloß zurückzukehren. Dreimal hat die Marquise von Sévigné ihre

Tochter dort besucht und ist schließlich auch in *Grignan* gestorben und in der Kapelle zu Füßen des Schlosses beigesetzt worden (Abb. 169–171).

Diese kleine Kirche *Saint-Sauveur* aus dem 16. Jahrhundert wäre bedeutungslos ohne die literarische Beziehung zu dieser ungewöhnlich anziehenden Frau. Hübsch ist ihr Vorplatz mit dem in der Provence üblichen schmiedeeisernen Kreuz, das dem Mistral keinen Widerstand bietet, hübsch auch ihre Fensterrose im Stil flamboyant. Im Innern ist noch hoch oben an der linken Längswand der steinerne Balkon zu erkennen, von dem aus früher die Schloßherrnfamilie der Messe beiwohnte. Während der Revolution wurde die Tür dorthin vermauert und das Grab der Marquise zerstört. Eine Marmorplatte links vom Altar bezeichnet die Stelle, wo sie beigesetzt war.

Im Schloß selbst, von dessen wundervollen weitläufigen Terrassen man unvergleichliche Aussichten auf den fernen Ventoux, die Alpilles, die Dentelles de Montmirail und die Berge des Vivarais jenseits der Rhône hat, sind die zwei Zimmer, die Madame de Sévigné bewohnte, den Erinnerungen an sie vorbehalten. Wer Sinn für das alte aristokratische Frankreich hat, in dem allerdings das provençalische Element ganz zurücktritt, wird den Besuch von Kirche, Schloß und dem kleinen Museum im Ort als bereichernd und reizvoll empfinden. Ungewöhnlich schön sind die mittelalterlichen Wasserspeier am ältesten Gebäudeteil in einem der Schloßhöfe, die eigenwillig und stark die sieben Todsünden darstellen, schön auch die Aubusson-Teppiche und die Wappen der Grignan und Adhémar über den alten Kaminen in dem großen Festsaal, in dem 200 Personen speisen konnten. Daß sie nicht aßen, sondern ›speisten‹, geht aus einem Brief hervor, den die Marquise am 9. September 1694 an einen ihrer Vettern aus Grignan schrieb: »Diese Rebhühner sind alle mit Thymian und Majoran ernährt und mit all dem, was unseren Kräutersäckchen den Duft verleiht. Es gibt nichts an ihnen auszusetzen; dasselbe sage ich von unseren fetten Wachteln, deren Keule sich auf die erste Aufforderung dazu (die nie ausbleibt) vom Körper trennt, und von den Tauben, die ebenso volkommen sind. Was die Melonen, die Feigen und die Muskatellertrauben anbetrifft, so ist das sonderbar: wenn wir, aus irgendeiner bizarren Laune heraus, eine schlechte Melone finden wollten, so würden wir gezwungen sein, sie aus Paris kommen zu lassen. Hier kann man sie nicht auftreiben; die weißen und zuckersüßen Feigen, die Muskatellerbeeren wie Bernsteinkugeln, die man zerknacken kann und die ihnen recht schön zu Kopf steigen würden, wenn sie maßlos davon äßen, weil es ist, als ob man in kleinen Schlucken den erlesensten Wein von Saint-Laurent tränke – mein lieber Vetter, was für ein Leben!«

Aix: Vauvenargues und Mirabeau

Die Atmosphäre des 17. und 18. Jahrhunderts ist nirgends in der Provence so stark spürbar wie in *Aix*. Die meisten der schönen Adelshôtels am *Cours Mirabeau* und der bezaubernde *Pavillon de Vendôme* (Abb. 183) stammen aus dieser Epoche und ebenso die großen, ganz den Geist dieser Zeit atmenden Wandteppiche aus dem alten erzbischöflichen Palais im *Musée des Tapisseries*, die zwar in Beauvais gewebt wurden, aber doch hier den Charakter festlicher Säle bestimmten (Abb. 176). Paris blieb in allem das ersehnte, niemals erreichte Vorbild. Die eigentümliche, keineswegs reizlose Verstaubtheit von Aix verleugnete wohl kaum je den Provinzcharakter.

Umsonst schrieb ein provençalischer Edelmann, der Marquis von Mirabeau (1715–1789), Vater des berühmten Revolutionärs, seinem in Aix geborenen Freund, dem Moralist Vauvenargues (Abb. 177) (Luc de Clapiers, Marquis de Vauvenargues, 1715–1747): »Sie haben ein armes Vaterland; eine Provinz, die von subalternen Sklaven, welche man zum Unglück der Völker als Herrscher hinstellt, gequält wird; Freunde, denen Sie helfen können; Mitbürger, denen Ihre Talente von Nutzen sein können . . .«. Der damals fünfundzwanzigjährige Vauvenargues antwortete ihm: »Zuerst werde ich Ihnen ganz selbstverständlich gestehen, daß ich – wenn ich am Hofe geboren und ihm näher wäre, als ich es bin – dort keineswegs so mißvergnügt und gelangweilt wäre wie Sie. . . . Ich sehe dort nicht das, was Ihnen zuwider ist. Ich sehe im Gegenteil dort den Mittelpunkt des Geschmacks, der Gesellschaft, der Höflichkeit, das Herz, das Haupt des Staates, wohin alles zielt und arbeitet, von wo aus Gutes und Böses sich überallhin verbreiten. Ich sehe dort den Sitz der Leidenschaften, wo alles atmet, wo alles voller Leben, wo alles in Bewegung ist, und zum Schluß von all dem das prächtigste abwechslungsreichste, lebendigste Schauspiel, das man auf Erden findet.« Und im gleichen Brief: »Sie wissen, wie ich im Hinblick auf Paris denke: wenn ich mich dort aufhalten könnte, würde ich keine andere Heimat haben.«

Und doch verdankt Vauvenargues seinen späten Ruhm der unerwünschten Einsamkeit seines väterlichen Schlosses in der östlichen Provence, wo er – dem frühen Tod schon nahe – seine letzten Jahre mit der Niederschrift seiner ›Charaktere‹, seiner ›Reflexionen‹ und ›Maximen‹ verbrachte.

Picasso hat *Schloß Vauvenargues*, das nur etwa 15 km östlich von Aix entfernt liegt, um die Mitte unseres Jahrhunderts erworben und seiner Witwe vererbt. Er liegt dort im Park begraben. –

Auf dem *Cours Mirabeau* (Abb. 182, 184, 185), dem vornehmen, von alten Platanen beschatteten Corso von Aix mit den drei Brunnen und dem Denkmal des guten Königs René, erinnert das *Hôtel d'Isoard de Vauvenargues* (Nr. 10) aus dem Anfang des 18. Jahrhunderts an die Familie des Schriftstellers; der Name der aristokratisch-dezenten Avenue selbst an den stürmischen, gar nicht dezenten Graf Mirabeau, der sich in seiner Jugend einzig durch seine Skandale in Aix einen Namen gemacht hatte. Honoré Gabriel Victor Riquetti, Graf von Mirabeau (1749–1791) (Abb. 178), blatternnarbiger, grundhäßlicher, aber hochbegabter Sohn des Freundes Vauvenargues', des Marquis, hatte sich schon als neunzehnjähriger Leutnant durch Schulden und einen allzu temperamentvollen Lebensstil den Zorn seines charakterstarken Vaters zugezogen, der nicht zögerte, ihn deshalb mehrmals gefangensetzen zu lassen. Mit dreiundzwanzig kompromittierte er die einzige Tochter des Marquis de Marignane so gründlich, daß er dadurch die Heirat mit ihr erzwang. Er ließ seine Kutsche, wenn er die Nacht bei ihr verbrachte, vor der Tür des Hôtel de Marignane warten, damit ganz Aix von der Affäre Kenntnis nehmen konnte. Jahre, die er in Gefängnissen verbrachte, Aufenthalte in Amsterdam, wohin er mit seiner Geliebten floh, später in Paris und Berlin am Hofe Friedrich des Großen hielten ihn von Aix fern, wo 1783 seine längst nur noch dem Namen nach bestehende Ehe geschieden wurde. Aber im Revolutionsjahr 1789 sandte der dritte Stand in Aix den durch seine sozialkritischen und politischen Schriften Bekanntgewordenen als Abgeordneten in die Generalstände nach Versailles, wo er in der Sitzung vom 23. Juni das entscheidende Wort sprach, mit dem die Revolution ihren Anfang nahm. Knapp zwei Jahre später starb er, einflußlos geworden, in Paris. Aix ehrte ihn, indem es seine ungewöhnlich schöne Flanieravenue nach ihm benannte.

Aix und Cézanne

Weniger gut hat Aix seinen großen Sohn Paul Cézanne (1839–1906) (Abb. 186) behandelt. Noch heute besitzt die sonst bedeutende Gemäldesammlung des *Musée Granet*, das in einem der reizvollsten Winkel der alten Stadt im ehemaligen Palais der Malteserritter untergebracht ist und in dem auch der Maler fünf Jugendjahre hindurch die damals dazu gehörende Zeichenschule besucht hat, kein einziges Ölbild von ihm. Der ›Cézanne und seine Freunde‹ benannte Saal kann nur drei, nicht zu seinen besten zählende Aquarelle und eine Aktstudie aus der Ausbildungszeit zeigen.

Dabei hat der ›raffinierte Wilde‹, wie der ihn bewundernde Zeitgenosse Camille Pissarro Cézanne einmal in einem Brief nannte, weitaus den größten Teil seines Lebens in Aix verbracht. Er ist nicht nur dort geboren, hat mit seinem – nicht aus Aix stammenden – Freund Emile Zola in eben diesem Viertel um die schöne gotische Kirche Saint-Jean-de-Malte das Gymnasium besucht und ist nach seinen Pariser Jahren schon als Einunddreißigjähriger für immer nach Aix zurückgekehrt, wo er dann noch sechsunddreißig Jahre, teils unbeachtet, teils als Querkopf angesehen, gelebt und gearbeitet hat. Ein Brief des Siebenundfünfzigjährigen an seinen – von ihm porträtierten – Mitbürger Gasquet, den er auf dem Cours Mirabeau getroffen hatte und der ihm ›recht aufgebracht‹ gegen ihn zu sein schien, zeigt, welcher Eruptionen der ungebärdige Einsame noch immer fähig war: »Sehen Sie denn nicht, in was für einem traurigen Zustand ich mich befinde!« Und: »Übrigens bin ich wie tot. Sie sind jung, und ich verstehe, daß Sie es zu etwas bringen wollen. Doch mir, was bleibt mir in meiner Lage noch zu tun als still dahinzuleben, und wenn es nicht so gewesen wäre, daß ich die Landschaft meiner Heimat so ungeheuerlich liebe, so wäre ich nicht hier.«

Die Liebe zur Landschaft seiner Heimat ... Hier wird zum erstenmal von einem Gefühl gesprochen, das im 19. und 20. Jahrhundert die literarische Produktion von ganzen Gruppen provençalischer Schriftsteller von Daudet über Mistral und seine Félibres bis zu Francis Jammes, Jean Giono, Marie Mauron, Henri Bosco und Marcel

Pagnol angeregt hat. Für Cézanne war es die Landschaft um den alten heiligen Keltenberg, die *Montagne Sainte-Victoire,* die er schon in der Jugend immer wieder durchstreift hatte und die man, wenigstens ungefähr, noch ein wenig nacherleben und mit seinen Augen sehen kann, wenn man die Route de Tholonet, die heute Route Cézanne heißt, entlangfährt. Auf dem Weg dorthin, in der jetzigen Avenue Paul Cézanne auf der linken Seite von der Stadt aus, liegt im Garten verborgen das kleine Haus (Abb. 187), das er sich für seine Arbeit bauen ließ und zu dem er täglich aus seiner Wohnung in der Rue Boulegon Nr. 23 hinaufstieg. Die Atmosphäre dieses bescheidenen Hauses ist merkwürdig dicht und noch ganz von dem Geist dieses seltsamen Eigenbrödlers erfüllt, für den nur eins auf der Welt wichtig war: seine Vorstellung malerisch zu realisieren.

Der große Garten auf abfallendem Gelände ist ganz verwildert und durch die Veränderung, die jahrzehntelanges Wachstum schafft, nicht mehr in seiner ursprünglichen Form vorstellbar. Doch dann steigt man eine mit den landesüblichen kleinen sechseckigen roten Fliesen geplättelte Treppe hinauf in den Oberstock, der nur einen Raum hat: das Atelier mit einem die ganze Nordwand einnehmenden Fenster zum Garten hin. Die Zypresse draußen muß noch klein gewesen sein, als Cézanne hier in vollkommener Einsamkeit und Abgeschlossenheit arbeitete. Ein großes, helles Atelier, mit neutral hellgrauen Wänden, auf dem man Farben nüchtern beurteilen kann. Überall Apfelkörbe, Schalen mit Zwiebeln, Töpfe, die man von seinen Bildern kennt, auf einem langen Wandregal. Sein alter schwarzer Hut, die Weinkaraffe auf dem Tisch mit dem gebrauchten Glas – alles wird nach Möglichkeit so gehalten, als ob er noch aus- und einginge. Man spürt den Junggesellenstil, das Sich-nicht-dreinreden-lassen und Für-sich-allein-Sein in diesem Raum mit dem Regenschirm in der Ecke, dem berühmten, völlig verbrauchten Rucksack und der verfleckten Maltasche, die Cézanne als Sonderling und armen Herumstreifenden erscheinen lassen mußte, wenn er mit seinem auf den Rucksack geschnallten Klappstuhl ›aufs Motiv ging‹. Zwei gediegene stilreine Kommoden mit schönen Beschlägen verraten den Sohn gutbürgerlicher Herkunft, daneben stehen die ganz schlichten grauen, offenbar nach Maß gefertigten Grafikschränke und Zeichentische. Einige verstaubte und vermottete Mäntel hängen an Haken in der einen Ecke, auch einige Bücher sind da, offenbar Almanache mit Bildern. Ein merkwürdiges Atelier, das eindringlich etwas vom Wesen seines Bewohners vermittelt, so eindringlich und so merkwürdig, daß man schwerlich auf die erstaunliche Geschichte verzichten kann, die Archibald Lyall in seinem Buch ›Midi‹ berichtet: »Ein Freund erzählte mir, als er vor einigen Jahren in Aix malte, habe er auch einen Pilgergang zu Cézannes Atelier gemacht. Da er die Tür offen fand und niemand anwesend war, trat er ein. Er befand sich im Atelier im Oberstock, als eine Stimme von unten heraufrief und fragte, wer zum Teufel sich da oben herumtreibe. Dann kam jemand die Treppe heraufgestapft. Ein zorniger bärtiger Franzose in mittleren Jahren, der eine Serviette um den Kopf gewickelt trug, schimpfte ihn unverblümt wegen seiner abscheulichen Manieren zurecht, einfach unaufgefordert in fremde Häuser einzutreten.

Mein Freund, der den Meister erkannte – der damals bereits seit mehr als vierzig Jahren tot war –, murmelte eine Entschuldigung und verließ eiligst das Haus. Ich erzähle die Geschichte so, wie er sie mir erzählt hat. Ich kann mich weder für sie noch für die Fortsetzung verbürgen, die mir der gleiche Freund erzählte. Anscheinend setzte bald danach eine amerikanische Bildhauerin es sich in den Kopf, Cézannes Atelier zu mieten, und wandte sich dieserhalb an die Stadtverwaltung. Die Behörde lehnte ab. Sie erklärte nicht etwa: »Er würde es nicht gern haben«, sondern: »Er wünscht es nicht«.

Van Gogh in Arles und Saint-Rémy

Mehr noch als der Name Paul Cézannes ist der Vincents van Goghs mit den Landschaften der Provence verbunden, obwohl der Maler aus Aix fast sein ganzes Leben in seiner Vaterstadt verbrachte, der Holländer jedoch nicht mehr als einundeinviertel Jahr in Arles (vom 21. 2. 1888 bis Mitte Mai 1890) und ein zweites Jahr (vom Mai 1889 bis Mai 1890) in der Irrenanstalt von Saint-Rémy in St. Paul-de-Mausole. Allerdings, es waren die letzten und fruchtbarsten Jahre seines kurzen Lebens, die Jahre des Ganz-zu-sich-selbst-Findens, des Durchbruchs zu dem, was wir heute im Geist vor uns sehen, wenn sein Name genannt wird. Er hat die flammende Sonne der Provence gemalt, ihre in der Hitze flimmernden Kornfelder, die Löwenhäupter ihrer Sonnenblumen, die dunklen Fackeln ihrer Zypressen, die silbergrauen Olivenbäume und auch die Fischerkähne am Strand von Saintes-Maries-de-la-Mer. Er hat uns gelehrt, die Provence mit seinen Augen zu sehen.

Die Provence hat es ihm nicht gedankt. In bitterster Armut, fast ein Ausgestoßener, hat er in Arles gelebt, als Irrenhäusler in Saint-Rémy, und kein Museum des Midi besitzt auch nur eines der Bilder, die seine Landschaft rühmen. Auch alle Spuren des Alltagslebens dieses großen Künstlers sind nun getilgt, seit kürzlich auch das armselige, zu ebener Erde gelegene Gelaß, in dem er in St. Paul-de-Mausole hauste und malte, einem Erweiterungsbau des Krankenhauses zum Opfer fiel. Zeugen seines Aufenthalts in der Provence sind nur noch seine Bilder und seine Briefe.

Wer jedoch mit seinem Werk vertraut ist, wird manches seiner Motive wiedererkennen, sei es der Boulevard in St. Rémy, die Bergkette der Alpilles oder die berühmte Brücke von Arles.

»Ich habe ... eine reizvolle Sache gefunden, wie ich sie nicht alle Tage machen werde. Es ist die Zugbrücke mit dem kleinen gelben Wagen und der Gruppe von Wäscherinnen, mit den Erdflächen in hellem Orange, dem frischen Grün und dem blauen Himmel und Wasser«, schrieb er im Frühling 1888 aus Arles. Und um die gleiche Zeit: »Wieder bin ich in voller Arbeit, immer bei den blühenden Obstbäumen. – Ich habe einen neuen Obstbaum gemalt, der so schön ist wie die roten Pfirsichbäume. Aprikosenblüten von ganz zartem Rosa. Augenblicklich arbeite ich an Pflaumenbäumen von hellem Gelb mit tausend schwarzen Zweigen. Ich verbrauche enorm viel Leinwand und Farbe. Trotzdem aber hoffe ich, nicht mein Geld zu verschwenden. –«

In diesem Sommer 1888 malte Vincent van Gogh in Arles fieberhaft und bis zur äußersten Erschöpfung, als wüßte er, wie wenig Zeit ihm noch blieb:

»Eine schwere Woche heftiger Arbeit habe ich hinter mir. Ich stand da im Weizen in der vollen Sonne. Ich brachte Felderstudien heraus, Landschaften und eine Säerstudie. Auf einem gepflügten Felde violette Erdschollen und gegen den Horizont ein Säer in Blau und Weiß. Am Horizont ein reifes kleines Weizenfeld, über allem ein gelber Himmel und eine gelbe Sonne.«

IX Spannungen

Darf man es wagen, ohne mindestens zwanzig Jahre im Süden Frankreichs gelebt und viele Menschen dort gekannt zu haben und ohne provençalische Lebensart und Sprache zu beherrschen, etwas über das auszusagen, was man gemeinhin reichlich unbefangen als »Volkscharakter‹ bezeichnet und damit als etwas allen Gemeinsames betrachtet? Wohl kaum. Jedoch wird dem, der sich mit Vergangenheit, Kultur und hervorragenden Persönlichkeiten dieses Landes beschäftigt, eine seltsame Widersprüchlichkeit und Gegensätzlichkeit auffallen, die nur unvollkommen mit den Begriffen ›Spannungen‹ oder ›Kontraste‹ umrissen ist.

Da ist z. B. die eigentümliche Persönlichkeit Cézannes, des ›raffinierten Wilden‹ mit »stolzem, betonten Einzelgängertum, Scheuheit und hervorbrechender Heftigkeit, Schwäche und Schwerfälligkeit in Dingen des äußeren Lebens, Mißtrauen und Reizbarkeit‹ (Fritz Novotny), die in Alterseinsamkeit mündet; ist die Protestantin Marie Durand, die, 38 Jahre lang in der Tour de Constance von Aigues-Mortes gefangen, ›recister‹ – ›widerstehen‹ in die Mauer ihres Kerkers ritzt; sind nacheinander durch die Jahrhunderte die Albigenser, die Waldenser und zuletzt die Hugenotten, die für ihre Überzeugung Folter, Verfolgung und Tod zu Tausenden auf sich nahmen, und ihnen gegenüber, nicht weniger starrsinnig, die selbst äußerste Brutalität nicht scheuenden Katholiken. Eine Neigung zu Haß und Widerstand, wogegen auch immer, wird hier spürbar, die auch während der großen Revolution und gegen Napoleon aufflammte, dessen Schiff man von Ufer aus mit Steinen bewarf, als er die Rhône hinab nach Elba gebracht wurde und der vor Avignon eine österreichische Uniform anziehen mußte, um den Drohungen und Beschimpfungen des Volkes zu entgehen. In seinem Zorn darüber ließ er sich zu den Worten hinreißen: »Die Provençalen sind ein bösartiges Volk. In der Revolution haben sie sämtliche Greuel und Verbrechen begangen und sind bereit, sie wieder zu begehen, aber wenn es heißt, mutig zu kämpfen, dann sind sie Feiglinge. Die Provence hat mir nie ein einziges Regiment gestellt, auf das ich hätte stolz sein können.« Mit der Behauptung in diesem letzten Satz mochte er vielleicht recht haben, aber er vergaß, daß sich die Provençalen keineswegs in seinem Sinn als Franzosen fühlten und gar kein Interesse für seine ›gloire‹ in fremden Ländern aufbringen konnten. Feiglinge waren sie gewiß nicht, sobald es um die eigene Sache ging.

Spannung und Härte hat auch das Verhältnis zwischen dem Grafen Mirabeau und seinem Vater, dem Marquis, der selbst ein durchaus bedeutender und hochgebildeter Mann war, bestimmt. Der temperamentvolle, höchst eigenwillige Vater hat den zügellosen hochbegabten Sohn, wie schon erwähnt, wegen seiner Schulden und anderer Verfehlungen mehrmals auf Jahr und Tag gefangensetzen lassen.

Heißblütigkeit haben sich die Provençalen selbst bescheinigt. »Ich bin in einem heißen Klima geboren«, und »die Sonne peitscht das Blut eines Provençalen«, schrieb der Abbé de Sade, Onkel des Marquis und trotz seines geistlichen Standes auch alles andere als sittenstreng, über sich selbst. Sein Neffe, der Marquis Alphonse de Sade (1740–1814), Herr auf Lacoste im Luberon, Mitglied einer alten, weitverzweigten provençalischen Adelsfamilie, in die auch Petrarcas Laura eingeheiratet hatte, schrieb als Dreiundvierzigjähriger nach gut zwei Jahrzehnten des wüstesten Sich-Auslebens, der Verbannungen, der Flucht, wiederholter Verhaftungen und immer neuen skandalösen Exzessen im sechsten Jahr seiner elfjährigen Gefangenschaft in Vincennes an seine Frau: »Glauben Sie mir, wenn sie mich auch 10 Jahre hier ließen, ich würde doch nicht gebessert herauskommen. Bringt mich entweder um, oder nehmt mich, wie ich bin, denn der Teufel soll mich holen, wenn ich mich jemals ändere.« Und nach einer heuchlerischen Aufzählung seiner guten Eigenschaften – »Ich bin der rechtschaffenste, aufrichtigste und feinfühligste Mensch, der weichherzigste und wohltätigste« – schließt er: »Das also sind meine guten Eigenschaften – und meine schlechten: unbeherrscht, zornig, leicht aufbrausend, sittlich von einer Schrankenlosigkeit der Phantasie, die im Leben ihresgleichen noch nicht hatte, und Atheist bis zum Fanatismus ... Und noch einmal: bringt mich um oder nehmt mich so, wie ich bin, denn ändern werde ich mich nicht.«

Das entspricht ganz der ererbten ›Halsstarrigkeit der Sades‹, die ihnen schon der gute König René bescheinigte, als er von der »Größe der Porcelets«, der »Unbeständigkeit derer von Les Baux« und der »Treulosigkeit der Beauforts« sprach und so die bedeutendsten provençalischen Adelsgeschlechter charakterisierte.

Seltsamerweise war dieser völlig hemmungs- und gewissenlose Egoist, dessen Orgien ja sattsam bekannt sind, tatsächlich auch erstaunlicher Hilfsbereitschaft fähig. So hat er seine Schwiegereltern, die er jahrzehntelang gehaßt und denen er mehr als hundertmal von ganzem Herzen den Tod gewünscht hatte, weil er ihnen seine Gefangenschaft verdankte, im Ernstfall spontan vor dem Schafott gerettet. Wie er sich selbst letztlich beurteilte, verrät wohl am ehesten jener Passus seines Testaments, der seine Bestattung bestimmte: »Ohne jede Art von Zeremonie will ich im ersten Gebüsch gleich rechts, wenn man die Allee vom Schloß (Malmaison) herunterkommt, begraben werden ... Wenn die Grube wieder vollgeworfen ist, sollen dort Eicheln gesät werden, damit das Terrain über der Grube zuwachse und der Busch sich wie vorher schließen möge, so daß die Spuren meines Grabes von der Oberfläche der Erde verschwinden, wie – so schmeichle ich mir – auch das Andenken an mich im Geiste der Menschen verlöschen wird.«

Freilich, der außergewöhnliche Charakter des perversen Marquis de Sade darf keinesfalls für den des Provençalen im allgemeinen stehen. Er bleibt selbstverständlich eine Ausnahmeerscheinung. Aber Heißblütigkeit dürfte typisch für die Menschen dieser Landschaft sein. Graf Mirabeau, den seine Familie den ›Orkan‹ oder den ›Sturmwind‹ nannte, besaß sie in hohem Maße, ebenso der am Sturm auf Bastille und Tuilerien beteiligte Graf Barras (1755–1829), Mitglied des Direktoriums und Gönner Napoleons, den dieser jedoch später wegen seiner offenkundigen Habgier und Genußsucht stürzen konnte. Typisch für alle drei dieser Söhne des provençalischen Hochadels ist, daß sie die Partei der Feinde des herrschenden Regimes ergriffen, dem sie ihrer Abstammung nach angehörten. – Heißblütig war offenbar auch die aus Aix gebürtige langjährige Geliebte Flauberts, die Schriftstellerin Louise Colet, die nicht weniger durch ihre Liebesaffären als durch ihre Bücher bekannt war. »Sie wirkte etwas zu heftig, laut und theatralisch«, schreibt Jean de la Varende über sie. Flaubert zog es vor, sich stets außerhalb seiner Heimatstadt Rouen mit ihr zu treffen, und weigerte sich, sie seiner Mutter vorzustellen, wodurch es schließlich zum Bruch kam. – Zu welchen furchtbaren Racheakten der Seigneur d'Oppède im Luberon aus Haß und verletzten Stolz fähig war, wurde schon geschildert.

Daß Stolz immer eine provençalische Eigenschaft war, darf man wohl annehmen. Er verwandelt sich in Eitelkeit, wo er nicht mit Größe gepaart ist. So gelten die von Barras verfaßten Memoiren als »großsprecherisch und unzuverlässig«, und dem in Marseille

Der Brunnen im Garten des Irrenhauses von Saint-Remy, in dem Vincent van Gogh das letzte Jahr vor seinem Tode zubrachte. Er lebte dort vom Mai 1889 bis Mai 1890. Im Juli 1890 nahm er sich in Auvers-sur-Oise das Leben. Rohrfederzeichnung, 1889

Frédéric Mistral (nach einer Radierung von Gaillard)

Alphonse Daudet (nach einer Fotografie von Bacan Sohn)

geborenen Staatsmann und Geschichtsschreiber Louis Adolphe Thiers (1797–1877) wurde Eitelkeit neben naivem Egoismus und schwungvolle, aber keineswegs wahrheitsgetreue und unparteiische Sprache nachgesagt. Insofern ist Daudets zum Größenwahn neigender ›Tartarin von Tarascon‹ zwar sicherlich nicht gerade für diese Stadt typisch, aber doch nicht wirklichkeitsfremd erfunden. Vielleicht gehört auch die eigentümliche, speziell der Provence eigene Legendenbildung hierher, nach der die Apostel, die in der Rhônelandschaft zuerst das Evangelium predigten, alle in unmittelbarer persönlicher Beziehung zu Jesus standen, mit ihm verwandt oder von ihm geheilt oder wie Maria Magdalena durch ihn bekehrt waren. Jede und jeder dieser Heiligen ist historisch nicht nachweisbar, der Nationalstolz konnte sie also ebenso unbefangen für sich beanspruchen wie die hochmütigen Herren von Les Baux ihre Abstammung von jenem König Balthasar aus dem Morgenland, der das Kind in der Krippe angebetet haben soll.

Dabei besaß die Provence schon früh, schon in den ersten Jahrhunderten des Christentums eine Anzahl im eigenen Land geborener Heiliger, Äbte wie Saint Honorat (um 400), Saint Aygulf (7. Jahrhundert), Saint Genès, Saint Gilles, Saint Trophime und Saint Quenin, Frauen wie die Äbtissin Sainte Marguerite. Ihre Zahl vermehrte sich noch in den nächsten Jahrhunderten. So gelobten Elzéar von Sabran (1280–1328) und seine Frau Delphine, die reichen Schloßherren von Ansouis, einander Keuschheit und führten ein so gottgeweihtes Leben, daß beide heiliggesprochen wurden. Albigenser, Waldenser, Hugenotten und Gestalten wie Marie Durand beweisen ebenfalls die provençalische Anlage zu tief empfundener, opferbereiter Frömmigkeit. Im Volk haben sich die großen Prozessionen und Heiligenfeste erhalten, Bräuche wie die bezaubernde Hirtenweihnacht in Les Baux in der Nacht des 24. Dezember und Krippen, für die reizende ländlich-altmodische Figürchen, die Santons, angefertigt werden, die man heute noch überall kaufen kann. Hier zeigt sich eine ganz andere Seite des Provençalen, die bukolisch heitere, höchst liebenswürdige, poesievolle und phantasiereiche, zeigt sich das Erbe der Minnesänger und eines sanften Hirtenvolkes, das so beglückende Geschichten wie die von der Liebe zwischen Pierre de Provence und der schönen Magelone erfand. Alphonse Daudet mit seinen ›Geschichten aus meiner Mühle‹ (Abb. 195), Frédéric Mistral aus Maillane (1876–1914) und die Gruppe der Félibres um ihn, die das alte Provençalisch noch einmal literaturfähig zu machen versuchten, haben diese Tradition fortgesetzt. Auch sie zeigten vor allem die bäuerlich-friedlichen, warmherzigen Züge des Provençalen. Mistral erhielt für seine ›Mireille‹, die Geschichte eines Bauernmädchens, den Nobelpreis. Er verwandte ihn, um das *Museon Arlaten* in Arles zu stiften, in dessen 33 Sälen man provençalische Folklore im weitesten Sinn nacherleben kann.

Freilich, die außerordentliche Spannweite des provençalischen Charakters kann dies Museum, das vor allem die ländliche und bürgerliche Idylle pflegt, nicht bewußt machen. Dazu bedarf es auch der Erinnerung an die dramatisch bewegte Fassade von Saint-Gilles, an die weltabgewandte kühle Stille von Sénanque und Silvacane und die leidenschaftlichen Gewalttätigkeiten, an denen die Geschichte des Landes nur allzu reich ist.

Im Luberon (bei Bonnieux)

X Lavendel und Zikaden

Wenn die Sonne das Blut der Provençalen peitscht, wie der Abbé de Sade behauptete, so peitscht der Mistral seine Haut. Er fegt den Himmel blau und die Hitze fort und das angeblich drei, sechs oder neun Tage lang. Eiskalt bläst er vom Zentralmassiv herab, der ›Schlammfresser‹, stürzt das Rhônetal hinunter und schüttelt nicht nur Pinien, Oliven und Feigenbäume in der fruchtbaren Ebene, sondern beugt selbst die einsamen Tamarisken am Rande der Sümpfe in der Camargue. Merkwürdigerweise bringt er Gesundheit, nicht Krankheit, so sehr er einem auch den Atem verschlägt. Er ist rein und frisch und eigentümlich belebend, wenn auch mitunter lästig.

In den Zypressenwänden, die man zum Schutz vor ihm bei Feldern und Rebhängen errichtet, singen Hunderte von Vögeln schon eine Stunde vor Tag und nachts schlagen Sprosser und Nachtigallen in ihrem Dickicht. In den vielen kleinen Tälern, die sich die Nebenflüsse und -flüßchen der Rhône und der Durance gegraben haben, in den Tälern der Aigue, der Couronne, der Sorgue, der Ouvèze, der Nesque, des Verdon und des Gard wuchert eine undurchdringliche Wildnis aus mannshohem Gebüsch, mächtigen alten Bäumen, die der Efeu zu ersticken droht, und immergrünem Pflanzen- und Dornengewirr. Das sind Nymphenwälder, in denen Pan und Sucellus, der alte Keltengott, leibhaftig zu wohnen scheinen.

Auf den kahlen, sonnenverbrannten Hochebenen dagegen, wo Thymian und Rosmarin, Salbei und Lavendel zwischen den Steinringen verfallener bories blühen, ist noch immer die Urzeit spürbar, die Zeit der ersten Hirten, die hier ihre Werkzeuge aus Stein schlugen. Der Lavendel ist die heilige Blume der Provence, die Wunden zu heilen vermag. Er wird auf diesen kargen Höhen in großen Feldern gezogen, die einzelne Pflanze zu einer königlichen, sternförmig ausstrahlenden lichtblauen Blütenkrone gezüchtet und zu köstlicher Essenz destilliert (Abb. 55). In einer Saison ergeben dreitausend Kilo Lavendel etwa vierzig Kilo Extrakt. Hier auf den einsamen Hochebenen, wo sonst nur Schafe eine karge Weide finden, wo die kleinen uralten Dörfer mit ihren roh aus Felsbrocken gefügten Häusern zum Teil schon verlassen und dem Verfall preisgegeben sind und die Bevölkerung vom Aussterben bedroht ist, sichern einzig Schafherden und Lavendelzucht noch einen bescheidenen Erwerb. Aber das Todesurteil über die antik-ehrwürdige Lebensform dieser hochgelegenen Dörfer ist schon gesprochen. In wenigen Jahrzehnten wird es vollstreckt sein.

Der Fremdenverkehr hat sich der Städte in der Ebene bereits bemächtigt, und die Camargue (Abb. 191, 197, 198), einst nichts als ein von Silberreihern, Kormoranen und Flamingos bewohntes Sumpfland, auf dessen mühsam trockengelegten Wiesen weiße Pferde und schwarze Stiere weideten, ein einsames Land der Fischer und Viehzüchter also, ist heute schon so von Ausländern überflutet, daß sich die scheuen Wasservögel in Röhricht und Reservate zurückgezogen haben und nur noch mit guten Ferngläsern auszumachen sind und die herrlichen Pferde- und Stierherden unnahbar und weitab hinter breiten Wassergräben und Drahtzäunen gehalten werden. Gewiß, der Etang de Vaccarès und all die kleinen Etangs ringsum besitzen immer noch den seltsam bräunlichen Glanz der flachen Brackwasser und das Licht über dem Sumpfland die silbrige Helle, gegen die eine Gruppe farbig gekleideter Reiter eigenartig schön vor der Unendlichkeit zu stehen scheint, aber der einmalige Reiz des weitläufigen Rhône-Deltas, dessen Sümpfe nach und nach in fruchtbare Reisfelder verwandelt werden, ist auch ohne diese Veränderung im Hinsterben und weitgehend schon erloschen.

Kaum berührt vom Strom der Touristen sind dagegen die kleinen Gebirge und Hügellandschaften der Provence: die zwei- bis dreihundert Meter hohen Garrigues, die noch niedrigere Montagnette, in deren mit Stechginster und Machiagestrüpp bewachsenen Heide das pseudo-romanische Kloster Saint-Michel-de-Frigolet, halb Ausflugs-, halb Pilgerziel, eingebettet liegt, dann die schroffzackige Kalksteinkette der Alpilles mit dem eigentümlich taubenschlagartigen Höhlennetz der Bauxitbrüche, die Les Baux ihren Namen verdanken, und schließlich die Montagne du Luberon, Land der bories, der Zedern und der feenprächtigen Ockerbrüche bei Roussillon (Farbt. 16) und im Colorado-Tal. Nördlich von ihm dehnt sich das großräumig kahle, entfernt an baumlose Schwarzwaldhochebenen erinnernde Plateau de Vaucluse, wo die bis dahin unterirdisch fließende Sorgue in einen von hohen Felsen streng umrahmten Teich als Fontaine de Vaucluse zutage tritt, ein von Petrarca geliebter Ort, dessen ursprünglich nymphenhaften Zauber der Fremdenverkehr leider zu ersticken droht.

Fernher sichtbar, herrscherlich machtvoll thront über dem ganzen Rhôneland der Mont Ventoux (Farbt. 6, 7; Abb. 103, 104), der alte heilige Berg der Urbevölkerung, dem Windgott geweiht, der dort seine eisige, menschenabweisende Heimstatt hat. Er ist fast 2000 m hoch, ist immer vom Mistral umtobt, oft in Regen, Schnee oder Nebel gehüllt, seine Luft durchschnittlich um 11 Grad kälter als die der Ebene zu seinen Füßen. Daß im Juli auf seinem Gipfel der Steinbrech Spitzbergens und der haarige kleine Mohn Grönlands blühen, scheint typisch für die Provence, das Land so erstaunlicher Kontraste.

Das Tier, in dem das Volk selbst das Symbol seiner Heimat sieht, ist die Zikade, die Tag und Nacht in der glühenden Hitze des Hochsommers alle Sinne mit ihrem unaufhörlichen schrillen Geigen reizt und verwirrt. Sie ist das nimmermüde, unsichtbare, tönende Sinnbild der flammenden Sonnentage der Provence.

Praktische Reisehinweise

Aus Briefen Vincent van Goghs:

»Ich komme vom Mont Majour zurück ... Große Rosengärten, Reben, Epheu, Feigen, Oliven, Granatbäume mit den großen Blüten vom lebendigsten Orange, Hunderte von Zitronen, Eschen und Weiden, Steineichen, halbverfallene Stufen, spitzbogige Fenster in Ruinen, weiße Felsblöcke, vom Geröll zusammenfallender Mauern bedeckt, da und dort mit Grün überzogen ...«

Arles, Sommer 1888

»Ach, diese Bauerngärten mit den großen roten Rosen der Provence, den Weinreben, den Feigenbäumen! Das ist sehr poetisch. Die ewige Sonne strahlt gewaltig. Trotzdem steht alles in frischem Grün.«

Arles, August 1888

---

1 Planung der Reise. Standquartier

Man kann sich natürlich für die Provence nur einige Tage, eine Woche oder auch zwei Zeit nehmen und wird dann, falls die Reise im Bus oder eigenen Wagen vor sich geht, immerhin die sogenannten Hauptsehenswürdigkeiten kennen, vor allem die bedeutenden römischen und romanischen Bauten und das Papstpalais in Avignon gesehen haben. Wer jedoch etwas mehr vom Geist dieses Landes wissen und verstehen will, müßte entweder wiederkommen oder sich mindestens drei Wochen Ferien dort gönnen.

Mit oder ohne Wagen – das bestimmt die Wahl des Standquartiers, für das man sich wenigstens 10 bis 14 Tage reservieren sollte. Avignon (ca. 90000 Einwohner) und Arles (ca. 50000 Einwohner) empfehlen sich besonders für den Reisenden, der auf öffentliche Verkehrsmittel angewiesen ist, und nicht zuletzt auch, weil sie selbst so viel Sehenswertes bieten, daß 1 bis 2 Tage kaum ausreichen würden. Der Autoreisende wählt vielleicht besser das stille Saint-Rémy-de-Provence (8 000 bis 9 000 Einwohner) am Fuß der landschaftlich reizvollen Alpilles oder auch eines der neuen Hotels, die in der unmittelbaren Nachbarschaft der Ruinenstadt Les Baux und in ihr entstanden sind, evtl. auch Beaucaire oder Villeneuve-les-Avignon. Von jedem der genannten Orte aus ist in ganz- oder halbtägigen Ausflügen viel Bedeutendes zu erreichen.

Dann sollte man sich, wenn irgend möglich, noch einige Tage für die Camargue und einige für Aix-en-Provence, vielleicht auch einige für den Norden (Orange, Vaison-la-Romaine und Umgebung) vorbehalten. In der Camargue kommen eigentlich nur zwei Seebäder (mit schönem Sandstrand!) in Frage: das von vielen Deutschen besuchte, ja überlaufene Saintes-Maries-de-la-Mer und das stillere Le-Grau-du-Roi. Von beiden Orten aus kann man gut Aigues-Mortes erreichen und dabei die einzigartige Sumpf- und Wasserlandschaft der Camargue mit ihrer Tierwelt erleben.

– Aix, mit keiner anderen provençalischen Stadt zu vergleichen, hat eine ganz besondere Atmosphäre. Hier locken außer der Umgebung mit dem Sainte-Victoire und Entremont der Luberon und das nur etwa 30 km entfernte Marseille, wohin ein lebhafter Autobusverkehr besteht. –

In all genannten Orten gibt es gute Ein-, Zwei- und Dreistern-Hotels.

2 Auskünfte und Anreise

Alle gewünschten **Auskünfte** erteilen:
Das **Amtliche französische Verkehrsbüro**

4 Düsseldorf, Berliner Allee 26

6 Frankfurt/M., Kaiserstr. 12

2 Hamburg, Alstertor 21

In Frankreich informiert das ›**Syndicat d'Initiative**‹ jeder Stadt. Es versendet auch Prospekte, Stadtpläne und Hotelverzeichnisse und vermittelt gegebenenfalls gegen geringe Gebühr selbst telefonisch an seinen Schaltern eine Unterkunft.

Internationale Flughäfen: Marseille-Marignane, Nizza, außerdem **Toulon-Hyères.** Direktflüge nach Lyon und Paris mit Anschlüssen nach allen französischen und ausländischen Flughäfen, besonders Hamburg und Frankfurt.

Über **Eisenbahnreisen** unterrichtet die **Vertretung der Französischen Eisenbahn** in Frankfurt/M., Rüsterstr. 11. Sie gibt ein Heft heraus, in dem alles über Fahrpreisermäßigungen, Touristenbusse, Reservierungen usw. enthalten ist. Es gibt Familienkarten mit Ermäßigungen von 75% ab für die dritte Person und Touristenkarten für eine Strecke von 1 500 km mit 20% Ermäßigung. Frauen über 60, Männer über 65 genießen außer zu besonders beliebten Reisezeiten (Festtage, große Ferien usw.) auf allen Zügen eine Ermäßigung von 30% für alle Wagenklassen, wenn sie sich eine sogenannte ›Carte Vermeil‹ bei einem der DER-Reisebüros in Deutschland besorgen. Preis DM ca. 14,–.

Schloß Mirabeau

Autoreisende, die gern die von deutschen und französischen Bahnhöfen abgehenden **Autoreisezüge** nach Avignon, Narbonne oder St. Raphael benutzen, können ebenfalls von der ›Carte Vermeil‹ Gebrauch machen. Die Autoreisezüge Straßburg-Avignon und Metz-Avignon sind insofern zu empfehlen, als die Anreise bis zum Abfahrtsbahnhof meist nur einige Fahrstunden auf deutschen Autobahnen beträgt und am Tage gemacht werden kann. Allerdings ist frühe Bestellung der Fahrkarten bei der Deutschen Bundesbahn oder in einem Reisebüro dringend anzuraten.

Leihwagen ohne Fahrer zu vermitteln gehört zu den Kundendiensten der S.N.C.F., der französischen Eisenbahnen. In Aix-en-Provence, in Arles, Avignon, Nîmes, Orange und Marseille gibt es das ›Auto am Bahnhof‹.

Autobusse verbinden auch die kleinen Orte mit den größeren Städten wie bei uns. Natürlich fahren sie einige Umwege, um möglichst viele Ortschaften zu berühren. Doch bieten sie dadurch Gelegenheit, Land und Leute kennenzulernen. Von Städten wie Aix, Nîmes, Avignon, Arles und Orange kann man per Bus so ziemlich an alle sehenswerten Orte gelangen. Oft hat man die Wahl, Zug oder Autobus zu benutzen, zumal am Bahnhof auch gewöhnlich die Haupthaltestelle ist. Die französischen Eisenbahnen unterhalten für große Touristenstrecken einen **›Europa-**

bus‹. Für den Provence-Reisenden ist besonders die Camargue-Route des Europabus interessant. Auf einem Tagesausflug, der in Avignon beginnt und dorthin zurückführt, sieht man Tarascon, Aigues-Mortes, Les Saintes-Maries-de-la-Mer und Arles. Um Arles auch nur annähernd kennenzulernen, wird die dafür verbleibende Zeit natürlich zu kurz sein, von Tarascon und der Camargue jedoch kann man auf einer solchen Fahrt durchaus einen Eindruck gewinnen.

Von Aix, Arles, Avignon, Carpentras und Nîmes aus veranstalten die französischen Eisenbahnen **Tages- und Halbtagesausflüge.**

3 Hotels und ›Essen unterwegs‹

Die amtlichen französischen Verkehrsbüros in Deutschland versenden auf Wunsch Verzeichnisse der staatlich geprüften Hotels, in denen Bettenzahl, Komfort, Preise für Übernachtung mit Frühstück, Pension und Halbpension usw. genau angegeben sind. Man fordere am besten dort die einzelnen Verzeichnisse der Gegenden, die man besuchen will, an, z. B. ›Vaucluse‹ oder ›Provence-Côte d'Azur – Alpes du Sud‹. Die Listen erscheinen jedes Jahr neu, und ihre Preise sind mehr oder weniger für das betreffende Jahr verbindlich. In ganz Frankreich sind diese staatlich geprüften Hotels an einem achteckigen Schild kenntlich, das in der Mitte ein großes weißes ›H‹ trägt, links davon die Jahreszahl und rechts die Anzahl der Sterne, die den Gütegrad der Einstufung bestimmen. Sterne und Jahreszahl sind rot, über dem weißen ›H‹ steht in blauer Schrift ›Hôtel de Tourisme‹. Außerdem gibt es, ebenfalls bei den amtlichen französischen Reisebüros eine Liste der ›Logis de France‹, die vor allem einfache, aber gleichfalls gut geführte Gasthöfe nennt. Wenn Sie Ihre Reise anhand dieser Verzeichnisse planen, sind Sie vor unangenehmen Erfahrungen mit Hotels so gut wie sicher.

Natürlich kann man sich bei der Hotelwahl unterwegs auch an ADAC-, Touringclub- und ähnlichen Schildern ungefähr orientieren. Immer jedoch tut man gut daran, darauf zu achten, daß die Jahreszahl nicht fühlbar veraltet ist.

Halbpension ab 3 Tage Aufenthalt ist allgemein üblich, und man fährt meist gut dabei. Man kann jedoch oft auch für nur eine Übernachtung einen Gesamtpreis für Abendessen, Bett und Frühstück vereinbaren, besonders außerhalb der eigentlichen Saison, d. h. der Hochsommermonate, in denen der Franzose reist. Daß mindestens eine Hauptmahlzeit im Hotel eingenommen wird, ist, außer in den Hotel garni, sowieso obligatorisch. Kann sie der Wirt nach seiner eigenen Wahl zusammenstellen, so ist das meist nicht nur für ihn, sondern auch für den Gast günstig.

Ebenso pflegt der ›**Wein des Hauses**‹, der dann auch zugleich der Wein der Landschaft ist, vorzüglicher und preiswerter zu sein als jeder sonst noch auf der Karte angebotene. Das ist ein ›point d'honneur‹ für jeden Wirt. Französische Gäste wählen ihn normalerweise.

Trinkgeld und Taxen sind allgemein im Preis inbegriffen, doch gibt man zum

Schluß der Bedienung noch einen kleinen Betrag zwischen 3 und 5% der Rechnung, den Leistungen entsprechend. Alles Verzehrte erscheint erst auf der Schlußabrechnung, Getränke an der Bar ausgenommen.

Essen unterwegs: Wenn Sie in einem Zwei-, Drei- oder gar Viersternhotel wohnen, sollte Sie das nicht hindern, gelegentlich auch im **Restaurant** eines Hauses einzukehren, das vielleicht nur einen Stern aufweist. Sie werden meist überrascht sein, wie gut Sie dort essen, wo Madame oder Monsieur selbst kocht, und wie sauber und appetitlich auch hier das Essen serviert wird. In solchen Lokalen lernen Sie die Nationalspeisen kennen, von denen man in den großen Hotels oft glaubt, sie seien einem internationalen Publikum nicht zuzumuten. – Im übrigen gilt in der Provence wie überall die Faustregel: wo viele Einheimische essen, kann es weder schlecht noch zu teuer sein. – In den kleinen Restaurants ist ein einfacher einheimischer **Wein** oft im Preis inbegriffen, und man kann dabei zwischen Rosé oder Rotwein wählen.

Wollen Sie sich lieber selbst ein **Picknick** ausrichten, so achten Sie darauf, daß in kleineren Orten nach spätestens 12.30 Uhr selten noch frisches Brot aufzutreiben ist und daß der Metzger oft schon um 12 Uhr schließt. Bei ihm bekommen Sie eigentlich immer frischen ›paté‹, eine Köstlichkeit, die gut zuzubereiten für ihn Ehrensache ist, und meist auch eine gute Scheibe mit Provencekräutern zubereiteten Braten. Die Würste sind nicht unbedingt nach unserem Geschmack, der Schinken ausgezeichnet. In den Selbstbedienungsläden finden Sie Getränke aller Art, auch fertige Süßspeisen, Joghurt, Obst, Käse usw. Auch die Franzosen stellen sich immer mehr auf Fertiggerichte um.

Sonntags vormittags können Sie sowohl frisches Brot wie alle anderen Lebensmittel kaufen, ja, vielerorts wird sogar Markt gehalten. In Fleischerläden gibt es an diesem Tag nicht selten auch frischgebratene Hühnchen, warme Fleischpasteten und dgl. Ab Mittag bleiben dann die Läden geschlossen.

Montags dagegen gibt es mitunter nicht einmal frisches Brot oder doch nur in den Morgenstunden, und viele Läden, besonders die Fleischer, halten überhaupt geschlossen, auch die Selbstbedienungsläden teilweise. Die **Restaurants** der Hotels haben dann gewöhnlich ›Ruhetag‹, d. h., sie geben nur an ihre Hausgäste die vereinbarten Mahlzeiten. Für den Montag ist also in bezug auf Mahlzeiten eine gewisse Vorausplanung nötig.

4 Provençalische Gerichte und Weine

- Die ›Bourride‹, eine Fischsuppe, ähnlich der Marseiller ›Bouillabaisse‹
- ›Aïoli‹, eine ziemlich scharfe Knoblauchmayonnaise
- Oliven und Tomaten à la Provençale
- die ›Poutargue‹, Fischrogen
- die ›Ratatouia‹, ein Gemüseeintopf
- ›Ravioli‹ aus Nice
- Artischocken à barigoule, mit Schinken

Alter Backofen in Sivergues (Luberon)

- die ›Soupe au pistou‹, eine kräftige Gemüsesuppe
- ›Doube d'Aubergine‹, Eintopf mit Tomaten, Zwiebeln, Auberginen, Weißwein, Knoblauch und anderen Gewürzen
- ›Boeuf à la Gardiane‹ in der Camargue, ein Rindfleischeintopf, dem Speck und Zwiebeln, Oliven und Kartoffeln beigegeben sind
- ›L'estouffade de boeuf‹, geschmortes Rindfleisch

Aïoli ist männlichen Geschlechts und auch sonst mehr Männersache, weil keineswegs sanft. Er ist die berühmte Zugabe zu in der Pfanne geschmortem Fisch, also eine typische Freitagsspeise, die auch im Gebirge üblich ist, wo Stockfisch den fehlenden Frischfisch ersetzt. Um Aïoli echt provençalisch zuzubereiten, zerstampft man 5 bis 6 Knoblauchzehen mit etwas Salz und Pfeffer in einem Mörser, fügt ständig rührend 1–2 Eidotter hinzu und danach tropfen-, später fadenweise Olivenöl, bis die Masse Farbe und Konsistenz einer Majonnaise annimmt. Einige Tropfen Wasser können mit dem Öl hineingemischt werden und zum Schluß der Saft einer Zitrone. Der Fisch wird mit gekochten Bohnen, Rüben und Kartoffeln garniert, der Aïoli jedoch bleibt für den Provençalen die Hauptsache. Es sei aber ausdrücklich geraten, diese Soße erst einmal in ihrer Heimat zu probieren, ehe man sich daheim an ihre Zubereitung macht. Sie ist höllisch scharf, und der Holländer van Gogh schrieb zu diesem Thema: »Man sollte den hiesigen Dialekt verstehen und Bouillabaisse und Aïoli zu essen verstehen ...« Er kannte es offenbar nicht.

Ratatouia oder ratatouille wird in den einzelnen Gegenden aus verschiedenen Gemüsen nach variierenden Rezepten bereitet. Reichlich Tomaten, kleine Kürbisse oder Gurken (italienisch Zucchini), einige Auberginen und Zwiebeln und mehrere Knoblauchzehen, in Beaucaire auch Blumenkohl und roher Schinken, werden zusammen in Olivenöl mit Salz und Pfeffer geschmort. Je nach örtlicher Sitte wird etwas Thymian, Rosmarin und 2 Lorbeerblätter oder Majoran hinzugefügt. Ein Zweig Basilikum darf nirgends fehlen. Ratatouia wird zu Fleisch serviert.

Falls Ihnen **Hammelkoteletts** mit provençalischen Kräutern besonders gut schmecken: Die Kräuter sind unmittelbar *nach* dem Braten darüber gestreut, und so können Sie auch daheim die mitgebrachten zu allerlei in der Pfanne gebratenem Fleisch verwenden.

Pastis ist ein Nationalgetränk des Provençalen, ein Apéritif, der aber auch sonst zu jeder Tageszeit getrunken wird. Er besteht aus Branntwein und Anis, aromatischen Kräutern und Süßholz.

Berühmte provençalische Weine

Der Begriff **Côtes-du-Rhône** umfaßt die Weine von sechs Landschaften: Vaucluse, Drôme, Gard, Ardèche, Rhône und Loire. Er gilt für Rot-, Weiß- und Roséweine.
Rotwein: Châteauneuf-du-Pape, Rasteau (zu Wild und Käse), Bandol.
Rosé: Tavel (zu Vorspeisen, weißem Fleisch, Geflügel).
Weißwein: Cassis (zu Muscheln und Fisch), Beaumes de Venise (Muskatwein als Apéritif oder als Dessert zu Zwischengerichten), Rasteau (Süßwein als Apéritif, long drink oder als Dessert zu trockenem Gebäck) Palette.

In der Camargue werden die sogenannten ›Sandweine‹ angebaut, unter denen der herbe rote Saint-Saturnin empfehlenswert ist. Aber im allgemeinen gilt das schon für jeden gepflegten Landwein, ›Vin de Pays‹. Die Abkürzung ›V.D.Q.S.‹ steht für ›Vins délimités de qualité supérieure‹, Weine von beschränkter Menge und von gehobener Qualität. Daß ein ›A.C.‹, ›Appelation contrôlée‹, eine kontrollierte Herkunft des Gewächses bedeutet, weiß man im allgemeinen auch in Deutschland. Spitzenweine sind die der Domänen und Schlösser.

Honig gibt es in den Gebirgen und Heidelandschaften der Provence fast auf jedem Bauernhof zu kaufen. Überall wird man dem Hinweis ›miel‹ begegnen. Der Lavendelhonig wird besonders geschätzt. Er ist sehr hell und mild.

5 Wichtige Tips

Die besten Reisezeiten sind Frühjahr und Herbst. Mitte Juni beginnt der sehr heiße Sommer; die Winter sind, von plötzlichen Kälteeinbrüchen abgesehen, ziemlich mild. Jährliche Durchschnittstemperatur 15 Grad. April und Mai sind besonders schön, ebenso der September durch sein mildes Licht. Der Sternhimmel der Provence ist der klarste Europas.

Mit **Mistral** müssen Sie zu jeder Jahreszeit rechnen. Er möchte Ihnen die Haare vom Kopf reißen und Sie frieren machen. Die Temperatur sinkt dann manchmal in kürzester Zeit um 10 Grad. Und der Mistral kann tagelang wehen ... Also Kopftuch, Mütze, Haarnetz oder Hut und jedenfalls ein wirklich warmes Kleidungsstück. Die Baskenmütze wurde zwar an der Atlantikküste erfunden, wird aber nicht zufällig viel in der Provence getragen.

Nehmen Sie eine gutleuchtende große **Taschenlampe** mit auf die Reise zum Besuch von Krypten und Kirchen. In Saint-Honorat in Arles z. B. oder in Les-Saintes-Maries-de-la-Mer müßten Sie sonst auf die schönsten Stücke verzichten. Kaum weniger wünschenswert ist ein gutes **Fernglas** zur Betrachtung von Kapitellen und Friesen an den Kirchenwänden.

Das **Syndicat d'Initiative** jedes Ortes mit Fremdenverkehr wird gewöhnlich an Ihrem Weg liegen, am Hauptplatz oder in der Hauptstraße. Erbitten Sie sich dort regelmäßig einen Werbeprospekt des Städtchens. Er wird immer einen Stadtplan enthalten, der es Ihnen erleichtert, die Sehenswürdigkeiten schnell zu finden, wird Sie über die z. Zt. geltenden Öffnungszeiten informieren und Ihnen oft auch anderes Wissenswertes vermitteln.

Denken Sie daran, daß **dienstags** so gut wie alle Museen, Schlösser usw. **geschlossen** sind. Planen Sie für diesen Tag am besten gleich Kirchenbesuche oder Ausflüge.

Falls Sie erst abends Ihre Hauptmahlzeit einnehmen und nicht in einem Restaurant Mittag essen wollen, so benutzen Sie die Stunden zwischen 12 und 14.30 Uhr zur Fahrt auf den dann fühlbar leeren Landstraßen, meiden jedoch die kleinen wie die größeren Städte in diesen Stunden, da dann jeder Berufstätige zu Fuß, Fahrrad oder Wagen unterwegs ist, um zu Tisch zu gehen oder zur Arbeit zurückzukehren. Alle Sehenswürdigkeiten sind sowieso mindestens zwischen 12 und 14 Uhr geschlossen. Zwischen 14.30 und 17 Uhr ist der Verkehr in den Städten verhältnismäßig gering und die meisten Museen noch offen. Danach nimmt er wieder zu, zumal die Geschäfte größtenteils bis ½8 Uhr offenbleiben. Die vielen, stets sehr engen Einbahnstraßen in den mittelalterlichen Städten mit den äußerst schmalen Trottoirs ermüden den Ortsfremden in den Zeiten des Hauptverkehrs sehr.

Wollen Sie **Städte** wie Avignon, Arles oder Nîmes in größerer Ruhe besichtigen, so gehen Sie **sonntags** dorthin, wenn die Straßen menschenleer, die Parkplätze unbesetzt und die Hotelzimmer von Geschäftsreisenden frei sind. Die Altstadt Avignons ist jetzt übrigens Fußgängerzone geworden und die Tiefgarage beim Papstpalast endlich fertiggestellt. Der große Platz vor dem Palast ist nun sehr schön. Eine ›Spielzeugeisenbahn‹ führt auf die Anlagen des Domfelsens hinauf und ermöglicht es so, ohne Anstrengung die Aussicht auf die Rhône und die Landschaft bis zum Ventoux zu genießen.

Weihnachten in der Provence hat mancherlei Vorzüge, besonders für Autoreisende. Klare, nebel- und regenfreie, sonnige, wenn auch kühle Tage, die Landschaft in einzigartigem Licht und sanfter Farbigkeit. Stechginsterblüte, hier und da noch Rosen. Straßen und Städte ohne Fremdenverkehr, die Museen geheizt, die Kirchen allerdings gewöhnlich kälter als die Außentemperatur, doch jede mit einer liebevoll aufgebauten großen Krippenszene geschmückt. Nicht nur in Les Baux,

Frigolet oder anderen hierfür berühmten Orten wird die Mitternachtsmesse am 24. 12. mit der Darbringung des Lammes durch die Hirten feierlich und rein provençalisch gestaltet. Aber man muß gegen 22 Uhr in der meist eisigen Kirche anwesend sein, um einen Sitzplatz zu finden, bis 23 oder 23.30 Uhr auf den Beginn der Messe warten und bis gegen 1 Uhr ausharren. Warme Winterkleidung ist nicht nur hier zu empfehlen. – Sehr schön ist die jährliche Ausstellung der Santons in Arles von Mitte Dezember bis Mitte Januar (geheizte Räume). In dieser Zeit findet fast täglich eine Veranstaltung statt, die sich auf die provençalische Kultur bezieht.

6 Einkäufe

Die Provence hat eine große Anzahl Künstler und Kunsthandwerker angelockt, deren kleine Läden immer mit einem Schild ›Entrée libre‹ versehen sind und mitunter in winzigen weltabgeschiedenen Nestern liegen. Da sind dann ungewöhnlich schöne Fotos, handgedruckte Stoffe, Gegenstände aus Olivenholz, Schmiedeeisen und vor allem meist hervorragende Keramik zu finden. Les Baux ist heute schon fast ein Künstler- und Kunsthändlerdorf mit den entsprechenden Preisen; in Städten wie Saint-Rémy, Gordes und Bonnieux gibt es bereits richtige Bildergalerien, die von modernster Grafik bis zu afrikanischem Schmuck und aparten Stoffen Dinge anbieten, die den höchsten Ansprüchen genügen; in der Oberstadt von Vaison-la-Romaine liegt in den mittelalterlichen Häusern Atelier neben Atelier mit schönem käuflichen Kunsthandwerk.

Selbstverständlich wird man sich provençalische Kräuter mitbringen, deren Würzkraft alle bei uns wachsenden übertrifft. Salbei, Thymian, Rosmarin, Majoran und Lorbeer ist die klassische Mischung, Lavendel wird wie im 17. und 18. Jahrhundert noch immer in reizenden kleinen, hübsch bedruckten ›sachets‹ verkauft, kleinen Säckchen, die man zwischen die Wäsche legt, um ihr frischen Duft zu verleihen.

Die ›Santons‹ für die Weihnachtskrippen, die kleinen, für die Provence typischen Figürchen aus dem bäuerlichen Leben, werden heute leider auch schon aus Kunststoff gepreßt. Es gibt jedoch daneben auch die handgemalten aus Ton nach den überlieferten Modellen. Die alten echten werden natürlich bereits als Antiquitäten mit entsprechenden Preisen gehandelt.

7 Feste, Theater, Musik

Am **1. Mai** wurde früher das Fest der Gardians, der berittenen Stierhirten der Camargue, in Arles mit Messe und Segnung der Pferde gefeiert. Wegen der jetzt überall üblichen Gewerkschaftskundgebungen wird es jetzt ca. 1 Woche früher gefeiert. Auskunft erteilt das Syndicat d'Initiative in Arles.

1. Mai: Ausritt des ›Carri‹ in Pernes-les-Fontaines (Vaucluse). Hinter einer großen Reiterschar ziehen mit Musik der ›Bauernkönig‹ und sein ›Statthalter‹ dreimal um die Stadt.

24.–25. Mai: Wallfahrt der Zigeuner nach Les Saintes-Maries-de-la-Mer.

Burgruine bei Mornas

Donnerstag vor Pfingsten bis Pfingstmontag: Stierkämpfe in Nîmes mit Tötung des Stieres.
Pfingstsonntag und -montag: Karnevalartiger Umzug in Apt.
24. Juni: Johannisfeuer auf der Montagne Sainte Victoire.
Letzter Junisonntag: Fest der Tarasque in Tarascon.
Juni bis September: Stierkämpfe in Nîmes.
1. Sonntag im Juli:
Internationales Folklore-Festival in Vaison-la-Romaine.
Juli: Internationales Musik-Festival in Aix.
Mitte Juli: Antiquitätenmesse in Aix.
Ende Juli und Anfang August: Tragödien, Opern, Ballett und Symphoniekonzerte in Orange (4 Vorstellungen an jedem Wochenende).
Juli und August: Vorstellungen im antiken Theater in Arles.
Juli bis September: Stierkämpfe in Arles mit Tötung des Stiers.
Nacht vom 9.–10. Juli: Fest von Notre-Dame-de-Santé mit nächtlichem Corso in Carpentras.
11. Juli – 14. August: Theaterfestival in Avignon.
29. Juli: 2. Fest der Tarasque in Tarascon, Prozession der hl. Martha.
Ende Juli: Tragödien, Opern, Ballett und Symphoniekonzerte in Orange.
Letzter Julisonntag: ›Virginenco‹-Fest in Les Saintes-Maries-de-la-Mer.
24. Dezember: Mitternachtsmesse der Hirten in Les Baux.

8 Museen

Die bedeutendsten provençalischen Museen befinden sich in Aix (Musée Granet), Avignon (Musée Calvet), Arles (Musée d'art chrétien, Musée d'art païen und Musée Réattu), Nîmes (Musée archéologique), Vaison-la-Romaine (Musée municipal). Die Museen von Aix und Avignon sind jeden Dienstag geschlossen, das in Nîmes am Sonntagvormittag; die Museen in Arles und Vaison sind täglich geöffnet.

Zu erwähnen sind noch einige **naturwissenschaftliche Museen**, so das in Aix, in Nîmes und das der Camargue in Les Saintes-Maries-de-la-Mer. Sehr sehenswert und einen Umweg auch für den sonst nicht naturwissenschaftlich besonders Interessierten lohnend ist die Arbeitsstätte des bedeutenden Insektenforschers und Nobelpreisträgers Jean-Henri Fabre in Sérignan. Geöffnet von 9–11.30 und 14–18 Uhr (16 Uhr vom 1. Oktober bis 31. März), montags geschlossen.

Zwischen 12 und 14 Uhr bleiben sämtliche Museen geschlossen. Im allgemeinen kann man überall mit einer **Besuchszeit** von 9–12 und 14–16 Uhr rechnen. Je nach Bedeutung der betreffenden Sammlung sind die Öffnungszeiten auf 10–12 gekürzt oder bis 17, 18 oder sogar bis 19 Uhr (im Sommer) verlängert, besonders in Arles. Hier empfiehlt sich auch der Kauf einer Sammelkarte für alle Sehenswürdigkeiten. Sie ist so billig, daß man, auch wenn man einige der Eintrittsbillets nicht benutzt, finanziell günstig und jedenfalls bequemer fährt. Sie gilt beliebig lange. Man braucht also nicht alles an einem Tag zu besichtigen, kann sich Zeit lassen und dies und jenes auf mehrere Tage verteilen.

Am 1. Mai sind sämtliche Museen geschlossen.

Was die einzelnen Museen zeigen:

Aix-en-Provence:

Musée Granet: frz. Maler, u. a. La Tour, Greuze, David, Ingres. Provençalische Schule, ital., fläm. und holl. Plastik der Renaissance, des 17. und 18. Jahrhunderts. Funde der Ausgrabungen des keltischen **Oppidum von Entremont.** (dienstags geschl.)

Bibliothèque Méjanes: Eine der bedeutendsten Bibliotheken Frankreichs mit 300 000 Bänden, Handschriften usw. (sonntg. u. mont. geschl.)

Musée du Vieil Aix: Folklore. (mont. geschl.)

Musée bibliographique et archéologique Paul Arbaud: Sammlung von Fayencen und Büchern über die Provence. (mittwochs geschl.)

Atélier Paul Cézanne: (mont., feiertags und im Nov. geschl.) 10–12 und 14.30–17.30 geöffnet.

Musée des Tapisseries: Wandteppiche des 16.–18. Jhs. (Öffnungszeiten beim Syndicat d'Initiative erfragen.)

Apt:

Musée archéologique: Interessantes kleines Museum mit Funden aus der prähistorischen, keltischen und römischen Periode. Nahe bei der Kathedrale (die neuen Öffnungszeiten sind angeschlagen).

Arles:

Musée d'art païen: röm. Kunst, Sarkophage.

Musée d'art chrétien: frühchristl. Kunst, Sarkophage, unterirdische Galerie.

Musée Réattu: Gemäldegalerie der Stadt. Interessant die Säle mit Arbeiten von Picasso, Gauguin, Lurçat, Bourdelle und Zadkine.

Museon Arlaten, von Mistral gegründet. Folklore, 33 Säle. (montg. geschl. und v. Okt.–Juni)

Avignon:

Musée Calvet: Schule v. Avignon (14.–16. Jh.), der frz. vom 16.–20.; außerdem Spanier, Italiener, Flamen, Holländer, Deutsche. Berühmte Sammlung von Schmiedeeisenarbeiten. In der archäologischen Abteilung 13 Stelen der steinzeitl. Totengöttin (dienstags geschl.).

Musée lapidaire: Römische, gallisch-römische, mittelalterliche und Renaissance-Plastik. »Tarasque von Noves«. (dienstags geschl.)
Musée Théodore Aubanel: Bücher und Dokumente vom 13.–20. Jahrhundert. Provençalische Möbel und Bilder von Mignard, Fragonard, Guardi usw. (sonntags, an Festtagen und im August geschl., sonst von 9–11 geöffnet.)
Muséum Requiem: Lokale Geschichte, Folklore (Öffnungszeiten beim Syndicat d'Initiative erfragen).
Collection Campana: Gegenüber dem Papstpalast.

Beaucaire:
Musée du Vieux Beaucaire: nachmittags geöffnet, montags oder dienstags geschlossen).

Carpentras:
Musée d'archéologie: (10–12 und 14–18 Uhr geöffnet, montags oder dienstags geschlossen).

Cavaillon:
Musée archéologique: Interessante prähistorische und keltische Funde. In der Kapelle des alten Hospitals (18. Jahrhundert). (Dienstags und freitags geschl., sonst 9–12 und 15–19 Uhr geöffnet.)

Gordes:
Musée Vasarély: Werke von Victor Vasarély (10–12 und 14–18 Uhr, dienstags geschlossen).
Musée du Vitrail: Route de St. Pantaléon (tägl. 10–12 und 14–18 Uhr). Geschichte des Glases und der Kirchenfenster. – Werke von Frédérique Duran.

Les Baux: Musée lapidaire

Nîmes:
Musée archéologique: Sehr interessante keltische und römische Funde. Medaillenkabinett mit griechischen, römischen, keltisch-römischen und mittelalterlichen Münzen. (Sonntagvormittag geschl.)
Musée des Antiques im Maison Carée: Römische Plastik und Mosaiken. (Von Palmsonntag bis 30. Sept. täglich vor- und nachmittags geöffnet, 12–14 Uhr geschl.)
Musée du Vieux Nîmes: Folklore, Geschichte des Protestantismus in Nîmes und Umgebung. (Samstag- und Sonntagnachmittag geschl.)
Musée des Beaux-Arts: Bilder der italienischen, spanischen, flämischen und holländischen Schule (Brueghel, Rubens), ferner Mignard, Boucher, Natoire, Prud'hon, Pradier, Rodin, Bourdelle). Gallo-römisches Mosaik, die Hochzeit der Admete darstellend. (Dienstags geschl. und mittags von 12–14 Uhr.)

Orange:
Musée de la ville: Kleines Museum gegenüber dem Theater, interessant durch den röm. Katasterplan. (12–14 Uhr geschl.)

Saint-Rémy-de-Provence:
Hôtel de Sade: Wichtig als Ergänzung zum Besuch der Ausgrabungen von Glanum. Gall.-griech. und gall.-röm. Funde aus Glanum und Saint-Blaise. (Einstündige Führung samstags- und sonntagvormittags von 10 bis 12 Uhr, evtl. auch an anderen Tagen.)

Sault:
Musée archéologique et géologique: (Öffnungszeiten im Syndicat d'Initiative.)

Vaison-la-Romaine:
Das Musée municipal im Ausgrabungsgelände von Puymin enthält sehenswerte römische Funde und die Originale der in den Anlagen aufgestellten Kopien. Täglich geöffnet.

Villeneuve-lès-Avignon:
Im **Musée de l'Hospice** das Meisterwerk von Enguerrand-Charonton ›Krönung der Jungfrau‹, 1453 (dienstags geschl.).

9 Sehenswürdigkeiten nach Epochen

Für diejenigen, die sich für eines der in diesem Buch behandelten Themen besonders interessieren, ist im Folgenden kurz zusammengefaßt, wo sich Bauten, Skulpturen, Bilder oder Museumsstücke befinden, die in der betreffenden Epoche entstanden sind, ohne daß diese Liste als vollständig gelten darf.

Bevor die Römer kamen: In den Museen von Avignon (Calvet, Musée lapidaire), Aix (Granet), Nîmes (Arch. Museum), Apt, Cavaillon, St. Rémy, Sault.- Steinzeitgräber bei Fontvieille (Castellet u. Gordes), Felsen von Buoux, Grottes de Calès, Bories des Village Noir bei Gordes und Claparèdes (Luberon), Dolmen bei Ménerbes (Luberon), Les Baux (oppidum Bringasses), Entremont bei Aix, Glanum bei St. Rémy, griechische Ausgrabungen bei St. Blaise, oppidum Nages bei Nîmes, Quellheiligtum im Val des Nymphes. Ferner: keltische Funde im Musée Borély, Marseille.

Die römische Provence: Funde in allen archäologischen Museen. Bedeutende Bauten in Arles, Orange, Nîmes, Vaison, Pont du Gard, St. Rémy. Brücken: Pont Flavien, Pont Julien, Pont Romain in Vaison. Carpentras (Gefangenenrelief), Cavaillon (Torbogen), Aqueducs de Barbegal mit Wassermühlen (10 km südlich von Fontvieille), Muschelaltar bei Le Paradou, Tempelruine bei Château-Bas, Vernègues, Mazan (Sarkophage), die ›Trémaïe‹ am Osthang von Les Baux.

Die sterbende Antike: Vaison (Kathedrale, St. Quenin), Arles (Musée d'art chrétien und d'art païen, Alyscamps), Aix (Kathedrale, Seitentor und Taufkapelle), Venasque (Taufkapelle und N.D. de-la-Vie), Cadenet (Taufbecken), Apt (Kathedrale: Seitenaltar, Krypta), Montmajour (St. Pierre), N.D. d'Aubune, St. Symphorien bei Buoux, Kirchen von La-Garde-Adhémar, St. Restitut, St. Paul-Trois-Châteaux, St. Gabriel, St. Sépulcre b. St. Restitut, St. Trinit, St. Christol. Unterirdische Abtei von Saint-Roman bei Beaucaire.

Das hohe Mittelalter: Kathedralen von Aix, Avignon, Vaison, Cavaillon, Apt, Carpentras, St. Trophime in Arles. Kirchen von Les Sts. Maries-de-la-Mer, St. Gilles, St. Restitut, St. Paul-Trois-Châteaux, La Garde-Adhémar, St. Marthe in Tarascon, Le Thor, St. Christol, Aigues-Mortes, Graveson (Chor), Saint-Andiol, N. D.-des Pommiers (romanischer Abendmahlsfries an der Außenwand). Kapellen: St. Gabriel, N.D. de l'Ortiguière, N.D. d' Aubune, St. Bénézet in Avignon, St. Sixte b. Eygalières, St. Croix bei Montmajour

(Akustik!), St. Marcellin am Friedhof von Boulbon. Klöster: Montmajour, St. Paul de Mausole bei St. Rémy, Sénanque, Silvacane. Burgen: Les Baux, Aigues-Mortes, Tarascon, Villeneuve. – Von der D 986 zwischen Beaucaire und Pont du Gard leicht erreichbar die romanischen Kirchen von Montfrin, Théziers und St. Bonnet-du Gard. Romanischer Abendmahlfries an der Außenwand der Notre-Dame des Pommiers in Beaucaire.

Das Jahrhundert der Päpste in Avignon: Gotik des 14. Jahrhunderts in Kirchen, an Adelshôtels und im Papstpalast in Avignon, desgl. in Villeneuve-lès-Avignon. Fontaine-de-Vaucluse (Petrarca). Schöner Saint-Christophe mit Jesuskind aus dem 14. Jh. am Ende eines Sträßchens in Boulbon. Beaucaire: La Croix couverte (1400 bis 1410).

Juden in der Provence: Synagogen von Cavaillon und Carpentras, Salon (Grab und Porträt des Nostradamus in St. Laurent, 3. Kapelle links).

Die französische Provence: Aix (Adelshôtels, Brunnen, St. Marie-Madeleine, Pavillon de Vendôme, 16.–18. Jh.; Musée des Tapisseries mit 19 Wandteppichen des 17. und 18. Jh.). Schloß Grignan (16.–17. Jh.). Château de Barbentane (1770, vor- und nachmittags geöffnet). Schlösser des Luberon: Ansouis, Lourmarin, La Tour d'Aigues. Viviers (Maison de Chevaliers, Renaissance), Pavillon de la Reine Jeanne bei Les Baux (Renaissance), Adelshôtels in Les Baux (16. u. 17. Jh.), Brunnen in Pernes-les-Fontaines (16. u. 17. Jh.), le Duché in Uzès (16.–18 Jh.), Mas-de-la-Brune bei Eygalières (16. Jh.), Carpentras (Palais de Justice, 17. Jh. und Hôtel-Dieu, 18. Jh.), Nîmes (Jardin de la Fontaine, 18. Jh.), Beaucaire (L'Hôtel de Ville, 17. Jh.). Frigolet (Chapelle Notre-Dame-du-Bon-Remède, 17. Jh.). Sämtliche Museen. Hôtel de Ville in Beaucaire.

Moderne Kunst (19. und 20. Jh.) in den Museen von Nîmes, Aix und Arles (Réattu). In Arles zahlreiche Arbeiten von Picasso, Gauguin, Lurçat, Bourdelle, Zadkine im Musée Réattu. Van Gogh und Cézanne fehlen auch hier. Die Zelle van Goghs in St. Rémy im Hospital von Saint-Paul-de-Mausole wurde kürzlich zugemauert. Vasarélys Didaktisches Museum in Gordes und die 1976 eröffnete Fondation Vasarély in Aix. Bei Gordes an der Route de St. Pantaléon das Musée du Vitrail mit Geschichte des Glases und der Glasmalerei und neuen Glasarbeiten von Frédérique Duran.

10 Einige Ausflüge für besonders Interessierte

Um die Ausgrabungen des keltischen **Entremont** bei Aix zu erreichen, erfrage man die Abfahrtzeiten im Syndicat d'Initiative von Aix an der großen Place de la Libération am Westende des Cours Mirabeau.

Wer von La Garde-Adhémar aus den schönen kleinen Ausflug nach der 1,5 km entfernten Chapelle du **Val-des-Nymphes** bei dem keltischen Quellheiligtum machen will, sucht den Abstieg von der Fahrstraße dorthin am besten von La Garde-

Adhémar aus. Es ist ein Fußweg, der rechts hinunter abbiegt, und den man sonst leicht verfehlt.

Auf der Straße von Saint-Rémy nach Tarascon, 2 km hinter Saint-Etienne-du-Grès, bei dem Weiler La Laurade, dessen alte Kapelle in eine Scheune verwandelt ist, zweigt links ein Weg durch die Felder ab, der im Bogen weiter nach links führt. Mitten in einem der an seiner rechten Seite liegenden Äcker, den Zypressenreihen flankieren, steht eine stark verwitterte Statue, wegen ihres unter den Armen hochgerafften Gewandes auf Provençalisch ›la Mourgue‹, die Nonne, genannt. Es handelt sich jedoch um eine der nur noch sehr selten an ihrem ursprünglichen Standort anzutreffenden Darstellungen des uralten griechisch-römischen Fruchtbarkeitsgottes **Priapus.** Dreiviertel der Statue ist im Laufe der vergangenen zwei Jahrtausende in der Erde versunken, aber sie ist immer noch ca. 1,50 m hoch und hütet die Fruchtbarkeit des Feldes. Das unter den Armen hochgeraffte Gewand schließt jeden Zweifel über ihre Bedeutung aus. Sie wird ins 1. oder 2. Jh. v. Chr. datiert.

Den **römischen Aquädukt von Barbegal** und die **Mühlen,** die mit seinem Wasser getrieben wurden, erreicht man, indem man auf der D 33 in Fontvieille zur Moulin de Daudet abbiegt und der Straße darüber hinaus folgt bis zu dem Schild, das nach links auf die ›Aqueducs de Barbegal‹ hinweist. Man parkt auf der Straße neben der alten Wasserleitung. Danach geht man bequem am Rand des Olivenhains neben den Ruinen des Aquädukts entlang bis zu einer in den Kalkfelsen gehauenen Schlucht. Von dort sieht man unter sich am Abhang die antiken Mühlen liegen. Um sie genauer zu betrachten, kehrt man zum Wagen zurück und fährt auf der D 33 etwas weiter nach Süden und biegt auf dem ersten, gerade noch befahrbaren Weg nach links ab. So kann man die Anlage nun von unten genau studieren.

Die **unterirdische Abtei Saint-Roman** bei Beaucaire. Wenige Kilometer von Beaucaire auf der Straße nach Nîmes weist ein Schild zur ›Abbaye souterraine de Saint-Roman‹. Man kann von hier aus noch ein Stück weiter fahren, dann ist der Weg für Autos durch eine Kette versperrt, und man hat einen gut halbstündigen Aufstieg zu Fuß vor sich. Schöne Wanderung zur Bergkuppe. Das in den Felsen gegrabene Kloster aus dem Ende des 5. Jahrhunderts besitzt u. a. einen sehr eindrucksvollen, in den Berg gehauenen Bischofssitz. Von den Terrassen weite Ausblicke über das Rhônetal und die angrenzenden Gebirge. Sehr lohnend, jedoch nur an Sonn- und Feiertagen nachmittags zwischen 15 und 18 Uhr mit einem ehrenamtlichen Führer zugänglich. Deshalb kein Trinkgeld, sondern Spende für die Restaurierung des Klosters.

Auf einem reizvollen Halbtagesausflug kann man die drei Städtchen **Graveson** (mit roman. Kirchenchor), **Barbentane** (got. Kirche, Maison des Chevaliers, Renaissance, und Schloß, 18. Jh.) sowie **Boulbon** (Château, 13. Jh., roman. Kapelle Saint-Marcellin und den schönen, wenn auch stark beschädigten Saint-Christophe an einem Straßenende) entdecken und die Hügellandschaft der Montagnettes kennenlernen.

Das **Stammschloß des Grafen Mirabeau** gehört eigentlich nicht mehr in den Bereich der in diesem Buch behandelten

Grottes de Calès

Landschaft. Da es jedoch nur 27 km östlich von Cadenet an der Route Nationale 573 am Pont Mirabeau über die Durance liegt und auch von Aix nur 32 km entfernt ist, wird mancher gern den Ausflug dorthin unternehmen, obwohl es innen nicht zu besichtigen ist. »Wahrhaftig, Madame, ich beklage die, die mich beklagen, weil sie mich noch auf dem Lande wissen«, schrieb 1761 der Marquis von Mirabeau, der Vater des Grafen. Man versteht ihn, wenn man die Lage seines Schlosses sieht.

Schloß Vauvenargues, ein auf einem Felsvorsprung hoch über dem Tal gelegener Renaissancebau aus dem 17. Jahrhundert, Heimat des Autors der ›Charaktere‹, der ›Reflexionen‹ und ›Maximen‹, ist heute im Besitz der Witwe Picassos und ebenfalls nicht zu besichtigen. Im Park liegt Picasso begraben. Das Schloß liegt nur 14 km östlich von Aix an der D 10, und der landschaftlich schöne Ausflug dorthin läßt sich mit dem Besuch einer Talsperre, der ›Barrage de Bimont‹, und dem weiten Panorama von der ›Croix de Provence‹ verbinden.

Daudets Mühle bei Fontvielle ist, wie schon erwähnt, keineswegs ›seine‹ Mühle, obwohl dort einige Andenken an ihn gezeigt werden. Es führt jedoch eine ungewöhnlich schöne Allee mit Aleppo-Pinien zu den sehr reizvollen Kalksteinhügeln, die früher mehrere Mühlen trugen, so daß der Weg dorthin trotzdem lohnend ist. Alphonse Daudets ›Briefe aus meiner Mühle‹ wurden in Paris geschrieben, und die Eindrücke, die ihnen zugrunde liegen, stammen von einem Ferienaufenthalt des Dichters aus Nîmes bei Freunden in Fontvieille.

Wer besonderes **Interesse für Cézannes Werke** hat, kann sich im Syndicat d'Initiative von Aix über den ›Tour de Cézanne‹ informieren und die Wanderungen des Malers, wenn er mit dem Arbeitszeug auf dem Rücken ›aufs Motiv‹ ging, zu Fuß oder im Wagen nachvollziehen. Der durch Schilder gut bezeichnete Weg führt zu den Landschaften um den Sainte-Victoire und zu immer neuen überraschenden Ausblicken auf den mächtigen Berg und weckt dabei die Erinnerungen an die schönsten Meisterwerke Cézannes.

Ein **Motiv Vincent van Goghs** ist ebenfalls heute noch zu sehen: die berühmte Zugbrücke im Süden von Arles. Auf Gesellschaftsreisen wird sie gelegentlich ins

Mornas, nördlich von Orange

Programm mit aufgenommen. Sonst kann auch hier das Syndicat d'Initiative Auskunft geben. Der ›Pont van Gogh‹, wie er jetzt heißt, führt über den Canal de Marseille und ist in den Michelin-Karten eingetragen. Der Weg zu ihm zweigt von der D 35 nach links ab, wenn man von Arles kommt.

Mit einem Besuch von **Gordes** und dem – überall angezeigten – Musée Vasarély im Schloß von Gordes kann man gut eine Besichtigung des seit 1975 bestehenden **Musée du Vitrail** an der Route de Saint-Pantaléon verbinden. Hier wird über die Herstellung von Glas für Kirchenfenster informiert, und Beispiele mittelalterlicher Glasmalerei werden gezeigt. Daneben dient das Museum der Ausstellung von erstaunlich schönen Glasarbeiten der bedeutenden Künstlerin Frédérique Duran. Ein wundervoll angelegter provençalischer Garten umgibt die Museumshalle und den jahrhundertealten Wohnsitz der Künstlerin in der alten Ölmühle der Seigneurs de Gordes.

Bei einem Ausflug nach der **Fontaine de Vaucluse**, der Quelle der Sorgue, im ›Vallis Clausa‹ des Petrarca, kann man auch das kleine Museum für den Dichter und die Ortskirche Sainte-Marie et Saint-Veran aus dem 11. und 12. Jahrhundert besuchen, die schöne Bruchstücke frühester romanischer Plastik, zwei hohe römische Säulen mit romanischen Kapitellen korinthischen Stils und einen Altartisch aus vorromanischer Zeit besitzt. (Am Eingang der Kirche Licht einschalten)

Wer das **Oppidum Nages** südwestlich von Nîmes besucht, kann sich in dem kleinen archäologischen Museum in der

Mairie von Nages über die Ausgrabungen informieren und keltisch-römische Funde aus dem Oppidum betrachten.

Der Ausflug nach dem romanischen **Kloster Ganagobie** in der Haute-Provence hoch über der Durance ist schön und interessant. Man hoffe nur nicht, die berühmten, endlich freigelegten Fußbodenmosaiken aus dem 12. Jahrhundert (ca. 70 qm!) betrachten zu können. Sie sind zur Restaurierung nach Périgueux gesandt und werden erst in 3–4 Jahren zurückerwartet.

Einer der größten **Dolmen** der Provence liegt im Luberon. Um ihn zu sehen, fährt man auf der D 3 von Bonnieux 8 km in Richtung Ménerbes. An der Wegkreuzung von der es noch 3 km bis Ménerbes sind, zweigt nach rechts die D 103 nach Cavaillon (17 km) ab. Auf dieser wenig befahrenen Nebenstraße überquert man sehr bald eine kleine Brücke, parkt dann unmittelbar hinter dem ersten Gehöft rechts (750–1000 m) und geht 80–100 m auf der Straße zurück, bis man auf der Seite des Bauernhofs ein 30–40 cm hohes kurzes Mäuerchen sieht. Unmittelbar hinter ihm liegt die große Deckplatte des Dolmen, zu dem man hinabsteigen kann. Seine Seitenwände sind wie die Wände einer borie geschichtet, den Eingang bilden große Steinplatten wie bei anderen jungsteinzeitlichen Dolmen. Lohnend nur für besonders Interessierte.

Bitte beachten Sie: spezielle Angaben können Veränderungen unterliegen. Verlag und Autor sind für alle ergänzenden Hinweise dankbar.

Raum für Ihre Reisenotizen

Anschriften neuer Freunde, Foto- und Filmvermerke, neuentdeckte gute Restaurants, etc.

Raum für Ihre Reisenotizen

Anschriften neuer Freunde, Foto- und Filmvermerke, neuentdeckte gute Restaurants, etc.

Fotonachweis

Stephan Adam, Frankfurt/Main
Umschlagrückseite; Abb. 28, 34, 40, 41, 48, 49, 149
A. Allemand, Orsay Abb. 107, 108, 109, 112
Amtl. Französisches Verkehrsbüro, Frankfurt/Main Abb. 54, 120, 121, 148
Archiv für Kunst und Geschichte, Berlin
Abb. 161
M. Atzinger, Avignon Umschlagvorderseite; Farbt 10, 12, 16; Abb. 32, 35, 62, 74, 102, 103, 104, 155, 156, 158, 162, 165, 175, 193, 196, 197, 98

Barral, Les Baux Abb. 145
Bildarchiv Preußischer Kulturbesitz, Berlin
Abb. 178
Blanc et Demilly, Lyon Abb. 163
Günter Brinkmann, Hamburg
Umschlaginnenklappe vorn, Farbt. 1, 7, 8

J. Cellard, Bron Abb. 169
CIM, Apt Abb. 78, 86
Collection ESPUNYA, Aigues-Mortes
Abb. 139
Collection Sites de France, Aix-en-Provence
Abb. 177, 179, 180, 182, 183, 184, 185

Editions GAUD, Moisenay Le Petit
Abb. 72, 151
Rainer Goldammer, Münchholzhausen bei Wetzlar Abb. 2, 3, 9, 27, 37, 42, 43, 44, 52, 53, 67, 73, 75, 77, 80, 91, 95 b, 127, 128, 129, 132 a–d, 133 a–d, 134 a–d, 140, 144, 154, 171, 187, 190, 191, 195
GUY, A. Leconte, Paris Abb. 173

Arnold Heiderich, Köln Abb. 4, 5, 8, 10, 11, 12, 39, 45, 46, 47, 58, 59, 60, 61, 69, 76, 87, 92, 130, 131, 136, 141, 164, 166, 167, 174, 176
Heinz Held, Köln Abb. 50, 51, 82, 96, 122, 124, 146, 188, 189
Holle-Verlag, Baden-Baden
Abb. 113, 152, 181

Ilse Jessen, Hamburg Abb. 29, 30, 31, 116, 118, 160

Lescuyer, Lyon Abb. 93, 94 a–f

Musée Borély, Marseille Abb. 13, 14, 20, 21, 22
Musée Calvet, Avignon Abb. 6, 7, 23, 24, 36, 38
Musée Lapidaire, Avignon Abb. 15
Musée Lapidaire d'art Païen, Arles
Abb. 57, 64
Musée Municipal, Vaison-la-Romaine
Abb. 65, 66

Werner Neumeister, München Abb. 33, 55, 56, 63, 101, 105, 106, 110, 111, 114, 115, 119, 123, 126, 142, 143, 147, 153, 157, 168, 170,

Phaidon-Verlag, Wien Abb. 186
Photo-Löbl-Schreyer Farbt. 2, 3, 23
Fritz Prenzel, Gröbenzell Farbt. 19

Pierre Ricou, Mane Abb. 1, 79, 192, 194

Toni Schneiders, Lindau Farbt. 4, 6
Ulrike Schneiders, Lindau Farbt. 9, 11, 13–15, 22

Klaus Thiele, Warburg Farbt. 17, 18, 21, 24

Klas Winter, Rheydt Farbt. 5, 20

Zodiaque, Saint-Léger-Vauban Abb. 16–19, 25, 26, 68, 70, 71, 81, 83, 84, 85, 88, 89, 90, 95 a u. c, 97–100, 117, 125, 135, 137, 138, 150

Zeichnungen und Pläne im Text
(Die Zahlen bezeichnen die Seiten im Buch)

Arnold Heiderich, Köln 2, 7, 9, 15, 21, 23, 25, 29 re., 30, 31, 51, 52, 59, 61, 83, 85, 87 o., 88, 90, 94, 129, 131, 149, 151, 159, 160, 191, 210, 222, 227, 230, 234, 240, 241

Weitere Zeichnungen nach folgenden Quellen:

Sibylle von Cles-Reden, *Die Spur der Zyklopen* (Köln 1960): 19
Wolfgang Braunfels, *Abendländische Klosterbaukunst* (Köln 1969): 147
Herbert Kühn, *Vorgeschichte der Menschheit*, Bd. I (Köln 1962): 14
Wilhelm Messerer, *Romanische Plastik in Frankreich* (Köln 1964): 145, 148
Michelin, *Provence avec carte touristique* (Paris 1971): 33, 87 unten, 93 unten, 140, 144, 182, 183
T. G. E. Powell, *Die Kelten* (Köln 1959): 52
Jean-Paul Clébert, *Provence Antique*, Bd. I Paris 1966): 29 links, 31, 51
– *Provence Antique*, Bd. II (Paris 1970): 61, 64, 92, 93
John Rewald, *Von Van Gogh bis Gauguin* (Köln 1967): 220
Ernst Samhaber, *Geschichte Europas* (Köln 1967): 184

Register

Personen und Völker

Adhémar, Haus 211, 212
Ägidius, Hl. 141
Agrippa 62, **83**, 84, 134
Albigenser 142, 180, 190, 192, 210, 218, 221
Albion, kelt.-ligur. Stammesheros 32
Alkuin 133
Allobrogen 50, 58
Andreas von Ungarn 180
Anjou, Haus 156, 189
Antoninus Pius, Kaiser 82
Aphrodite 136
Apollon 28, 32, 49, 57, 89
Araber 132, 133, 134, 136
Ariadne 130
Aristarche 27
Artemis 27, 28, 90
Artois, Grafen von 156
Augustin, Hl. 156
Augustus, Kaiser 57, 58, 82, **83**, 84, 185

Balthasar, König 159, 221
Barras, Graf 220
Baux, Familie Des 219
—, Alix 160
—, Azalais 177
—, Barral 177
—, Bérengère 160
—, Jeanna, Gräfin von Provence 180
—, Raymond 160
Beatrice (Dante) 184
Beaufort, Familie 219
Bécriaux, Henri 187
Beigbeder, Olivier 149, 152
Benedikt XII., Papst 180, 184
Benediktiner 137
Benoît, Fernand 20, 54, 57
Bernhard v. Clairvaux, Hl. 152, **153ff.**
Berno von Baume 153
Birgitta von Schweden, Hl. 181
Boethius von Carpentras, Bischof 130, 131
Bona Dea 88
Bosco, Henri 214
Boucher, François 236
Bouloumié, Bernard 30
Bourdelle, Antoine 235, 236, 238
Braunfels, Wolfgang 153
Brueghel 236

Calvin 210
Cäsar 49, 51, 58, 59, **63**, 85, 86
Cäsarius, Hl. **96**
Castelau, Pierre de 142
Castro, Amerigo 140
Cavaren 50, 185
Cental, Dame de, Baronin von Tour d'Aigues 192
Cézanne, Paul 13, **214ff.**, 218, 240 (Abb. 186)
Chabannes, Adémar de 139
Charu, etrusk. Totengott 85
Clébert, Jean-Paul 17, 28, 82
Clemens V., Papst 180
Clemens VI., Papst **180**
Cles-Reden, Sibylle von 19
Colet, Louise 220
Colonna, Giovanni 182
Comanen 50
Constance de France 158
Coutignardes, Hl. 20

Dante Alighieri 183
Daudet, Alphonse 13, 140, 214, **221**, 222, 240
David, Jacques Louis 235

Diana 89
Dionysos 130
Domitius Ahenobarbus 58
Duran, Frédérique 236, 238
Durand, Marie **158**, 218, 221, **241**

Enguerrand-Charonton 237
Epona 88
Esus 86, 87
Etrusker 27, 54, 59
Eurystheus 32

Fabre, Jean-Henri 235
Flaubert, Gustave 220
Fonton, Escalon de 16
Fragonard, Jean-Honoré 236
Franz I. von Frankreich **190f.**
Friedrich I. Barbarossa 146
Friedrich der Große 214
Froment, Nicolas 189

Gäa 32
Gallier 31, 63, 85, 86
Gasquet, Joachim 214
Gauguin, Paul 235, 238
Germanen 54, 91, 133
Geryon 32
Giono, Jean 183
Giovanetti, Matteo 184
Goethe, Johann Wolfgang von 188
Gregor XI., Papst 181
Grenier, Albert 82
Griechen 18, **27ff.**, 30, 31, 52, 54
Greuze, Jean Baptiste 235
Grignan, Graf von 210, 212
Große Göttin 22, 53
Guardi, Francisco 236
Guihen 21
Gyptis 27

Hadrian, Kaiser 63, 84 (Abb. 65)
Hannibal 57
Herakles (Herkules) 18, **31ff.**, 84, 88
Hermes 86
Hildebrand, Bruder Karl Martells 133
Hoffmann von Fallersleben, A.H. 177
Hugenotten 142, 158, 192, 218, 221

Ingres, Jean Auguste Dominique 235
Innozenz III., Papst 142
Innozenz VI., Papst 180
Isis 82, 90

Jakob, Hl. 12, 90, 135, **140**
Jammes, Francis 214
Jean de l'Ours 18
Jeanne de Laval 189
Johann der Gute von Frankreich 179
Johannes, Evangelist 90, 135
Johannes XXII., Papst 180, 182
Johann von Joinville 157
Julia, Tochter des Augustus 83, 84
Junones (s.a. Les Baux) **89f.**, 135
Jupiter **57**, 86, 130

Karl der Große 96, 133, 137, 140, 159
Karl Martell 132, 133
Karolinger 133
Katharina von Siena, Hl. 181
Katharer 142
Kelten **49ff.**, 57, 82, 85, 86, 87, 133
Kelto-Ligurer 32, **49ff.**
Kimbern 58
Konrad III., Kaiser 156
Konstantin der Große 94, **129**, 145
Kybele 28, 82

La Tour, Georges de 235
Laura (Petrarca) **184**, 219
Lazarus 135
Libitina 89
Ligurer 24, 27, 32, 51
Ludwig VI. 155
Ludwig VIII. 185
Ludwig IX. der Heilige 13, **156f.**
Ludwig XI. 179
Ludwig XIII. 160, 178
Ludwig XIV. 210, 211
Ludwig XV. 187
Lurçat, Jean-André 235, 238
Lyall, Archibald 215
Lygis, ligur. Stammesheros 32

Magelone 222
Mahomet 96
Manvilles, Familie 160
Marcian, Hl. 144
Marguerite, Hl. 221
Maria Jakobäa **90**, **135**
Maria Magdalena **135**, 221

Maria Salome **90, 135**
Mariën, Marc E. 89
Marignane, Marquis de 213
Marius 8, **11**, 55, 58, 96
Mars 86, 89
Mars Albiorix 86
Martha (die Salyerin), Hl. **8**, 28, 55, 135, **179**, 234
Martini, Simone 181, 184
Mauron, Marie 214
Maximin, Hl. 135
Mazarin, Kardinal 210
Merkur 57, 86, 88, 89
Merowinger 132, 133
Messerer, Wilhelm 147
Mignard, Pierre 236
Minerva 57, 89
Mirabeau, Honoré Gabriel Victor Riquetti, Graf von **213f.**, 219, 220 (Abb. 178)
Mirabeau, Marquis von **213**, 219, 240
Mistral, Frédéric 13, 214, 221, **222**, 235
Mithras 82, 89, 90
Mousket, frz. Chronist 159

Napoleon 13, 218, 221
Nantosvelta 89
Natoire, Charles-Joseph 236
Nemausos 32, 84
Nostradamus, Jacques 188
Nostradamus, Michel **188**, 192, 238 (Abb. 160)
Nostradamus (Nostre-Dame), Petrus 188
Nostre-Dame, Jean de 188
Novotny, Fritz 218

Odin **86f.**
Oktavia, Schwester des Augustus 84
Oppède, Maynier d' **190f.**, 220

Pagnol, Marcel 215
Pan 223
Peire Vidal 177
Perser 27
Petrarca 12, 178, **181ff.**, 224, 238
Petrus, Hl. 137
Petrus Valdus 190
Philipp der Schöne 180
Phokäer 31, 50, 86
Phönizier 27
Picasso, Pablo **213**, 235, 238, 240
Pipin 133
Pirenne, Henri 96, 132
Pissarro, Camille 214
Plinius 32, 184
Plutarch 8
Polybios 49
Pompejus 58
Porcelet, Familie 219
Poseidon 32
Powell, T.G.E. 50, 86
Pradier, James 236
Priapus **239**
Protis 10, 27
Provence, Jeanne (des Baux) von 180
— Karl III. von 189
— Margarete von 156
— Pierre von 222
Prud'hon, Pierre Paul 236

Quenin, Hl. **94**, 221

Rabutin-Chantal, Marie de (Marquise von Sévigné **211f.** (Abb. 172)
Racine, Jean 210, 211
Raimond V. von Toulouse 158
Raimond VI. von Toulouse 142
Raymond de Turenne **160**
René, der gute König 12, **179**, 188, **189**, 213, 219 (Abb. 180)
Richelieu, Kardinal 178, 210
Robert, Abt 153
Rodin, Auguste 236
Römer 18, 49, 50, 52, 54, **56ff.**
Rubens, Peter Paul 236

Sabine, Kaiserin 84
Sabran, Elzéar und Dauphine de 192, **221**
Sade, Abbé de **219**, 223
Sade, D.A.F., Marquis de **209**, 210, **219f.**
Saint Aygulf 221
Saint Bénézet **185**
Saint Christophe 239
Saint Coutignardes 20
Saint Genès 96, **145f.**
Saint Gilles **141**, 145, 221
Saint Honorat 96, 221
Saint Trophime 96, 146, 221
Salyer 50, 51, 52, 58
Sarah, Hl. 90, 135, 136
Sarazenen 136, 140
Segobrigen 50

Septimius Severus 89
Sévigné, Marquise von, s.u. Rabutin
Sidonius, Hl. 135
Silvanus (Sucellus) 85, **88**, 89, 223
Sixtus, Hl. 85
Stephanus, Hl. 146
Sucellus, siehe Silvanus

Taranis 57, 85, 86
Tarasque (von Noves) 8, 51, **55**, 60, 186, 189, 234, 236 (Abb. 15)
Teutates 86
Teutonen 58
Thiers, Louis Adolphe 221
Tiberius, Kaiser 84
Trémäie s.u. Junones
Trogus Pompejus 31

Urban V., Papst 180
Uzès, Graf von 210

Van Gogh, Vincent **216f.**, 220, **225**, 230, 238, 240
Varende, Jean de la 220
Vasarély, Victor **209**, 236, 238
Vauvenargues, Marquis de (Luc de Clapiers) 213 (Abb. 177)
Ventour 85
Venus 83, **89**
Voconen 50, 58, 62

Waldenser 142, **190f.**, 218, 221
Wamba, König 141
Wilhelm IX. von Aquitanien 159

Zadkine, Ossip 235, 238
Zeus 32
Zisterzienser **152ff.**
Zola, Emile 214

Orte und Länder

Agde 10, 140
Ägypten 132
Aigue 223
Aigues-Mortes 12, **155ff.**, 177, 226, 228, 237, 238 (Abb. 139–141)
— Le Grau du Roi 156
— Porte de la Gardette 158
— Tour de Constance **158**, 218
— Tour Carbonnière 156
Aix (Aquae Sextiae) 10, 13, 50, 51, 58, 59, 62, 132, 135, 179, 188, **189ff.**, 209, **212ff.**, 216, 226, 227, 228, 234, 238, 240
— Atélier Paul Cézanne 235 (Abb. 187)
— Bibliothèque Mejanes 235
— Cours Mirabeau 62, 212, **213** (Abb. 182)
— Fontaine des Quatre-Dauphins (Abb. 184)
— Hôtel d'Espagnet (Abb. 185)
— Hôtel d'Isoard de Vauvenargues 213
— Musée bibliographique et archéologique Paul Arbaud 235
— Musée Granet 13, 52, 54, 214, 234, **235**
— Musée des Tapisseries 213, 235, 238 (Abb. 176)
— Musée du Vieil Aix 235
— Pavillon de Vendôme 212, 238 (Abb. 183)
— Sainte-Marie Madeleine 238 (Abb. 181)
— Saint-Jean-de-Malte 214
— Saint-Sauveur 62, 130, 132, 134, **148**, 150 (Abb. 92, 126, 128, 129, 174, 175, 179)
Albi 142
Albion 32, 86
Alexandria 82
Alpen 49, 57, 58, 59
Alpilles 10, 50, 62, 159, 177, 178, 185, 212, 216, 224, 226 (Abb. 28)
Amsterdam 214
Ansouis **192**, 221, 238
Antibes 10
Apt (Apta Julia) 14, 17, 18, 49, 58, 59, 187, 234, 237
— Kathedrale **129**, 133 (Abb. 78, 79)
— Musée archéologique 87, 235
Aquitanien 27
Ardèche 9, 15, 231
Ardèche (Département) 15
Arezzo 183
Arles (Arelate) 8, 9, 10, 11, 19, 20, 21, 27, 28, 32, 49, 56, 58, 62, **63**, **64**, 82, 85, 94, 96, 132, 134, 136, 137, 140, 146, **216**, 225, 228, 232, 233, 234, 238, 240
— Alyscamps 22, **96**, **129**, 133, 145 (Abb. 69, 74)
— Arena **81**
— Musée d'art chrétien 129, 234, 235 (Abb. 39, 75, 76)
— Musée d'art païen 129, 234, 235 (Abb. 57–60, 64)

— Musée Réattu 234, 235, 238
— Museon Arlaten 222, 235
— Saint-Honorat 22, **96**, 133, 145, 232 (Abb. 74)
— Saint-Trophime 12, 32, 140, **143 ff.**, 237 (Abb. 56, 115–125)
— Theater 81 (Abb. 56)
Auvers-sur-Oise 220
Avignon (Avennio) **12**, 28, 50, 58, 59, 132, 178, **180 ff.**, 188, 189, 218, 225, 227, 228, 232, 234, 237, 238
— Chapelle des Pénitents 185
— Collection Campana 236
— Musée Calvet 9, 21, 51, **185 f.**, 234, **235** (Abb. 6, 7, 23, 36, 38)
— Musée Lapidaire 55, **186**, 236 (Abb. 15, 19, 24, 37)
— Musée Requiem 236
— Musée Théodore Aubanel 236
— Notre-Dame-des-Doms **181** (Abb. 150)
— Papstpalast 178, **182 f.** (Abb. 148, 151–153)
— Saint-Bénézet 178, 237 (Abb. 149)
— Saint-Didier 183, 184
— Saint-Pierre 184

Balearen 20, 23
Barbegal 62, 85, 237, **239**
Barbentane 238, 239
Barrage de Bimont 240
Barroux 86
Baumes-de-Venise 28
Beaucaire (Ugernum) 59, 60, **177 f.**, 179, 210, 226
— La Croix couverte 238
— L'Hôtel de Ville 238
— Musée du Vieux Beaucaire 236
— Notre-Dame des Pommiers 238
Beauvais 213
Berlin 214
Bethlehem 159
Béziers 142
Bologna 184
Bonnieux 17, 233, 242
Bonpas 55, 60
Boulbon 238, 239
Brantes (Farbt. 6, Abb. 103)
Bretagne 24, 27, 177
Bringasses 237
Brüssel 89
Buoux **17**, 237 (Abb. 2, 3)
Burgund 153

Cadenet 53, **130**, 192, 237 (Abb. 80)
Calès, Grotten von **24 ff.**, 51, 237 (Abb. 8–12)
Camargue **8**, 12, 32, 50, 58, 136, 156, 157, 179, 223, **224**, 226, 228, 231, 234 (Abb. 191, 197, 198)
Carpentras (Carpentoracte) 28, 58, 59, 86, 131, 132, 180, 183, 228, 234, 237, 238
— Hôtel-Dieu 238
— Musée d'archéologie 236
— Palais de Justice 238
— Synagoge **187**
— Triumphbogen 63 (Abb. 35)
Cassis (Farbt. 23)
Castelet 27, 237
Cavaillon (Cavellio) 14, 18, 28, 49, 50, 53, 58, 59, 237, 238 (Abb. 53)
— Kathedrale 150
— Musée archéologique 236
— Synagoge **187** (Abb. 159)
Cazan 56
Cevennen 28
Château-Bas 56, **57**, 237
Châteauneuf-du-Pape (Farbt. 8, Abb. 158)
Cîteaux 152, **153**
Clairvaux 152, **153**
Claparèdes 23, 237
Cluny 153
Coulon 59
Couronne 223
Coustelet **18**, 19
Coutignargues **20** (Abb. 5)
Crau **32**, 50, 58
Croix de Provence 240

Damiette 156, 157
Delphi 81
Dentelles de Montmirail 133, 212 (Farbt. 10)
Donau 58
Dordogne 8, 17
Drôme 231
Durance 7, 14, 27, 28, 49, 50, 55, 58, 60, 134, 152, 190, 223, 240, 242
Düsseldorf 226

Ebbou **15**
Elba 13, 218
England 24, 96
Entremont 10, 31, 49, 50, **51**, 52, 53, 54, 55, 226, 235, 237, 238
Epidauros 81

Erytheia 32
Etang de Berre **29**, 59
Etang de Citis 29
Etang de Lavalduc 29
Etang de Vaccarès 224
Etrurien 30
Eygalières 85, 237 (Farbt. 19)
Eyguières 24, 51

Feengrotte 9, **19f.**, 21
Fontaine de Vaucluse **224**, 241
Fontvieille **13**, 19, 20, 27, 62, 89, 237 (Abb. 52)
— **Daudets Mühle** 239, **240** (Abb. 195)
Forcalquier 49
Frankfurt/M. 226
Fréjus (Forum Julii) 49, 59
Frigolet 233, 238

Galicien 12, 139, 140
Gallien 30, 31, 32, 57, 58, 82, 83, 89, 96, 132
Ganagobie 242
Gap (Farbt. 1)
Gard 15, 231
Gard (Fluß) 223
Garrigues 224
Gascogne 177
Genua 157
Gibraltar 32
Glanum (Glanon) s. Saint-Remy
Gordes 17, 22, 192, **209**, 233, 237 (Farbt. 17, Abb. 165)
— Musée du Vitrail 236, 238, **241**
— Musée Vasarély 236, 238, 241
— Schwarzes Dorf 22, 23, 237 (Abb. 4)
Graveson 237, 239
Griechenland 30, 31, 32, 83, 141
Grignan **211f.**, 238 (Abb. 169–171)
— Saint-Sauveur 212

Hamburg 226
Heraklea Keltiké 32
Heraklea Monoikos (Monaco) 49

Iberische Halbinsel 8, 58
Ile de France 143
Irland 154
Isle-sur-Sorgues 187
Istres 28
Italien 12, 15, 30, 32, 49, 56, 59, 134, 137, 139

Jerusalem 12, 135, 139, **155f.**
Jonien 30

Karthago 57
Kleinasien 10
Köln 86
Kottische Alpen 49
Kreta 19

La Baume Latrone **15**
Lacoste 191, **209**, 210, 219
La-Garde-Adhémar 85, 134, 237, 238
La Laurade 239
Lamanon 24, 26
Languedoc 27, 28, 142, 158
La Roque-Alric (Farbt. 10)
La Sainte-Baume 135
Le Beaucet (Farbt. 12)
Le Grau-du-Roi 226
Le Paradou 88, 237
Le Pègue 28
Les Baux 27, 51, **90**, **158ff.**, 179, 210, 222, 224, 226, 232, 234, 237, 238 (Umschlaginnenklappe vorn, Farbt. 18, 20, 21, Abb. 2, 3, 142–145)
— Musée lapidaire 236
— Saint-Vincent 177
Le Thor 237
Le Thoronet 12, 152, 155
Ligurien 49
Limans (Abb. 91)
Loire 27, 231
Lourmarin 22, **192**, 238 (Abb. 162, 163)
Luberon 11, 17, 22, 23, 152, 190, **192f.**, 219, 220, 224, 226, 238, 242
Lyon 190, 226

Maillane 222
Malmoison 219
Malta 26
Marseille (Massalia) 10, 11, 13, 27, 28, 29, 50, 57, **58**, 82, 135, 137, 177, 220, 226, 227
— Artemis-Tempel 28
— Butte des Moulins 28
— Musée Borély 28, 52, 53, 237 (Abb. 13, 14, 16, 20, 21)
— Notre-Dame-de-la-Garde 10
Marseille-Marignane 226
Mas-de-la-Brune 239 (Abb. 166)
Mastramela s. Saint-Blaise
Maussane 88

Mazan 237
Ménerbes 192, 237, 242
Mérindol 190, 192
Metz 227
Mirabeau 227, **239f.**
Montagne des Cordes 19, 20
Montagne Sainte-Victoire 85, **215**, 226, 234, 240
Montagnette 178, 224
Montfrin 238
Mont Genèvre 49, 57
Montmajour 19, 20, 21, **136ff.**, 237, 238 (Abb. 95–100)
— Abtturm 138
— Notre-Dame 138 (Abb. 98, 99)
— Sainte-Croix **137**, 237 (Abb. 96, 100)
— Saint-Pierre **137** (Abb. 95 a–c, 97)
Montpellier 184, 188
Mont Ventoux 11, 17, 85, 131, 185, 212, **224**, 232 (Farbt. 6, 7, Abb. 103, 104)
Mornas 234, 241
Mouriès 49, 51, 54, 88
Moustiers-Sainte-Marie (Farbt. 5, Abb. 194)
Murs 17
Mykene 19

Nages 237, **241**
Nantes 158
Narbonne 58, 227
Nerluc 60
Nesque 14, 223
Nimes (Nemausus) 13, **32**, 49, 59, **61**, 62, 63, 82, **83f.**, 86, 132, 210, 227, 232, 234, 237
— Arena 56, **81** (Abb. 48, 49)
— Diana-Tempel 85
— Forum 62
— Jardin de la Fontaine 239 (Abb. 51, 188, 189)
— Maison Carrée 56, 62, **83**, 236 (Abb. 47, 50)
— Musée archéologique 32, 54, **83**, 95, 234, 236 (Abb. 17, 25)
— Musée des Beaux-Arts 236 (Abb. 45, 46)
— Nymphäum 49
Nizza 10, 226
Noirmont 89
Notre-Dame-d'Aubune **133**, 237 (Abb. 81)
Notre-Dame-de-l'Ortiguière 150, **151**, 237 (Abb. 133 a–d)
Notre-Dame-des-Pommiers 237
Noves 51, 55

Oppède 192
Orange (Arausia) 50, 59, 62, 132, 226, 227, 234
— Musée de la ville 60, 236 (Abb. 44)
— Theater 56, **81** (Abb. 41)
— Triumphbogen 56, **63** (Abb. 40, 43)
Orgon 21, 23, 51
Ostia 60
Ouvèze 15, 223

Palästina 8, 135, 156
Pamplona 140
Pavillon de la Reine Jeanne 238
Perigueux 242
Paris **12f.**, 140, 213, 214, 226, 240
Pernes-les-Fontaines 233, 238
Phokäa **27**
Poitiers 132, 159
Pont du Gard 56, **62**, 63, 81, 210, 237 (Abb. 54)
Pont Flavien **59**, 237 (Abb. 61)
Pont Julien **59**, 237
Pont Mirabeau 240
Pourrières 58
Psalmodi 156
Puimoisson (Farbt. 4)
Pyrenäen 32

Revest-du-Bion 151
Rhodos 27
Rhône 7, 8, 9, 12, 14, 15, 16, 20, 27, 28, 49, 50, 59, **60**, 90, 96, 134, **135**, 141, 160, 177, **178f.**, 185, 212, 218, 221, 223, 224, 231, 233, 239
Rom 12, 13, 56, 57, 58, 62, 63, 82, 89, 96, 129, 132, 139, 141, 180, 181, 184
Roquemaure 28
Roquepertuse 49, 50, 51, 52, **53**, 54
Rousset 29
Roussillon 224 (Farbt. 16)
Rustrel (Farbt. 15)

Saint-Andiol 237
Saint-Blaise 28, 29, **30**, 237
— Mastramela **28**, **29**
— Ugium **30f.**
Saint-Bonnet-du-Gard 238
Saint-Chamas 59
Saint-Christol **85**, 134, **150**, 237 (Abb. 132 a–d)
Saintes-Maries-de-la-Mer **135f.**, 216, 226, 228, 232, 233, 234, 237
— Notre-Dame-de-la-Mer **135** (Abb. 93, 94 a–f)

Saint-Etienne-du-Grès 239
Sainte-Victoire siehe Montagne Sainte-Victoire
Saint-Gabriel (Ernagium) 59, **134**, 237 (Abb. 82–85)
Saint-Gilles 12, 137, **140ff.**, 222, 237 (Abb. 106–114)
Saint-Michel-de-Frigolet 224
Saint-Michèle-de-Tonnère 153
Saint-Paul-de-Mausole 150, 216, 238 (Abb. 130, 131)
Saint-Paul-Trois-Châteaux (Augusta Tricastinorum) 59, 237 (Abb. 90)
Saint-Quenin 94
Saint-Raphael 227
Saint-Remy 188, **216**, 220, 226, 233, 237
— **Glanum** 10, 28, 29, 31, 32, 49, 51, **53**, 59, 62, **64**, 84, **87f.**, 237 (Abb. 28–34)
— Hôtel de Sade 84, 88, **236** (Abb. 173)
— Kenotaph 56 (Abb. 33, 34)
— Stadttor 56, 64 (Abb. 33)
Saint-Restitut **134**, 237 (Abb. 87–89)
Saint-Roman 237, **239**
Saint-Saturnin d'Apt (Farbt. 11)
Saint-Sépulcre **134**, 237 (Abb. 86)
Saint-Sixte 237
Saint-Symphorien 17, 237 (Abb. 73)
Saint-Trinit 134, 237
Saint-Tropez (Farbt. 22)
Saint-Victor 184
Salon (Castrum Sallyum) 59, **188**
— Saint-Laurent 188, 238
Santa Chiara 184
Santiago de Compostela 12, 13, 137, **138ff.**
Sardinien 23
Sault 14, 236, 237
Savoillan (Farbt. 9)
Schweden 87
Seealpen 12, 24
Sénanque 12, **152**, **154f.**, 222, 238 (Abb. 135–138)
Sérignan 235
Siena 181
Silvacane 12, **152**, 154, 155, 222, 238
Sisteron 49, 58 (Farbt. 3)
Sivergues **22**, 230
Sizilien 30, 179
Sorgue 184, 223, 241
Spanien 11, 15, 24, 30, 32, 49, 57, 96, 133, 137
Straßburg 227
Syrien 132

Tarascon (Tarusco) 8, 12, 28, 49, 59, 60, 134, 135, 138, **178**, **179**, 189, 228, 234, 238 (Abb. 146)
— Sainte-Marthe 179, 237
Théziers 238
Thor 17
Touloubre 59
Toulon-Hyères 226
Toulouse 140, 143, 177
Tour-d'Aigues 86, **192**, 238 (Abb. 164)
Tours 132
Trier 86
Tunis 157

Uzés (Ucetia) 62, 132, 189, **210f.**
— Le Duché 238
— Tour Fenestrelle 211 (Abb. 168)

Vaison-la-Romaine (Vasio) 28, 56, 58, 59, 62, 81, **84**, **91ff.**, **146f.**, **149**, 226, 233, 234 (Abb. 27, 62, 63)
— Maison du Buste en Argent 92, 93
— Musée municipal 234, 237 (Abb. 65, 66)
— Pont Romain 237
— Notre-Dame-de-Nazareth **91f.**, 93 (Abb. 68, 72, 127)
— Saint-Quenin 237 (Abb. 70, 71)
Val-des-Nymphes 85, 237, 238
Vallon 15
Vallon de l'Aigebrun 17
Valréas (Umschlagvorderseite)
Vaucluse 17, 22, 32, 85, 150, 152, **224**, 231
Vauvenargues 213, **240**
Velaux 51
Venaissin 180, 183, 184, 187
Venasque 130, 131, 132, 237 (Abb. 77)
— Notre-Dame-de-la-Vie 131, 132 (Abb. 134)
Verdon 223 (Farbt. 2, Abb. 105)
Vernègues 56, 237
— Saint-Césaire 57
Versailles 214
Vézelay 155
Vézère 17
Via Agrippa **59**
Via Aurelia **59**, 60, 96, 134, 140
Via Domitia **59**, 60, 140
Villeneuve-les-Avignon 178, 183, **185**, 226, 238
— Fort Saint-André 138, 178, 183 (Abb. 154, 156, 157)

— Musée de l'Hospice 237
— Saint-Bénézet-Brücke **185**
— Turm Philipps des Schönen 138, 178 (Abb. 158)
Vincennes 219
Vivarais 185, 212
Viviers 238

Zypern 156, 157

DuMont Kunst-Reiseführer

»Kunst- und kulturgeschichtlich Interessierten sind die DuMont Kunst-Reiseführer unentbehrliche Reisebegleiter geworden. Denn sie vermitteln, Text und Bild meist trefflich kombiniert, fundierte Einführungen in Geschichte und Kultur der jeweiligen Länder und Städte, und sie erweisen sich gleichzeitig als praktische Führer.« *Süddeutsche Zeitung*

Ägypten – Geschichte, Kunst und Kultur im Niltal

Vom Reich der Pharaonen bis zur Gegenwart. Von Hans Strelocke

Äthiopien – Kunst im Verborgenen

Ein Reisebegleiter ins älteste Kulturland Afrikas. Von Hans Helfritz

Algerien – Kunst, Kultur und Landschaft

Von den Stätten der Römer zu den Tuareg der zentralen Sahara. Von Hans Strelocke

Belgien – Spiegelbild Europas

Eine Einladung nach Brüssel, Gent, Brügge, Antwerpen, Lüttich und zu anderen Kunststätten. Von Ernst Günther Grimme

Dänemark

Land zwischen den Meeren. Kunst – Kultur – Geschichte. Von Reinhold Dey

Deutsche Demokratische Republik

Geschichte und Kunst von der Romanik bis zur Gegenwart. Brandenburg, Mecklenburg, Sachsen-Anhalt, Sachsen, Thüringen. Von Gerd Baier, Elmar Faber und Eckhard Hollmann

Deutschland

Franken – Kunst, Geschichte und Landschaft

Entdeckungsfahrten in einem schönen Land – Würzburg, Rothenburg, Bamberg, Nürnberg und die Kunststätten der Umgebung. Von Werner Dettelbacher

Hessen

Vom Edersee zur Bergstraße. Die Vielfalt von Kunst und Landschaft zwischen Kassel und Darmstadt. Von Friedhelm Häring und Hans-Joachim Klein
(Erscheint im Frühjahr '79)

Köln

Stadt am Rhein zwischen Tradition und Fortschritt. Von Willehad Paul Eckert

Der Niederrhein

Das Land und seine Städte, Burgen und Kirchen. Von Willehad Paul Eckert

Die Pfalz

Die Weinstraße – Der Pfälzer Wald – Wasgau und Westrich. Wanderungen im ›Garten Deutschlands‹. Von Peter Mayer

Zwischen Neckar und Donau

Kunst, Kultur und Landschaft von Heidelberg bis Heilbronn, im Hohenloher Land, Ries, Altmühltal und an der oberen Donau. Von Werner Dettelbacher

Schleswig-Holstein

Zwischen Nordsee und Ostsee: Kultur – Geschichte – Landschaft. Von Johannes Hugo Koch

Sylt, Helgoland, Amrum, Föhr

Entdeckungsreisen in einer Landschaft zwischen Meer und Festlandküste. Von Albert am Zehnhoff (Erscheint im Frühjahr '79)
DuMont Landschaftsführer

DuMont Kunst-Reiseführer

Nepal – Königreich im Himalaja
Geschichte, Kunst und Kultur im Kathmandu-Ta . Von Ulrich Wiesner

---

Österreich

Salzburg, Salzkammergut, Oberösterreich
Kunst und Kultur auf einer Alpenreise vom Dachstein bis zum Böhmerwald. Von Werner Dettelbacher

Wien und Umgebung
Kunst, Kultur und Geschichte der Donaumetropole. Von Felix Czeike und Walther Brauneis

---

Portugal
Ein Begleiter zu den Kunststätten von Porto bis zur Algarve-Küste. Von Albert am Zehnhoff

---

Rumänien
Schwarzmeerküste – Donaudelta – Moldau – Walachei – Siebenbürgen: Kultur und Geschichte. Von Evi Melas

---

Kunst in Rußland
Ein Reisebegleiter zu russischen Kunststätten. Von Ewald Behrens

---

Die Schweiz
Zwischen Basel und Bodensee · Französische Schweiz · Das Tessin · Graubünden · Vierwaldstätter See · Berner Land · Die großen Städte. Von Gerhard Eckert

Skandinavien – Dänemark, Norwegen, Schweden, Finnland
Kultur, Geschichte, Landschaft. Von Reinhold Dey

Spanien

Die Kanarischen Inseln
Inseln des ewigen Frühlings: Teneriffa, Gomera, Hierro, La Palma, Gran Canaria, Fuerteventura, Lanzarote. Von Almut und Frank Rother. DuMont Landschaftsführer

Zentral-Spanien
Kunst und Kultur in Madrid, El Escorial, Toledo und Aranjuez, Avila, Segovia, Alcalá de Henares. Von Anton Dieterich

---

Südamerika: präkolumbische Hochkulturen
Ein Reisebegleiter zu den indianischen Kunststätten in Peru, Bolivien und Kolumbien. Von Hans Helfritz

---

Tunesien
Karthager, Römer, Araber – Kunst, Kultur und Geschichte am Rande der Wüste. Von Hans Strelocke

---

Städte und Stätten der Türkei
Ein Begleiter zu den Kunstwerken Istanbuls und Kleinasiens. Von Kurt Wilhelm Blohm

---

USA – Der Südwesten
Indianerkulturen zwischen Colorado und Rio Grande. Von Werner Rockstroh (Erscheint im Frühjahr '79)

Alle Bände mit vielen farbigen und schwarz-weißen Abbildungen; dazu Zeichnungen, Karten, Grundrisse, praktische Reisehinweise

»Richtig reisen«

»Richtig reisen«: Amsterdam

Von Eddy und Henriette Posthuma de Boer. 201 Seiten mit 51 farbigen und 130 einfarbigen Abbildungen, Stadtplänen, Karten, praktische Reisehinweise

»Richtig reisen«: Ferner Osten

Von Charlotte Peter und Margrit Sprecher. 302 Seiten mit 14 farbigen und 120 einfarbigen Abbildungen, Stadtplänen, Karten, praktische Reisehinweise

»Richtig reisen«: Großbritannien

England, Wales, Schottland
Von Rolf Breitenstein. 282 Seiten mit 58 farbigen, 140 einfarbigen Abbildungen, Zeichnungen und Plänen, praktische Reisehinweise

»Richtig reisen«: Ibiza/Formentera

Von Ursula von Kardorff und Helga Sittl. 248 Seiten mit 52 farbigen und 153 einfarbigen Abbildungen, Karten und Plänen, praktische Reisehinweise

»Richtig reisen«: Istanbul

Von Klaus und Lissi Barisch. 257 Seiten mit 28 farbigen und 173 einfarbigen Abbildungen, Zeichnungen, Karten und Plänen, praktische Reisehinweise

»Richtig reisen«: Kanada und Alaska

Von Ferdi Wenger. 329 Seiten mit 39 farbigen und 117 einfarbigen Abbildungen und Karten, praktische Reisehinweise

»Richtig reisen«: Kopenhagen

Von Karl-Richard Könnecke. 200 Seiten mit 32 farbigen und 116 einfarbigen Abbildungen, Karten und Plänen, praktische Reisehinweise

»Richtig reisen«: London

Von Klaus Barisch und Peter Sahla. 251 Seiten mit 18 farbigen und 189 einfarbigen Abbildungen, Stadtplänen, Karten, praktische Reisehinweise

»Richtig reisen«: Mexiko und Zentralamerika

Von Thomas Binder. 330 Seiten mit 32 farbigen und 119 einfarbigen Abbildungen, Karten und Plänen, praktische Reisehinweise

»Richtig reisen«: Moskau

Von Wolfgang Kuballa. 268 Seiten mit 36 farbigen und 150 einfarbigen Abbildungen, Karten und Plänen, praktische Reisehinweise

»Richtig reisen«: Nepal

Kathmandu: Tor zum Nepal-Trekking
Von Dieter Bedenig. 288 Seiten mit 37 farbigen und 97 einfarbigen Abbildungen, Karten und Plänen, praktische Reisehinweise

»Richtig reisen«: New York

Von Gabriele von Arnim u. Bruni Mayor. 312 Seiten mit 61 farbigen und 182 einfarbigen Abbildungen, Plänen, praktische Reisehinweise

»Richtig reisen«: Paris

Von Ursula von Kardorff und Helga Sittl. 277 Seiten mit 34 farbigen und 172 einfarbigen Abbildungen, Karten und Plänen, praktische Reisehinweise

»Richtig reisen«: San Francisco

Von Hartmut Gerdes. 248 Seiten mit 33 farbigen und 155 einfarbigen Abbildungen, Karten und Plänen, praktische Reisehinweise

»Richtig reisen«: Südamerika 1

Kolumbien, Ekuador, Peru, Bolivien
Von Thomas Binder. 252 Seiten mit 35 farbigen und 121 einfarbigen Abbildungen, Karten und Plänen, praktische Reisehinweise

»Richtig reisen«: Südamerika 2

Argentinien, Chile, Uruguay, Paraguay.
Von Thomas Binder. 330 Seiten mit 37 farbigen und 110 einfarbigen Abbildungen, Karten und Plänen, praktische Reisehinweise

»Richtig reisen«: Südamerika 3

Brasilien, Venezuela, die Guayanas
Von Thomas Binder. Etwa 330 Seiten mit etwa 35 farbigen und etwa 128 einfarbigen Abbildungen, Karten und Plänen, praktische Reisehinweise (Erscheint im Frühjahr '79)